ÉNIGMES

DES

RUES DE PARIS

Paris. — Imprimé chez Bonaventure et Ducessois,
55, quai des Augustins.

ÉNIGMES

DES

UES DE PARIS

PAR

ÉDOUARD FOURNIER

PARIS

E. DENTU, LIBRAIRE-ÉDITEUR

PALAIS-ROYAL, 13, GALERIE D'ORLÉANS

1860

Tous droits réservés.

I

Une Rivière souterraine dans Paris.

Il n'est pas d'année où l'on ne trouve dans les journaux les plaintes d'un certain nombre de propriétaires du faubourg Montmartre ou du faubourg Poissonnière, dont une subite inondation, venue on ne sait d'où, a submergé les caves. En mai 1855, les maisons qui portent les n⁰ˢ 48, 57, 62 de la rue du Faubourg-Montmartre, avaient eu principalement à souffrir de cette sorte de déluge souterrain, que rien ne semblait expliquer à une si longue distance de la Seine. Les rédacteurs de la *Gazette municipale*, consultés à ce sujet, ne surent que répondre, et se contentèrent de laisser tomber la question dans leurs colonnes[1]; c'est là que nous l'avons ramassée, et voici à quel travail elle nous a conduit. Nous sommes peut-être remonté un peu haut. On nous le pardonnera.

Paris étant entouré comme il l'est d'une chaîne presque continue de collines, et se trouvant pour ainsi dire placé comme dans le fond d'une cuve, dut être tout d'abord, en plusieurs parties de sa surface, le réservoir naturel des ruisseaux qui descendaient des pentes voisines pour se perdre dans la Seine.

Ceux-ci venaient de Montmartre, ceux-là des prés Saint-Gervais ou de Belleville, et d'autres, à flots plus abondants, découlaient des hauteurs de Ménilmontant[2]. Trop faibles,

---

[1] *Gazette municipale* du 1er juin 1...

[2] Le ruisseau de Ménilmontant suivant Parent-Duchâtelet, dans un des mémoires qui forment son ouvrage sur l'*Hygiène publique* (t. I, p. 176), devait être le plus fort de tous. « Tout nous prouve, dit-il, que les fontaines qui alimentaient ce ruisseau étaient fort abondantes ; elles provenaient de la nappe d'eau qui se trouve sur tout le plateau qui sépare le bassin de la Marne de la vallée où coule maintenant le canal de l'Ourcq, et qui est retenue au-dessus des couches de plâtre, par la puissante masse de glaise qui s'y remarque, et qui empêche

la plupart, pour pouvoir se creuser un lit certain, il était rare, si ce n'est en hiver, quand la pluie les avait considérablement grossis, qu'ils pussent arriver jusqu'au fleuve. Partagés en mille petits filets d'eau, ils s'égaraient, se perdaient dans les terrains vagues qui se trouvaient au bas de ces versants; ils les détrempaient outre mesure, et en faisaient ainsi ces cloaques immenses, ces marais inextricables, ceinture infecte de la Lutèce gauloise, au milieu desquels Labiénus embourba son armée [1].

Dans les premiers temps du moyen âge, on voulut aviser à donner à ces ruisseaux un cours moins vagabond. On parvint, en les maîtrisant, en les distribuant surtout d'une façon intelligente, à leur faire perdre ce qu'ils avaient de pernicieux pour la santé publique, et à les rendre en même temps utiles à la culture. Idée excellente, sans doute, mais dont le

que les eaux pluviales, qui pénètrent facilement le terrain léger et sablonneux qui recouvre tout ce plateau, ne descendent plus avant. »

[1] V., sur le lieu où Labiénus livra bataille, un savant travail de M. J. Quicherat, inséré dans les *Mémoires de la Société des antiquaires de France* (nouv. série, t. XXI, p. 384-431).

double but ne fut atteint, on le verra, que trop imparfaitement.

Les religieux qui desservaient l'hôpital Saint-Gervais, fondé vers 1171, et dont les vastes dépendances s'étendaient sur une partie du quartier qui a gardé le nom de *Marais*, nous semblent être les premiers qui s'occupèrent à transformer en irrigations fécondantes ces mille ruisseaux infects. Ils possédaient, entre Belleville et Romainville, les magnifiques prairies qui leur doivent leur nom de *prés Saint-Gervais* [1]; la pensée leur vint de mettre à profit, pour leurs cultures plus voisines de Paris, le trop-plein des eaux qui avaient leur source sur ces hauteurs verdoyantes, et qui se perdaient après les avoir fertilisées. Ils les firent donc dériver par de régulières et larges rigoles, ou *regards*, comme on disait alors, en souvenir du latin *rigare*, jusqu'aux terrains environnant leur hospice auxquels on donnait le nom de *Culture*, ou *Couture-Saint-Gervais*, conservé par l'une des rues qui en ont pris la place.

Cet espace alors n'était pas compris dans

---

[1] Piganiol de la Force, *Description de la ville de Paris*, 1765, in-8º, t. IV, p. 128.

l'enceinte de Paris, telle que l'avait construite Philippe-Auguste. Il était tout agreste et verdoyant, comme les prairies d'où lui venait enfin la bienfaisante irrigation. C'était un faubourg champêtre, peuplé de ces maraîchers qui ont laissé trace de leurs utiles cultures dans les noms des rues qui environnent celle dont nous parlions tout à l'heure, et tout le val *Sainte-Catherine* : la rue de l'*Oseille*, la rue du *Pont-aux-Choux*, à laquelle un petit pont jeté sur la rigole, puis sur le fossé du rempart, fit donner le nom qu'elle porte. Les maisons de vigne ou *courtilles* s'y mêlaient aux cultures; je n'aurais à citer pour preuves de l'existence de ces villas bourgeoises que cette *courtille Barbette*, qui survécut à l'époque dont nous parlons, et dont une rue marque encore la place et rappelle en toutes lettres le souvenir.

Un écrivain du *Mercure*, qui consacra quelques pages d'ingénieuses conjectures au sujet qui nous occupe ici, veut même trouver, par un effort d'étymologie assez bizarre, la trace du passage de son cher ruisseau dans le nom d'une autre rue de ces quartiers : « Après avoir passé sous le *Pont-aux-Choux* et servi au potager qui a laissé son nom à la rue de l'*Oseille*, il s'échappait, dit-il, dans la vallée inférieure, par une petite cascade près de laquelle, au temps de la renaissance des lettres, un savant, même assez bon poëte latin... enfin un lecteur d'Horace, avait placé sa maison, son jardin, son *Tibur*, dont la rue *Bourg-Tibour* est une annexe [1]. »

Tout alla bien, et le ruisselet de Belleville put serpenter à l'aise dans cette banlieue fertilisée, jusqu'à l'époque où la ville trop peuplée exigea qu'on agrandît son enceinte. Les *cultures* qui la serraient de trop près, et celles dont nous venons de parler, celles de Saint-Gervais, celles de Sainte-Catherine étaient du nombre, furent enveloppées par la nouvelle muraille. Comment dès lors le ruisseau d'irrigation pourra-t-il arriver jusqu'aux jardins dont il fait la fertilité? Comment pourra-t-il franchir l'enceinte, sans auparavant se perdre dans les fossés? On y avisa.

La Bastille avait été construite en même temps que l'enceinte nouvelle, dont elle était même la plus imposante défense. De larges fossés, une *cunette* profonde avaient été creusés à l'entour. Il fallait de l'eau pour les remplir, et le chenal qu'on avait pratiqué de la

[1] *Mercure de France*, août 1811, p. 222-226.

forteresse jusqu'à la Seine, en longeant les murs du premier Arsenal, n'en fournissait pas en assez grande abondance; il était bon d'ailleurs que cette eau trop dormante fût sans cesse renouvelée par un courant.

C'est à notre petite rivière, descendant à flots si clairs de Belleville, de Ménilmontant et des prés Saint-Gervais qu'on demanda l'eau qui manquait et le courant nécessaire.

On la partagea en deux branches, toutes deux déversées d'abord dans la cunette de la Bastille. L'une, après l'avoir traversée tout entière, s'en échappait par un passage creusé sous la porte Saint-Antoine; suivait pendant quelque temps la grande rue du même nom; puis, faisant un détour à gauche, s'allait perdre dans la Seine, vers un lieu qui pendant longtemps avait été hors des murs, sur la lisière d'un bois, et qu'on appelait le *Pont-Perrin* [1]. L'autre branche, après un cours pareil et à flots communs, se séparait de la première à l'endroit où elle faisait son détour vers le fleuve. Tandis que celle-là allait disparaître, celle-ci, au contraire, s'allait ébattre encore sur la droite, au milieu des

---

[1] Jaillot, *Quartier Saint-Antoine*, p. 59.

jardins et des vertes ruelles que la ville, en s'agrandissant de ce côté, n'avait pas tout d'abord remplacées par de lourdes maisons et de tristes rues [1].

Les maisons, cependant, et les hôtels plus ou moins alignés en rues ne se firent pas trop attendre, et quoiqu'on les construisît lentement et en assez petit nombre, leur établissement se fit toujours au détriment de notre petite rivière. Jusqu'alors, tant qu'elle n'avait eu que des jardins, des *courtilles*, des cultures sur ses bords, elle avait pu couler à flots purs ou du moins à peine troublés ; ce ne fut plus de même quand elle eut des habitations dans son voisinage.

Au lieu de rester comme auparavant le ruisselet aux eaux riantes, à qui préaux et jardins empruntaient leur fraîcheur, elle dut devenir le déversoir de tous les ruisseaux infects qui découlaient des rues nouvelles; elle dut servir de réceptacle aux immondices qui s'y entassaient et qui alors, soit qu'on les eût jetées par les fenêtres, comme c'était

[1] Jaillot, contrairement à ce que Parent-Duchâtelet devait avancer plus tard, dit positivement (p. 59) que l'égout du Pont-Perrin était différent de celui qui se dirigeait vers le Temple, à travers les cultures.

trop bien l'usage, soit qu'on les eût déposées au coin des bornes, n'étaient que trop rarement enlevées par les *haaniers* passants [1].

Le pauvre ruisseau devait tout recevoir, tout entraîner. Or, qu'on sache bien qu'il était très-peu large, encore moins profond ; qu'on se rappelle aussi qu'en le divisant en deux branches, on l'avait privé d'une partie de ses eaux emportées dans la Seine vers le Pont-Perrin, et l'on se fera une idée de la facilité avec laquelle il devait être obstrué, encombré, tari par toutes les ordures qu'on y jetait, et de l'infection malfaisante qui devait en résulter. La transformation de ce ruisseau d'eau vive, devenu un véritable cloaque courant, fut telle et si complète, que le nom même par lequel on l'avait désigné jusque-là s'en ressentit, et en fut tout à fait dénaturé. Du vieux mot *aigues*, qui s'employait pour dire une eau fraîche et courante et qui se retrouve encore dans les dérivés *aiguade*, *aiguière*, etc., on avait fait le mot *aigou*, pour désigner les cours d'eau du même genre que celui dont nous parlons. Après la

---

[1] De *ahaner*, prendre de la peine, d'où l'expression *suer d'ahan*. (*V.* sur ces mots nos *Variétés histor. et littér.*, t. IX, p. 188.)

triste métamorphose, le mot resta, sauf une légère variante d'orthographe à la première syllabe ; mais vous savez avec quelle différence de sens, et combien il y a loin des *aigoux* du Paris primitif aux *égouts* d'aujourd'hui !

Un moment on put croire qu'en dépit de la ville qui montait toujours de ce côté, et des immondices qui chaque jour s'y amoncelaient davantage, le cours d'eau allait redevenir à peu près ce qu'il avait été d'abord, c'est-à-dire couler, comme autrefois, à plein canal, et avoir ainsi facilement raison de tout ce qu'on jetait pour l'obstruer ; c'est lorsque la seconde branche, détournée vers le Pont-Perrin, fut réunie de nouveau à la première, avec laquelle elle ne dut plus former qu'un seul et même ruisseau.

Cette réunion, qui rendait à la petite rivière une partie de ses eaux jusque-là perdues dans la Seine, eut lieu vers 1412, lors de l'achèvement du grand *hôtel Saint-Paul*. Le ruisseau du Pont-Perrin passait justement sur le terrain que l'hôtel venait envahir avec ses vastes dépendances, ses *beaux treillis*, ses *cerisaies*, ses cours de *lions*, etc., toutes choses rappelées, comme on sait, par le nom des rues qui, aujourd'hui encore, en occupent l'emplacement. On comprend que le petit cours d'eau qui se jetait au milieu de ces dispositions de bâtiment, de verger et de ménagerie dut gêner un peu les architectes royaux. Si du moins il eût coulé à flots limpides et abondants, peut-être eût-on pu s'en accommoder en le faisant serpenter dans les jardins ; mais ce n'était qu'un maigre ruisselet sorti déjà troublé des fossés de la Bastille, et qui n'avait pas dû se purifier en venant de la forteresse jusqu'aux enclos de l'hôtel. De peur qu'il n'altérât, en s'y mêlant, les sources d'eau plus pure qui jaillissaient du sol même des jardins [1], il fallait aviser à

---

[1] Par lettres patentes d'octobre 1385, il fut accordé par Charles VI au chancelier Pierre de Giac, le droit d'avoir, pour l'usage de son hôtel, de l'eau des fontaines de l'hôtel Saint-Paul, « gros comme le bout d'un fuseau. » (*Archives de l'Empire,* carton K, n° 534.) Or, l'hôtel de Giac était celui qu'avait bâti Hugues Aubryot, rue de *Jouy,* il était par conséquent tout près. Le duc d'Orléans l'acquit en 1397 et en fit l'hôtel de son ordre du *Porc-Épic,* ensuite il vint aux mains de Jean de Montaigu, lequel, en 1408, obtint continuation du droit concédé à Giac, c'est-à-dire « une prise d'eau provenant d'une source, comprise dans le domaine royal de Saint-Paul. » Il est dit dans le diplôme sur parchemin, que le prévôt H. Aubryot avait eu précédemment la jouissance

s'en débarrasser ; ce fut bientôt fait. On le réunit, comme nous l'avons dit tout à l'heure, à la branche principale; on combla la tranchée qui lui servait de lit jusqu'au Pont-Perrin, et tout fut dit [1].

A peine l'avait-on joint ainsi, de l'autre côté de la rue Saint-Antoine, à cette première branche dont le parcours lui devenait commun, que d'autres obstacles se présentèrent. Dans cette partie du Marais, en effet, aussi bien que dans celle que nous venons de quitter, les constructeurs faisaient rage, les vastes demeures s'élevaient et s'étalaient à

---

de ce cours d'eau. (*Archives royales de Munich*, Franckreich konigreich zweistes fascic., 2ᵉ liasse.) —Une ordonnance du même Charles VI, en date du 9 octobre 1392, avait retiré toutes les concessions faites pour avoir un usage particulier des eaux publiques de Paris. Il paraît que les sources de l'hôtel Saint-Paul n'étaient pas du nombre, puisque J. de Montaigu conserva la jouissance qu'avaient obtenue Aubryot et Giac. Son hôtel passa ensuite au duc de Bourgogne, au connétable de Richemond, aux frères d'Estouteville, à l'amiral de Graville qui le fit rebâtir en partie, puis aux jésuites qui l'enclavèrent dans leur collége. On en trouve d'assez curieux restes dans le *passage Charlemagne*, au nº 102 de la rue Saint-Antoine. (V. Jérôme Pichon, le *Mesnagier*, t. II, p. 255.)

[1] *Registres de la Ville*, t. XV, fol. 117 et t. XVI, fol. 552.

l'envi sur ces terrains trop longtemps vacants. Si, vers la Seine, on achevait de bâtir l'hôtel Saint-Paul, de ce côté l'on bâtissait *le Palais des Tournelles*, d'abord simple habitation seigneuriale, puis demeure royale, embellie, agrandie à l'avenant, et toujours, bien entendu, aux dépens de notre petite rivière [1].

Elle y perdit d'abord la partie de son cours qui suivait à ciel découvert la rue Saint-Antoine, depuis la Bastille jusqu'au *Val Sainte-Catherine* ou *des Écoliers*. Elle gênait ici comme elle avait gêné du côté de l'hôtel Saint-Paul ; aussi après de vives plaintes, de tout le monde et même des rois, l'on avisa enfin à l'emprisonner dans un canal couvert longeant les bâtiments des Tournelles, du côté de la grande rue, et d'où le ruisseau ne s'échappait en liberté que lorsqu'il avait dépassé l'enclos royal, c'est-à-dire l'angle formé par la rue Saint-Antoine et par celle qui s'appelle encore rue de *l'Égout-Sainte-Catherine* [2].

---

[1] Sauval, *Recherches sur les Antiq. de Paris*, 1724, in-fol., t. I, p. 251.

[2] De là encore ses émanations rendaient l'hôtel inhabitable ; au point que François Ier, cherchant un séjour plus sain pour sa mère, eut l'idée, en 1518, d'échanger sa terre de Chanteloup contre l'empla-

Ici son cours libre commençait vraiment ; il suivait cette première rue, puis celle qui en était déjà la continuation et qui est devenue la magnifique rue Saint-Louis, après avoir été, jusque vers la moitié du XVIIe siècle, le lit bourbeux et empesté de ce cloaque. Le ruisseau avait ainsi un parcours d'environ 625 toises, entrecoupé de ponceaux, tels que le *Pont-aux-Choux* par exemple, et cet autre *Pont-de-voierie*, « derrière la culture Sainte-Catherine, » sur lequel Fervacques faillit tuer

cement actuel des Tuileries (Félibien, t. III, p. 576). En 1550, Henri II donna des ordres pressants contre cette infection (*Registres de la Ville*, t. XXII, p. 55), et Philibert Delorme, de concert avec le bureau de la ville, chercha s'il ne faudrait pas faire reprendre à ce ruisseau, vers la Seine, le cours dont on l'avait détourné par la suppression de l'égout du Pont-Perrin (*id.*, t. IV, p. 202). Le 23 mars 1553, nouvelle ordonnance qui n'aboutit qu'à faire nettoyer l'égout avec plus de soin (*id.*, t. XV, p. 574). Enfin, de guerre lasse, après la mort de Henri II, le cloaque l'emporte ; c'est l'hôtel qui est démoli. « Jusqu'en 1830, dit M. Bonnardot (*Le Pays*, 4 avril 1856), on vit, rue Sainte-Catherine, un reste de l'ancien lit de l'égout à ciel découvert. » M. de la Michodière, étant prévôt des marchands, avait déjà, en avril 1778, fait aligner, élargir, aplanir la rue de l'Égout, pour faire communiquer entre elles les rues Saint-Louis et Saint-Antoine. (*Mém. secrets*, t. XI, p. 249-250.)

d'Aubigné, en traître[1]. Parvenu à l'endroit où commence la rue Boucherat, le cours d'eau faisait un détour à gauche, vers l'enclos du Temple, et s'en allait baigner la partie des fossés de la vieille commanderie, dont la rue de Vendôme occupe la place. Il y a vingt ans environ, des fouilles firent découvrir à cet endroit une source abondante, qu'on prit pour une source d'eaux minérales. Ce n'était qu'un reste des infiltrations dont s'étaient jadis alimentés ces fossés et qui grossissaient le ruisselet du Marais[2].

La rue du Temple s'étendait tout près de là. Le cours d'eau faisait un coude sous terre pour la laisser passer; il se déversait en partie dans un canal de maçonnerie qui, tra-

[1] *Mémoires* de d'Aubigné (éd. L. Lalanne), p. 34-36.
[2] Ce n'est point par erreur qu'on les prit pour des eaux minérales, si, ce qui est probable, elles étaient de la même nature que celles qu'on vit jaillir en 1822, lorsqu'on fit l'écluse d'embouchure du canal dans la Seine. Ces eaux, dont l'épuisement demanda six semaines de travail, étaient chargées d'une grande quantité d'hydrogène sulfuré, qui leur donnait une teinte constamment blanchâtre, et qui encroûtait d'une véritable couche de soufre les planches servant de conduit. « Il existe donc dans Paris, dit Parent-Duchâtelet, une source minérale semblable à celle d'Enghien.» (*Hygiène pub.*, t. I, p. 278.)

versant la contrescarpe du Temple, allait joindre le ruisseau de Ménilmontant; puis, ainsi déchargé, il ressortait à ciel ouvert, pour s'engager dans l'espèce de ruelle qu'on lui avait ménagée derrière les maisons de la rue du Vertbois. Le tracé des rues Notre-Dame-de-Nazareth et Neuve-Saint-Martin marque encore la ligne qu'il suivait ainsi. Tout au haut de cette pente, à un endroit où il avait dû déverser quelques filets d'eau pour arroser de nouvelles cultures, et par contre aussi s'alimenter à ces *fontaines*, que rappelle encore le nom d'une rue voisine[1], il avait été enjambé par une petite passerelle, qu'on avait appelée le *Pont-aux-Biches*, à cause de l'enseigne des Biches qui se trouvait tout près, et dont le souvenir se retrouve encore dans un autre nom de rue[2].

Au bas de cette pente, ainsi descendue, le

---

[1] La rue des *Fontaines*, où s'établirent, en 1620, les filles de la Madelaine, dites *Madelonnettes*, dont le couvent est devenu une prison.

[2] Auprès, sur le rempart, était un moulin, non pas à eau, car notre ruisselet n'eût pas été de force à le faire tourner, mais à vent. Il servit de corps de garde à l'époque des troubles de 1649. (*V.* les *Registres de l'Hôtel de Ville pendant la Fronde*, publiés par M. L. de Lincy, t. I, p. 316.)

ruisseau ou *l'aigou* rencontrait la rue Saint-Martin, et, comme il lui arrivait pour toutes ces grandes voies, il disparaissait sous terre afin de lui faire passage. A quelques pas de là, on le retrouvait serpentant derrière le vaste terrain dont une cour des Miracles, *la cour du roi François,* occupait une partie, tandis que le reste était réservé à ce grand *hôtel Saint-Chaumont* qui fut acquis, au xviie siècle, par les filles de l'*Union chrétienne.* Une rue suit encore les sinuosités que décrivait ici le ruisseau. C'est la rue du *Ponceau,* bâtie en 1605, au-dessus même de l'égout, lorsque Fr. Miron l'eut fait voûter à ses frais [1]. Elle doit le nom qu'elle porte au petit pont, *poncel* ou *ponceau*, qui se trouvait à son extrémité et qu'on avait jeté sur l'*aigou* pour laisser passer la rue Saint-Denis.

Ici notre cours d'eau disparaissait encore ; il s'engouffrait sous les constructions qu'avait entreprises H. Aubryot, pour assainir cette partie de la ville, lorsqu'on l'avait enfermée dans l'enceinte de Charles VI [2]. Il ne reparaissait plus qu'assez loin de là. On le

---

[1] *Registres de la Ville,* t. V, p. 300.—Jaillot, *Quartier Saint-Denis,* p. 42.
[2] Sauval, t. I, p. 248.

voyait suivant sur la droite une ligne un peu détournée de son premier tracé, c'est-à-dire dans la direction de la rue Saint-Sauveur, et de cette autre, à la suite, que sa situation à l'extrémité de Paris avait fait appeler alors rue du *Bout-du-Monde*, tandis que le passage du ruisseau la faisait aussi nommer rue des *Jigoux*. Elle prit ensuite le nom de rue du *Cadran* qu'elle a perdu dernièrement pour accepter en commun avec celle dont elle est la prolongation, le nom de rue *Saint-Sauveur*.

Le ruisseau arrivait ainsi jusqu'à la grande rue Montmartre; il en descendait un peu la pente jusque vers la maison qui, au xve siècle déjà, avait *deux Saumons* pour enseigne[1], et dont le passage de ce nom a pris la place. Là, s'étant grossi des eaux qui venaient des

---

[1] *V.* la pièce gothique si intéressante pour l'histoire des enseignes du vieux Paris : Le Mariage des quatre fils Hémon et des filles Dampsimon. On y voit que vers 1530, il existait une enseigne des *Deux Saumons* près la porte Montmartre. Or, cette porte, située près de la rue du *Bout-du-Monde,* touchait à l'emplacement du passage actuel, magnifique propriété du général Ben-Ayet, qui s'est exilé plus ou moins volontairement de Tunis avec cinquante-trois millions. (La Presse, 31 août 1853 ; —l'Indépend. belge, 4 décembre 1853.)

Halles, il s'engouffrait sous terre, à l'endroit où s'ouvre aujourd'hui la rue Mandar, et où l'entrée du grand égout, longtemps béante, donna passage aux bustes de Marat et de Saint-Fargeau, quand le peuple en fit justice après thermidor [1].

On pourrait croire que le ruisseau va dès lors suivre la pente qui mène vers la Seine et disparaître tout à fait; point du tout. Il remonte par un conduit souterrain vers les *Fossés* de la porte *Montmartre* [2], situés alors à un endroit que le nom d'une rue indique encore; puis, après les avoir franchis, après avoir recueilli le tribut de ses affluents de la Butte Saint-Roch et des environs [3], il prend la direction du faubourg jusqu'à la hauteur à peu près de la rue de Provence actuelle. Il y rencontre le cours d'eau descendu de Mont-

---

[1] G. Duval, *Souv. thermidor.*, t. II, p. 28.

[2] Parent-Duchâtelet a reconnu comme nous que telle était la direction suivie par l'égout (*Hyg. publique*, t. I, p. 183).

[3] Ces affluents étaient d'une grande abondance, si l'on en juge par l'énorme quantité d'eau qui fut trouvée lorsqu'on bâtit la Bourse : « Les fondations de cet édifice, lisons-nous dans un rapport de M. H. de Thury, à la Chambre, le 21 mai 1821, ont été construites dans l'eau, dans le lit d'un ancien cours de rivière. »

martre, pour continuer celui de Ménilmontant, ruisselet à deux branches dont l'une inclinant vers la gauche, comme l'indique fort bien le plan de Mérian, se jetait dans les fossés de la porte Saint-Martin, tandis que l'autre, celle dont nous parlons, dérivait directement de la butte vers le faubourg. C'est à celle-ci que notre courant descendu de la ville unit ses eaux ou plutôt ses fanges. Ils ne forment plus qu'un même ruisseau, lequel, après avoir longé l'enclos de la *Grange-Bataillée* ou *Batelière*[1], suivi la ligne dont la rue de Provence

---

[1] Le vrai nom est *Bataillée;* cette grange, en effet, avait été fortifiée, crénelée; or, c'est ce que *Bataillata* veut dire en bas latin. (*V.* notre *Paris démoli*, 2ᵉ édit., p. 236-237.) Plus tard, à cause du cours d'eau qui serpentait à l'entour, son nom put devenir ce qu'il est encore. Le ruisseau, en cet endroit, pouvait presque porter *bateau*. Dans le rapport cité tout à l'heure, M. H. de Thury rendit compte des obstacles qui en résultèrent pour les fondations de l'Opéra: « Au lieu d'un fond solide, dit-il, on rencontra à cinq ou six mètres de profondeur, le lit d'un ancien cours d'eau, et des sables d'alluvion qui obligèrent de piloter, etc. » (*V.* plus bas, p. 37, note 1.) P.-Duchâtelet dit (*Hyg. pub.*, t. I, p. 177) que cette particularité du terrain nécessita, pour la construction du mur qui sépare le théâtre de la salle, une dépense de 80,000 fr. « Nul doute, ajoute-t-il, que ce ruisseau n'ait été plus considérable qu'on le pense généralement. »

marque encore le tracé, coupé le boueux *chemin de l'Hôtel-Dieu*, notre Chaussée d'Antin d'aujourd'hui; et après s'être engagé dans cette ruelle des *Aigoux* qui est devenue la rue Saint-Nicolas-d'Antin, finit par arriver, à travers les terrains vagues dont les Champs-Élysées tiennent la place, jusqu'à la Seine, bien au delà de l'*Abreuvoir l'Évêque*, à la hauteur à peu près de l'île des Cygnes. Chemin faisant, plusieurs petits ponts l'ont enjambé, entre autres le *Pont-Arcans*, sur le chemin de l'Hôtel-Dieu, et, vers le milieu des Champs-Élysées, celui qu'on appela *Pont-d'Antin* lorsqu'à la fin du xviie siècle il eut été rebâti par les soins de M. le duc d'Antin, à qui l'on devait aussi la fameuse *Chaussée* indiquée tout à l'heure, et qu'il avait fait jeter sur le marais, entre le derrière de son hôtel[1] et les *Porcherons*.

Le ruisseau se perdait ainsi dans la Seine bien au-dessous de la ville. En lui imposant cette direction, on avait agi prudemment et

---

[1] Le *Pavillon de Hanovre*, situé vis-à-vis la *Chaussée-d'Antin*, en est le dernier reste. Il a été bâti, en 1757, pour le maréchal de Richelieu, à qui l'hôtel appartint après M. d'Antin.

tout à fait dans l'intérêt de la salubrité publique. Cette masse d'eau fangeuse, charriant jour et nuit des tombereaux d'immondices, aurait certainement, si on l'eût fait dériver à un autre endroit, vers le Pont-Neuf ou le Louvre, par exemple, infecté, empoisonné les eaux du fleuve, au point de les rendre d'un usage impossible pour une partie des habitants. Peut-être, dès le xve siècle, cette considération avait-elle été l'une des causes qui avaient fait supprimer le déversoir du Pont-Perrin, dont l'un des inconvénients était de se trouver ainsi en amont de la ville.

C'était bien assez que le ruisseau fangeux empestât au passage les quartiers qu'il traversait et qui formaient une des parties les plus populeuses de Paris. Il y entretenait par ses miasmes les contagions qui décimèrent pendant si longtemps la grande ville. Quand la peste venait s'y abattre, on la voyait poindre d'abord dans les rues dont le ruisseau, par son infect voisinage, faisait d'avance un foyer de pestilence. C'est près de l'égout du Ponceau que l'une des contagions dont Paris fut désolé au xvie siècle éclata avec le plus de violence : « J'ay ouy dire à l'un de nos devanciers, dit le médecin Ellain, qui écrivait à Paris pendant la peste de 1606[1], que les massons qui batyssoient en une maison qu'il avoit près le Ponceau, moururent tous de la peste pour avoir tiré de quelques crevasses qui estoyent en une chambre de la filace ou des estoupes qui estoyent infectées de plus de sept ans, car il y avoit autant que la peste avoit esté à Paris. »

Quand Ellain parlait ainsi, en 1606, comme j'ai dit, les causes qui rendaient le péril des contagions plus imminent pour ce quartier du Ponceau n'existaient plus, par bonheur, mais c'était depuis une année seulement. En 1605, en effet, François Miron, qui était alors prévôt des marchands, avait pris sur lui d'exécuter enfin la mesure si longtemps réclamée par la santé publique. Il avait fait voûter, comme nous l'avons dit [2], toute la partie du ruisseau béante entre la rue Saint-Martin et la rue Saint-Denis; et quoique ce fût une très-forte dépense, il l'avait acquittée de ses deniers.

Malheureusement ce n'était arrêter le mal

---

[1] *Advis sur la peste,* « duquel, dit l'Estoile (19 sept. 1606), on fait beaucoup d'estime. »

[2] *V.* plus haut, p. 17.

que sur un bien petit espace, et ces quelques centaines de toises ainsi dérobées à l'infection n'étaient rien auprès de ce qu'il restait de terrains exposés à une pestilence permanente, 3,000 toises environ[1]! Toutefois, l'exemple était donné, et, chose rare, quoiqu'il fût bon, il fut suivi. En 1609, en effet, nous trouvons la rue du *Bout-du-Monde*[2] délivrée de l'égout qui lui avait si longtemps imposé ses infections et son nom. On l'a voûté là comme dans la rue du Ponceau. C'est du moins ce que tend à nous prouver le plan de Quesnel, daté de cette année-là ; mais je ne sais trop si je dois l'en croire, car en même temps qu'il nous montre cet heureux changement dans

---

[1] Du côté de la rue Saint-Sauveur, l'égout était resté découvert ; aussi en cette même année 1606, au mois de novembre, la peste y éclata. « Neuf maisons de la paroisse Saint-Sauveur, lisons-nous dans le *Journal* de l'Estoile, furent frappées à la fois, lesquelles furent toutes vuidées en vingt-quatre heures de laditte maladie. » (Édition Champollion, t. II, p. 408.)

[2] Ce nom qui lui venait de ce qu'elle avait longtemps été tout près de l'enceinte de la ville, avait été figuré en rébus sur l'enseigne d'un cabaret. On y avait représenté un os, un *bouc*, un *duc* (oiseau), un *monde* (Saint-Foix, *Essais sur Paris*, 1766, in-12, t. I, p. 95 ;—*Mercure de France*, août 1811, p. 223).

la rue du Cadran, il fait exister encore à ciel ouvert le ruisseau de la rue du Ponceau que François Miron avait fait voûter.

Jusqu'à la fin du xviie siècle, on ne fit rien de plus pour s'opposer au mal et détruire ces foyers malsains. Il y eut seulement quelques arrêts de police, quelques ordonnances comme celle que nous avons trouvée dans les *Registres du Parlement* sous la date du 8 août 1656, et qui, relative aux fontaines, prescrit des mesures pour que les eaux venant des sources des prés Saint-Gervais pussent dériver jusqu'à l'égout et jusqu'aux fossés de la ville avec facilité et abondance [1].

Il est probable que ces mesures furent

---

[1] En 1635 déjà, de pareils ordres avaient été donnés. Afin de faire arriver l'eau dans les fossés des nouvelles fortifications établies depuis la porte Saint-Antoine jusqu'à la porte Montmartre, le bureau de la Ville avait décidé qu'on taillerait et couperait partie des remparts plus éminents pour faire passer « les eaux qui descendent de Belleville. » On y eût trouvé l'avantage de remplir les fossés des nouvelles murailles, et de plus, « un moyen fort commode pour le nettoyement des marais. » Malheureusement les travaux n'allèrent pas vite ; en 1639, « ce dessein n'étoit encore parachevé, pour ne dire guère advancé. » (Du Breul, *Supplément du Théâtre des antiquités de Paris*, 1639, in-4° p. 72.)

bien prises et que rien de ces eaux précieuses ne fut plus perdu pour Paris, au profit des maraîchers de Belleville et de Ménilmontant, dans leurs potagers, ou dans ces solitudes champêtres qui avaient vu en 1623 le sabbat des frères de la Rose-Croix [1].

Le ruisseau coula dès lors à plein flot jusqu'au cœur de la ville, si bien que, grossi d'ailleurs de plus en plus par ses infects affluents des rues, il ne se trouva pas toujours à l'aise dans l'étroite tranchée qu'on lui avait creusée pour lit. A tout instant il débordait, et ses immondices refluaient dans Paris. Aux endroits où le ruisseau voûté ne prenait jour que par des soupiraux, c'étaient de véritables inondations qu'on voyait tout à coup sourdre de dessous terre, ou plutôt c'étaient de véritables éruptions de boue.

Les pluies d'orage en faisaient des déluges. Au mois d'août 1667, une ondée torrentielle éclata sur le quartier du Temple; les ruis-

---

[1] Dans un livret du temps, *Effroyables pactions*, etc., reproduit au t. IX de nos *Variétés hist. et littér.* (p. 290), il est dit qu'il se rassemblaient « tantost dans les carrières de Montmartre, tantost *le long des sources de Belleville*, et là proposoient les leçons qu'ils devoient faire en particulier avant de les rendre publiques. »

seaux remplis en un instant affluèrent au courant de Belleville ; il était engorgé, et le reflux des eaux ainsi repoussées vint inonder la ville. Les caves, les cours, les cuisines, les salles basses, les boutiques, furent submergées. La fille d'un marchand de vin, dont le cabaret se trouvait au coin de la rue Vieille-du-Temple et de celle des Quatre-Fils, remontait de la cave à ce moment; la force du courant qui faisait des marches de la cave une véritable cataracte l'entraîna ; elle fut noyée [1].

En 1715, le mal croissant tous les jours, on songea enfin à y porter remède ; ce ne fut que pour retomber dans un pire. « La ville, dit la Martinière [2], fut obligée de détourner les eaux des égouts de la rue Vieille-du-Temple, qui rentroient plutôt qu'elles ne sortoient. On pratiqua une ouverture dans le fossé qui va depuis la rue du Calvaire jusqu'à la rivière, près le bastion de l'Arsenal. Ce remède, ajoute-t-il, occasionnoit un grand mal, qui arrivoit par les grandes averses, les-

---

[1] De Lamare, *Traité de la police,* 1722, t. IV, p. 410, et Bonamy, dans les *Mémoires de l'Académie des inscript.,* t. XVII, p. 588.

[2] *Dict. géogr.,* 1726, in-fol., art. Paris.

quelles, en fournissant des eaux en abondance, entraînoient avec elles dans la rivière des immondices capables de fournir une eau malsaine dans les pompes du pont Notre-Dame. » On faisait ainsi renaître ce qui avait été l'une des causes de la suppression du ruisseau du Pont-Perrin, sous Charles VI.

Le seul parti à prendre pour couper court à tous ces inconvénients, à tous ces dangers, c'était de régulariser enfin ce fossé « aux pentes inégales, » ce ruisseau trop capricieux; c'était de remplacer ses berges que les pluies et les gelées minaient continuellement[1], par de bonnes murailles et de solides voûtes de pierre; bien plus, c'était de ne pas même lui laisser le libre cours de ses eaux, mais de les contenir dans un ou deux réservoirs, qu'on ouvrirait à des époques fixes pour donner passage au torrent qui entraînerait avec lui, jusqu'à la Seine, au-dessous de la ville, les immondices amoncelées.

Tout cela fut accompli, après trois ans de travaux, de 1737 à 1740, par les soins de M. Turgot, prévôt des marchands; de M. Le

---

[1] Piganiol, *Description de la ville de Paris*, 1765, in-8°, t. IV, p. 384.

Camus, de l'Académie des sciences, qui fit exécuter tous les nivellements, et de M. Beausire le fils, architecte du roi, qui s'était chargé des constructions. On ne garda rien de l'ancien système, pas même l'emplacement sur lequel le premier ruisseau avait tracé son sillon. « Le nouvel égout, dit Piganiol[1], a été fait, pour la plus grande partie, dans un terrain nouveau, pour conserver un écoulement aux eaux descendantes des différents embranchements qui y aboutissent, et en même temps afin d'éviter, autant qu'il seroit possible, les fouilles à travers les vases et les terres infectées... Les sources qu'on a découvertes en fouillant les terres, ajoute-t-il, sont d'un bon secours pour l'égout ; elles le rafraîchissent continuellement par une nouvelle eau ; on leur a laissé des barbacanes dans les assises courantes pour les y recevoir. »

Depuis les travaux exécutés de 1635 à 1656, ces sources, dont la plupart venaient de Ménilmontant, avaient un cours plus régulier. On leur avait creusé des rigoles le long des pentes, et, de distance en distance, il existait des réservoirs, dans lesquels on les amassait,

[1] Piganiol, *Description de la ville de Paris*, 1765, in-8°, t. IV, p. 384.

afin de pouvoir, en cas d'engorgement, les lâcher à flots dans le canal encombré.

Un de ces réservoirs se trouvait au coin du chemin de Ménilmontant et de la rue qui devait son nom à la *folie* ou maison de campagne (*follia*) de l'ancienne famille de Méricourt; un autre se voyait un peu plus haut, tout près du point de jonction du même chemin de Ménilmontant et de la rue Saint-Maure, mais le plus considérable était proche de l'enclos de l'hôpital Saint-Louis, à l'angle de la rue Saint-Maure et du chemin de la Chopinette. La rue *Fontaine-au-Roi* ou des *Fontaines-du-Roy*[1], ainsi qu'on la nomma longtemps, devait de s'appeler ainsi aux sources dont les plus abondantes suivaient, dans leur parcours, une ligne qui lui était parallèle. Le système de réservoirs dont je viens de parler était

---

[1] Il s'y trouvait déjà au dernier siècle une grande manufacture, celle de porcelaine allemande, dirigée par Locré, dont les produits sont marqués de deux flèches. On y fit en 1773 le buste de Mme du Barry. Les prix de Locré étaient excessifs. Il demanda pour ce buste 12,000 livres. Mme du Barry écrivit sur le mémoire : « On les vend à Sèves (*sic*) six louis, et il demande 12,000 livres... Mme du Barry donnera dix louis. » (*Mél. des biblioph.*, 1856, in-8°, p. 289.)

excellent; aussi M. Turgot l'adopta-t-il pour compléter le sien. Il lui donna seulement de bien plus vastes proportions. Il en centralisa toutes les parties dans un réservoir général, où, dit encore Piganiol, « on gardoit l'eau pour rincer l'égout. »

On l'avait établi à la tête même de la branche principale, c'est-à-dire vis-à-vis la rue des Filles-du-Calvaire, juste à l'endroit qui, longtemps occupé par de vastes chantiers, sert aujourd'hui d'emplacement au Cirque Napoléon. La ville avait acheté pour cela deux arpents de marais, qui appartenaient au grand prieuré de France. Le réservoir avait en longueur 35 toises 5 pieds 4 pouces, et en largeur 17 toises 5 pieds 4 pouces; il ne contenait pas moins de 22,112 muids d'eau, qui venaient en grande partie des sources de Belleville. Un énorme puits fournissait le reste à l'aide de six corps de pompe.

Rien n'avait été négligé dans l'exécution de ce grand projet, si ce n'est de voûter l'égout dans toute son étendue. Partout où il ne semblait pas qu'il y eût danger à le laisser béant, c'est-à-dire sur tous les points de son parcours qui ne traversaient pas des quartiers habités : dans le quartier de la Nouvelle-France, par exemple, puis dans la Chaussée-d'Antin, les Champs-Élysées, etc., il était encore découvert. C'était, à tous égards, un inconvénient grave, notamment à cause des accidents continuels qui en résultaient, puisqu'il n'était pas de jour où, comme par le passé, l'on ne trouvât embourbé dans les marais[1], ou même noyé dans l'égout quelque ivrogne qui y était tombé la nuit en revenant de Montmartre ou des Porcherons. Une ordonnance du mois de mars 1721 avait déjà signalé ces dangers[2]. On n'en était donc que plus coupable de les laisser subsister en partie après les travaux de 1740. Il faut dire, cependant, qu'on tâcha d'y obvier peu à peu ; les parties du cloaque qui étaient restées à découvert furent voûtées au fur et à mesure

[1] *V.* notre *Paris démoli*, 2ᵉ édit., p. 245.
[2] Le voisinage des marais rendait telle l'humidité dans ces quartiers, qu'au XVIIᵉ siècle il était impossible aux prêtres de Notre-Dame de Lorette de conserver les hosties, même en les mettant dans une boîte de cèdre. Cette chapelle n'était pas où se trouve l'église actuelle, mais rue *Coquenard* (Lamartine). La maison nᵒ 54 en tient la place. Buyster, retiré tout près, avait sculpté les ornements de l'autel. (*Mém. inéd. sur l'hist. des membres de l'Acad. de peinture et de sculpt.*, t. 1, p. 289.)

que les habitations, attirées par le bon marché des terrains, se multiplièrent à l'entour ; aussitôt que le marais se faisait ville. Voici, du reste, comment l'article du *Mercure* d'août 1811 s'explique sur l'aspect général des travaux exécutés en 1737, et peu à peu complétés, comme nous venons de le dire.

On y montre d'abord les eaux du pré Saint-Gervais rassemblées dans leur réservoir, puis on ajoute : « Suivant la pente du vallon, M. Turgot fit au ruisseau un très-beau lit en pierre de taille, avec une berge sur toute sa longueur, qui rendit les réparations et les nettoyages plus faciles. Il recouvrit ce lit d'une voûte partout où les bords étaient habités ; et l'on a continué ce soin, à mesure que de nouveaux bâtiments en ont suivi ou traversé le cours. »

Dans un petit livre, assez rare aujourd'hui, qui parut en 1750, sous ce titre : *Le Voyage du chevalier de Cléville*[1], se trouve une description presque riante du cours de ce canal. Le chevalier vient d'admirer la porte Saint-Denis, il monte le faubourg jusqu'à la grille qui le fermait alors à la hauteur de la rue ac-

---

[1] *Londres*, 1750, in-12, p. 122-123.

tuelle des *Petites-Écuries*[1]. « Lorsque j'y fus arrivé, dit-il, je tournai à gauche; à ma droite, je vis un canal, où rouloit doucement un peu d'eau; il ne m'en fallut pas davantage pour me faire croire que c'étoit la Seine, pendant que ce n'est que l'égout dont M. de Turgot, prévôt des marchands, a, entre autres beaux ouvrages, embelli la capitale du monde. Je suivis le rivage, admirant les jardins et les palais qui le bordent jusqu'au faubourg Montmartre, où je vis que la rivière se perdoit à ma vue en passant sous un pont de pierre. »

Le chevalier exagère un peu lorsqu'il parle des jardins et des palais qu'il trouva sur les bords du canal; les jardins n'étaient que des potagers, et les palais des masures de maraîchers. Les seules maisons remarquables qu'il put voir aux environs étaient l'hôtel du prince de Monaco[2], situé sur la droite du chemin qui montait du faubourg Montmartre à la *Croix-*

---

[1] Son nom venait des *petites écuries* du roi, dont un passage occupe la place. (*V. Paris démoli*, 2ᵉ éd., p. 57.)

[2] Il existe encore en partie. C'est le nº 16 de la rue *Cadet;* le maréchal Clausel l'habita, et depuis quelques années, il est devenu le siége du Grand-Orient. Un peu plus loin, au nº 24, se trouvait la petite maison du duc d'Orléans. Collé parle d'un

Cadet[1], et, de l'autre côté du faubourg, après avoir passé le petit pont, le fief seigneurial de la Grange-Batelière. Ce qu'il dit du canal et de la limpidité de ses eaux est le détail le plus curieux de sa petite description.

Malheureusement, et l'écrivain du *Mercure* est le premier à le déplorer, les travaux ne furent pas tenus en bon état. Vers la fin du règne de Louis XV, on ne veillait déjà plus à ce que le réservoir fût toujours fourni d'eau ; on laissait les sources de Belleville se déverser d'un autre côté ; les pompes étaient détraquées ; enfin tout ce vaste système se détruisit peu à peu, puis disparut tout à fait.

Il n'en restait presque plus rien en 1811, quand on voulut le reconstituer.

---

souper grivois qu'il y fit, le 16 octobre 1749 (*V.* son *Journal*, t. I, p. 124).

[1] La rue *Cadet* n'était encore qu'une sorte de *voirie*, et c'est même par ce nom qu'on la désignait. Celui qu'elle porte lui vient du clos *Cadet*, près duquel, à l'endroit où elle s'élargit et devient une sorte de place, se trouvait une *croix* qui disparut à la Révolution. Le voisinage des *Porcherons* et du grand *Salon* de la rue Coquenard, en avait fait un quartier galant. En 1769, les filles entretenues n'y manquaient pas (*V.* la p. 11 des pièces annexées à notre brochure, *les Lanternes*, Paris, E. Dentu, 1854, in-8°).

Pour rendre au canal souterrain le cours qui lui manquait, on mit à contribution les premières eaux qu'ait amenées le canal de l'Ourcq [1], en même temps qu'on y laissa dériver, comme auparavant, à l'aide de barbacanes, les petits ruisseaux de Ménilmontant, de Belleville et de Montmartre. Aux saisons ordinaires, ces sources peuvent écouler toutes leurs eaux dans l'égout ; mais il peut arriver, notamment aux époques pluvieuses de l'année, qu'elles soient grossies outre mesure, et que, ne trouvant pas à s'infiltrer avec assez de facilité dans le canal souterrain, elles débordent et s'épandent partout où elles peuvent [2].

Quand l'égout n'était ni voûté ni muré, elles y parvenaient toujours ; maintenant, voûtes et parois leur sont un obstacle. Ne pouvant pénétrer à l'intérieur, elles se répandent au dehors, et inondent les environs.

---

[1] De Vert, *Précis histor. des canaux de l'Ourcq*, 1814, in-4°, p. 5.

[2] Les fondations des maisons de la Chaussée-d'Antin sont aussi un obstacle à leur écoulement. Ainsi arrêtées, elles forment de ce côté une espèce de lac souterrain. (*Gaz. de France* du 25 mai 1859, art. de M. J. Rambosson.)

Les déluges souterrains des faubourgs Montmartre et Poissonnière dont je parlais en commençant, et qui m'ont amené à écrire ce long chapitre, n'ont pas d'autre cause.

L'administration s'est enfin émue de ce qu'ils avaient de menaçant [1] : des études sérieuses ont été faites, plusieurs projets ont été proposés [2], et l'on s'est arrêté à celui du grand canal souterrain, aujourd'hui en voie d'exécution, qui doit conduire toutes ces eaux dans la Seine, au pont d'Asnières.

[1] En quelques endroits, rue *Drouot*, par exemple, sur les terrains de l'ancienne Grange-Batelière, les eaux arrivent souvent au niveau du sol.

[2] Dernièrement encore, dans un mémoire lu au *Cercle de la Presse scientifique*, M. Tardieu proposait à cet effet un puisard artésien absorbant ou *boit-tout*.

II

De quelques noms de rues du quartier Montmartre.

Lorsqu'on fit, en 1820, les fouilles nécessaires pour établir les fondations de la statue de Louis XIV, sur la *Place des Victoires*, on trouva des fragments d'épaisses murailles. Qu'était-ce ? Renseignement pris, on reconnut que ce ne pouvait être que les restes des deux murs de revêtement des fossés de la ville ; un débris imprévu de l'enceinte de Charles VI [1].

Paris, de 1383 à 1629, n'allait pas au delà,

---

[1] *V.* à ce sujet quelques détails dans le *Magasin pittoresque*, t. IX, p. 67.

de ce côté. Le nom de la rue des *Fossés-Montmartre*, qui se trouve tout près, n'est donc pas une étiquette banale, mais un souvenir précieux ; elle a réellement été tracée sur l'emplacement des fossés, dont la ligne, en se continuant, traversait le Palais-Royal, décrivait en face du Théâtre-Français la courbure, dont la petite rue du *Rempart*, récemment démolie, indiquait la flexion, puis allait rejoindre sur le bord de la Seine la *Tour de bois* à la hauteur des *grands Guichets*.

Pour bien s'édifier sur les causes des variations de niveau si fréquentes dans ces quartiers ; pour comprendre, par exemple, pourquoi la place des Victoires, l'entrée de la rue *Croix-des-Petits-Champs* et une partie des environs du Palais-Royal sont d'un niveau supérieur à celui des rues *Coquillière* et du *Petit-Reposoir*, il ne faut pas perdre de vue la disposition topographique dont nous venons de vous donner une idée. Toute la partie gauche de la place, l'entrée de la rue Croix-des-Petits-Champs, le derrière de la Banque, l'extrémité de la rue des *Bons-Enfants,* étaient le sommet du rempart [1], et les rues avoisi-

---

[1] Là, comme en beaucoup d'autres endroits du rempart, il y avait eu des moulins. Le dernier sub-

nantes, telles que les rues Coquillière, du Petit-Reposoir, etc., se trouvaient naturellement en contre-bas; aussi n'ont-elles jamais pu être mises de niveau et se trouvent-elles toujours en pente [1].

sistait encore en 1615, à l'entrée de la rue *Coquillière*. On le voit sur le plan de de Witt (Amsterdam, 1615).

[1] De là vient que le jardin du Palais-Royal est comme un fond de cuve, et que dans quelques-unes des plus anciennes maisons de la rue *Croix-des-Petits-Champs*, les rez-de-chaussée sont devenus des caves. Les remblais qu'il fallut faire pour établir l'espèce de chaussée en pente qui joint la rue Saint-Honoré à la place des Victoires, sont cause que le premier rez-de-chaussée du n° 25 a disparu ainsi, et n'est plus qu'un caveau où l'on s'étonne de retrouver des traces de peinture. Il en est à peu près de même au n° 21, l'une des plus vieilles maisons du quartier. Sous Louis XIII, avant que le Palais-Royal fût construit, elle existait déjà. C'était l'hôtel du riche financier *La Bazinière*, qui donna son nom à l'une des tours de la Bastille, où il fut enfermé, et ne put le laisser à sa maison. (*V.* Tallemant des Réaux, *Historiettes*, édit. P. Paris, in-8°, t. IV, p. 425, 426, 442.) La reine d'Angleterre l'habita pendant l'hiver de 1662 (*Mém.* de Montpensier, collect. Petitot, 2e série, t. 43, p. 23). Puis ce fut un hôtel garni, portant le nom d'*hôtel de Bretagne,* qui passa plus tard à la maison qui fait face. Louis XV le choisit pour ses premiers rendez-vous avec la marquise de Pompadour, alors ma-

Il faut avoir cette complète connaissance des lieux pour bien comprendre aussi la mise en scène de l'un des principaux épisodes de la Saint-Barthélemy, le meurtre de la famille Caumont La Force. Il eut lieu de ce côté, « au fond de la rue des Petits-Champs, près le rempart, » dit une relation du temps [1]. Le père et le fils aîné tombèrent frappés à mort ; le plus jeune, qui n'avait pas été atteint, feignit pourtant aussi d'avoir été gravement blessé et se laissa dépouiller comme un corps mort. Le lendemain, sur le soir, un pauvre homme, lequel était marqueur au jeu de paume, qui subsista plus de deux siècles dans la rue Verdelet [2], placée, comme

---

dame d'Étiolles. En venant ainsi mettre ses amours de roi à l'hôtel garni, il croyait être bien caché ; malheureusement, la seconde porte de l'hôtel, rue des *Bons-Enfants,* faisait face à l'hôtel d'Argenson. Il fut guetté par là, surpris plus d'une fois, et l'*incognito* de sa passion dévoilé. Madame d'Étiolles ne demandait pas mieux, et, qui sait, ce fut peut-être elle qui mit les curieux en campagne. (*V. Biogr. universelle.* art. POMPADOUR.)

[1] Elle a été publiée par de Meyer, dans son curieux livre, *Galerie philosophique du* XVIe *siècle,* t. I. p. 375.

[2] J.-J. Rousseau en parle dans ses *Confessions.*

on sait, non loin de là [1], vint voir ces cadavres étendus près des fossés. Tout en s'apitoyant, il s'approcha du plus jeune, et, comme il était pauvre, ainsi que je l'ai dit, il voulut lui prendre un bas de toile qui lui restait. L'enfant fit le mort de plus belle: mais, l'entendant qui disait : « Hélas ! celui-ci est bien jeune, quel mal pouvoit-il avoir fait ? » il leva doucement la tête et lui dit : « Sauvez-moi, je vous prie. » Le marqueur fut bien embarrassé, car les massacreurs étaient encore tout près, mais il n'hésita point pourtant. Quand les autres furent partis, il enveloppa le pauvre enfant d'un mauvais manteau, le prit sur ses épaules, et l'emporta ainsi, longeant le rempart jusqu'à

---

[1] Comme sa parallèle, la rue Coquillière, elle donnait sur le rempart même, et pour cela il n'est pas étonnant qu'on y trouvât un *jeu de paume*. Ces établissements, ainsi que tous ceux du même genre, *mail, tir à l'arquebuse*, etc., étaient placés, soit sur le rempart, soit auprès. De là vient qu'on a vu de notre temps encore des jeux de paume dans la rue *Mazarine,* qui occupe, on le sait, l'emplacement des anciens fossés qui allaient de la porte de Nesle à la porte Buci. L'un d'eux, après la mort de Molière, devint la salle du Théâtre-Français. Le passage du *Pont-Neuf* l'a remplacé.

l'Arsenal, où le jeune Caumont lui avait dit que logeait sa tante, madame de Biron.

Le faubourg qui commençait à cet endroit, était un des plus misérables de Paris ; c'était un véritable repaire de gueuserie [1]; même lorsqu'il eût été englobé dans la ville, il eut encore grand'peine à changer d'aspect. On y construisit de beaux hôtels dignes d'aller de pair avec ceux qui se trouvaient dans le quartier voisin : avec l'hôtel d'Épernon[2], par exemple, qui avait ses principaux bâtiments rue Plâtrière et ses écuries dans toute l'étendue de la rue à laquelle *Nicolas Pagevin* avait donné son nom sous Henri III [3]; avec

---

[1] « Dans la rue des Fossés-Montmartre, dit Tallemant dans ses *Historiettes* (édit. Monmerqué, in-12, t. IX, p. 23), il y avoit certains gueux fieffés qui s'étoient impatronisés des aumônes de toute la rue, et qui faisoient un bruit du diable. »

[2] Ce fut ensuite l'hôtel d'Hervart, puis l'hôtel d'Armenonville. Les *Postes* y sont aujourd'hui (*V.* notre *Promenade dans Paris*, 3ᵉ chap. de *Paris dans sa splendeur.*)

[3] Il était seigneur de l'île Louviers, et trésorier général de la maison du duc d'Anjou et d'Alençon, frère de Henri III. Il se trouve nommé dans l'état des officiers du duc d'Alençon, daté du 5 avril 1576 (*Mémoires* de Nevers, t. I, p. 598). Le graveur Fr.

l'hôtel de Châteauneuf, aussi, qu'on trouvait rue Coquillière ; et encore avec celui de Royaumont, son voisin de la rue du Jour. Mais tout cela ne suffit point, l'arrivée des grands seigneurs ne fit point partir les pauvres diables.

Rue de la *Jussienne*, malgré le voisinage du palais d'Épernon, il y avait toujours un immense asile de gueux, la *Cour-Jussienne;* et dans le faubourg dont je parle, même lorsque le beau monde ne craignit plus autant d'y venir loger, il ne cessa de subsister un repaire du même genre, et non moins infect : la *Cour-des-Miracles*, comme on l'appelait et comme on appelle encore l'espèce de cité, heureusement assainie et transformée, qui en occupe la place entre les rues *Damiette* et *Thévenot* [1].

Chauveau avait eu pour mère une de ses parentes. (*V.* sa *Vie* par Papillon, publiée avec tant de soin par MM. A. de Montaiglon, Paul Chéron et Th. Arnauldet, 1854, in-8º, p. 7.)

[1] « Pour y venir, disait Sauval à l'époque dont nous parlons, il se faut souvent égarer dans de petites rues vilaines, puantes, détournées ; pour y entrer, il faut descendre une assez longue pente, tortue, raboteuse, inégale. J'y ai vu une maison de boue à moitié enterrée, toute chancelante de vieil-

Quand, à certains jours, on se décidait à quelque grande mesure contre les envahissements de la gueuserie; quand il semblait utile d'écumer un peu la ville [1]; c'est de ce côté qu'on venait faire rafle de vauriennes et de vauriens. Les uns étaient mis à la Salpêtrière, les autres étaient embarqués pour le Canada, autrement dit *la Nouvelle-France.* Le quartier qui servait à peupler ainsi cette contrée en garda le nom.

Beaucoup de rues, ou plutôt de ruelles de ces parages, indiquent encore ce qu'elles devaient être alors. Parmi les adjacentes de la rue des *Grands-Augustins*, jetez un coup d'œil sur la ruelle qui eut pour parrain *Soly*, ce gros homme, le plus gros des *seize*, dont l'obésité n'eût pu certes y passer [2]; de l'autre

lesse et de pourriture, qui n'a pas quatre toises en carré, et où logent néanmoins plus de cinquante ménages, chargés d'une infinité de petits enfants, légitimes, naturels ou dérobés. »

[1] *V.* le *Roman bourgeois* de Furetière, édit. P. Jannet, p. 311.

[2] Il était marchand près des SS. Innocents (*Journal histor.* de P. Fayet, p. 113). C'est lui qui, au mois de mars 1589, fut envoyé avec le conseiller Machault, dans la maison de P. Molan, trésorier de l'Épargne, rue des *Prouvaires,* pour y saisir « le beau

côté de la place des Victoires, voyez la rue *Saint-Pierre-Montmartre*, la rue des *Jeûneurs* aussi, et celle du *Croissant*, telles qu'elles étaient avant qu'on les eût un peu élargies, enfin la rue *Saint-Joseph*, et dites-moi si, dans l'origine, il pouvait y loger d'autres gens que ceux dont je vous parle ici [1].

Les pauvres y étaient encore en grand nombre à la fin du règne de Louis XIV. Pendant un rude hiver, la femme de Molière fit amener dans le cimetière *Saint-Joseph* ou du *Petit-Saint-Eustache* [2] et placer sur la large

---

et ample magot, » comme on lit dans la *Ménippée*, que ledit trésorier, qui n'avait que pour lui d'épargne et de trésor, y tenait caché. On y trouva trois cent soixante mille écus d'or, selon de Thou (*Hist. univ.*, liv. xcv). Pasquier dit « huit vingt et tant de mille, » c'est-à-dire seulement cent soixante mille, c'est plus probable, d'autant que la somme est assez belle déjà. « Y eut-il jamais, s'écrie-t-il, je ne diray pas un fluz, mais torrent de grande fortune à un clin d'œil tel que celuy-là. » (*Lettres* de Pasquier, in-fol., t. II, p. 382.)

[1] En 1699, on découvrit toute « une nichée de voleurs rue *Saint-Pierre-Montmartre*. » (*Lettres* de l'abbé Viguier, dans les *Mélanges des biblioph.* 1856, in-8°, p. 271.)

[2] Il devait ce nom à la grande église dont sa chapelle était la succursale, et il le transmit à la rue

dalle qui servait de tombe à son mari une cinquantaine de fagots, auxquels on mit le feu pour que les plus malheureux parmi cette populace besogneuse vinssent se chauffer [1]. On sait que ce petit cimetière, où La Fontaine reposait aussi, est maintenant, de même que la chapelle dont il dépendait, remplacé par un marché. La rue *Saint-Joseph* s'était d'abord appelée rue du *Temps-Perdu,* nom significatif comme beaucoup d'autres de ce même quartier : il renseignait tout d'abord sur les habitudes de la population fainéante que vous deviez y trouver, comme un peu plus bas le nom de la rue du *Bout-du-Monde* vous avait avertis de ne pas pousser plus loin ; pendant que celui de la rue *Breneuse* [2],

voisine, qui s'appelle encore rue *Neuve-Saint-Eustache.* Elle s'était auparavant nommée rue du *Milieu-des-Fossés,* puis rue *Saint-Côme,* sans doute parce que les chirurgiens, *carabins de Saint-Côme,* ainsi qu'on les appelait, étaient tenus d'y venir jeter, comme aux autres voiries, le résidu de leur palette, les ordonnances l'exigeaient.

[1] Titon du Tillet, *Parnasse français,* 1732, in-fol., p. 320.

[2] Le nom de rue *Breneuse* indiquait qu'elle faisait dignement suite à la rue *Merderet,* dont par un contre-sens euphémique on a fait la rue *Verdelet.*

aujourd'hui la rue du *Petit-Reposoir*, et celui de la rue *Vide-Gousset* [1] vous conseillaient et de prendre garde aux immondices et de vous défier des passants [2].

[1] Elle s'appelle encore ainsi. Quand, au commencement du siècle, elle menait de la *Bourse*, qui se tenait dans l'église des Petits-Pères, à la *Banque*, établie alors à l'hôtel Massiac (n° 2 de la rue des Fossés-Montmartre), ce nom de rue *Vide-Gousset* pouvait passer pour une épigramme. Le passé prêtait une méchanceté au présent, et ce n'était pas la première fois qu'on en faisait la remarque. En 1770, on s'était spirituellement servi de cette malice contre le contrôleur des Finances. Nous lisons dans les *Mémoires secrets*, sous la date du 8 mars de cette année-là : « Il existe dans Paris une petite rue, près la place des Victoires, qu'on appelle la rue *Vuide-Gousset* ; un de ces jours, on a trouvé ce nom effacé, et l'on y avoit substitué la rue *Terrai*. »

[2] Le malheureux poëte Vergier, ami de La Fontaine, n'éprouva que trop combien il était dangereux de passer, sur le tard, en ces quartiers. Dans la nuit du 23 août 1720, des bandits, commandés par le *Craqueur*, lieutenant de Cartouche, le tuèrent rue du *Bout-du-Monde*. Le bruit courut que les assassins, apostés par le Régent pour tirer vengeance, en son nom, de l'auteur des *Philippiques*, La Grange-Chancel, avaient tué Vergier parce qu'ils l'avaient pris pour le satirique. Les aveux du *Craqueur*, avant son supplice, le 10 juin 1722, prouvèrent combien cette calomnie avait été gratuite.

Telle terre, telle population : c'est ce qu'on pourrait dire de ce quartier à son origine, surtout pour la partie qui va de la rue de Cléry et de la rue Neuve-Saint-Eustache jusqu'à la rue Saint-Denis. Ce ne fut, jusqu'à la fin du XVIe siècle, qu'un énorme amas d'ordures de toutes sortes entassées là par vingt générations.

Il ne faut pas oublier de rappeler à ce sujet que la grande ville avait ainsi à quelques-unes de ses entrées principales de petits Montfaucons en diminutif, qui, à force de s'étendre, étaient arrivés à lui former une sorte d'infecte ceinture. En dehors de la porte Saint-Honoré, placée alors, comme je vous l'ai dit, à l'endroit où débouche la rue de Richelieu, se trouvait la *butte Saint-Roch*, qui était, elle aussi, un monticule d'immondices. De l'autre côté de la Seine, au sud-est, à proximité de la *Porte Bordet,* ou *Saint-Marcel,* s'élevait une autre butte de même formation [1]. Ce *copeau*, pour le désigner par l'ancien mot qui signifiait *butte*, et que nous retrouvons encore

---

[1] Une anecdote que raconte Tallemant (*Historiettes*, édit. in-12, t. III, p. 7) ne laisse aucun doute sur la manière dont cette butte s'était formée.

sur l'écriteau d'une rue de ce quartier, est devenu le montueux labyrinthe du Jardin-des-Plantes. Les exhalaisons malsaines qui s'échappaient de cet amas de gadoues, et qui portent depuis très-longtemps le nom spécial de *moffettes* ou *mouffettes*, avaient fait donner à la longue rue qu'infectait leur voisinage le nom de *Mouffetard*, qui renferme en lui son étymologie véritable, bien qu'on lui en ait cherché une foule d'autres. Or, le chemin qui se trouvait sur le versant méridional de l'autre monticule, pour lequel nous avons fait cette digression nécessaire, et que nous désignerons désormais par le nom de *butte Bonne-Nouvelle*, qu'il garde depuis le XVIIe siècle, avait aussi reçu primitivement cette appellation significative de *Mouffetard* [1].

[1] La Tynna le dit positivement dans son excellent *Dict. des rues de Paris* (1816, in-12), ainsi que Hurtault et Magny, *Dict. hist. de la ville de Paris*, (1779, in-8º, t. IV, p. 312). — On trouve, sur la formation de cette butte, une note on ne peut plus curieuse, dans le livre de Parent-Duchâtelet, (*Hygiène publique*, t. I, p. 180-181.) « Les fouilles, dit-il, faites cette année (1824) pour asseoir les fondations de la nouvelle église de Notre-Dame-de-Bonne-Nouvelle, m'ont fourni une occasion précieuse de connaître la composition de cette butte, depuis sa base

C'est aujourd'hui la rue qui doit son nom de *Cléry* à un hôtel qui se trouvait sur une partie de son emplacement en 1540.

Une autre petite rue, sa parallèle, avait été placée sous le vocable de *saint Roch*, protecteur des pestiférés, en l'honneur duquel une chapelle, devenue magnifique église,

jusqu'à son sommet, c'est-à-dire à une profondeur de plus de cinquante pieds; j'ai pu voir, par les stratifications nombreuses dont elle est composée, qu'elle servait de dépôt, non-seulement pour les plâtras, les décombres et les débris de maisons, mais encore pour les boues et immondices des rues de la ville. J'ai trouvé, dans toute cette masse, une multitude d'ustensiles et de débris d'objets travaillés, indiquant parfaitement les usages et l'état de quelques arts à ces époques éloignées; l'éclat, la beauté et la finesse de quelques tissus de soie est ce qui m'a le plus frappé, ainsi que la conservation parfaite de quelques couleurs fixées sur la laine. Les morceaux et débris de cuirs, ouvrés et non ouvrés, s'y trouvaient dans une prodigieuse quantité; j'y ai recueilli des plantes entières, que d'habiles botanistes ont reconnues pour être originaires d'Afrique; enfin, en arrivant au sol naturel, on y a trouvé un champ planté de vignes, dont on a retiré quelques morceaux de sarments et de racines parfaitement conservés; en recueillant tous les objets divers que présente cette masse, on eût pu faire un musée intéressant d'un genre tout nouveau. »

avait été déjà construite pour la même cause près de l'infect monticule de la Porte-Saint-Honoré [1]. *Saint Fiacre* enfin, patron du fumier et, comme tel, cher aux jardiniers, avait dû prendre aussi sous son invocation une autre rue de ces parages.

On comprendra que sur un tel terrain où planait une *mal'aria* sans trêve, personne ne pouvait venir vivre, si ce n'est pourtant les pauvres diables que nous y avons trouvés campés. Il fallut donc mille peines pour y attirer une population plus convenable.

Sous Henri II, on fit une première tentative. La chapelle, qui est devenue l'église Bonne-Nouvelle, fut construite sur la butte même, mais elle n'eut pour paroissiens que les gueux de la *Cour-des-Miracles* et ceux de la *Cour-du-Roi-François*, autre repaire de même sorte situé non loin de là, près de la Porte-Saint-Denis.

Partout où elle s'installe, cette population ne tarde pas à pulluler; ce faubourg fut donc bientôt une vraie fourmilière, une espèce de cité misérable auprès de la riche et

---

[1] On y avait mis *le marché aux Pourceaux*, ce qui ne manquait pas de couleur locale. (*V. Paris démoli*, 2ᵉ édit., p. 176, 177.)

de la grande. Comme on ne vit que le nombre et non la qualité des gens qui s'y trouvaient, on se mit à l'appeler la *Ville-Neuve*, ou, plus communément encore, à cause du terrain d'alluvion de toutes sortes sur lequel s'était entassée cette populace, on la nomma la *Ville-Neuve-sur-Gravois*[1]. On sait que le nom d'une rue voisine, autre parallèle de la rue de Cléry, fut longtemps un souvenir de celui-ci. Sous Louis XIII, enfin, quelques efforts furent tentés pour attirer l'industrie de ce côté, afin de réparer le mal qu'y avait fait la guerre pendant la Ligue[2].

Des lettres patentes de l'année 1623 accordèrent à toutes personnes qui viendraient y exercer les arts et métiers, franchise entière, c'est-à-dire « le privilége d'y travailler librement et publiquement, et d'y tenir boutique à l'instar du Temple[3]. » Les ouvriers en meubles, qu'un avantage du même genre avait alors attirés pour la plupart sur le ter-

---

[1] Jaillot, *Quartier Saint-Denis*, p. 8.
[2] Une partie des troupes de Henri IV était venue y camper durant le siége (*Journal histor.* de P. Fayet, p. 37).
[3] Hurtault et Magny, *Dict. histor. de la ville de Paris*, t. IV, p. 313.

rain privilégié de l'abbaye Saint-Antoine, mais qui ne demandaient qu'à pouvoir occuper aux mêmes conditions un autre point des faubourgs, s'empressèrent les premiers de venir dans le quartier désigné par les lettres patentes. Sous Louis XIV, ils y avaient déjà pris toute la place : « Il y a sur la Ville-Neuve, est-il dit dans le *Livre commode des adresses* [1], un grand nombre de menuisiers qui travaillent à toutes sortes de meubles non tournés. »

Ils y sont encore.

[1] Par de Blegny, sous le pseudonyme d'Abraham du Pradel, 1690, in-8°. *V.* sur ce livre *Paris démoli, et le Vieux-Neuf*, Paris, E. Dentu, 1859, t. II, p. 69.

III

Quelle est la véritable étymologie du mot fiacre?

Jusqu'à présent, j'avais fait comme tout le monde, j'avais accepté sans conteste l'étymologie donnée par Ménage et par Sauval, l'un dans ses *Origines de la langue françoise* [1], l'autre dans ses *Recherches sur les Antiquités de Paris* [2].

Voici, par exemple, ce que dit celui-ci, le plus souvent cité des deux :

« Il y a quelque quarante ans qu'un certain Nicolas Sauvage, facteur du maître des coches d'Amiens, loua à la rue Saint-Martin, vis-à-vis de celle de Montmorency, une

---

[1] 1684, in-fol.
[2] T. I, p. 193.

grande maison appelée l'hôtel Saint-Fiacre, parce qu'à son *enseigne* étoit représenté un *saint Fiacre* qui y est encore. Or, cet homme, fort entendu en fait de chevaux, établit là des carrosses pour les louer au premier venu. D'abord, il eut bonne pratique, *quoiqu'il les louât bien cher*, et même incontinent après, il eut des camarades qui s'établirent en divers quartiers et s'enrichirent... Mais il n'y en avoit point qui allât de son air, comme ayant quelquefois quarante et cinquante chevaux à l'écurie... »

Un peu plus loin, Sauval ajoute que de la maison et de son enseigne « le nom de *fiacre* fut donné aux carrosses de louage et à leur maître, mais aussi aux cochers qui les conduisoient, et même je pense, dit-il encore, que cette manière de gens a pris saint Fiacre pour patron. »

C'est formel et sans réplique. Aussi depuis Sauval y a-t-on cru sans répliquer.

Un doute me vint lorsqu'en examinant bien, je vis que Ménage et Richelet n'étaient pas d'accord avec Sauval, au sujet de la rue où se trouvait l'*enseigne Saint-Fiacre*. Sauval a dit qu'elle était rue Saint-Martin, et Richelet ainsi que Ménage,—celui-ci comme l'ayant vue lui-même,—assure qu'elle se trouvait rue Saint-Antoine. Ce premier doute, né du désaccord de ces graves autorités, se compliqua d'un autre lorsque je lus dans un des *Voyages* du P. Labat [1], à propos des *fiacres* de Paris : « On les appeloit *carrosses à cinq sous*, parce qu'on ne payoit que cinq sous par heure. » Cette phrase contredit tellement ce qu'on a lu dans les *Antiquités de Paris* à propos de Sauvage qui *louait* ses fiacres *bien cher*, que tout d'abord je pensai vraiment que le P. Labat s'était trompé. Un article du dictionnaire de Richelet vint tout à coup lui donner raison. Voici ce qu'il dit au mot *brededin* qui servait à désigner, par une onomatopée burlesque, ces pauvres voitures disloquées : « C'est une sorte de méchant petit *carrosse à cinq sous*, qu'on appelle plus ordinairement *fiacres*. »

Sauval, si je ne me trompe moi-même, est ici bel et bien pris en flagrant délit d'erreur: les premiers fiacres n'étaient pas de bonnes voitures, et on ne les *louait pas bien cher*. Pourquoi, sur l'étymologie du mot, ne se

---

[1] *V.*, pour plus de détails, notre livre *le Vieux-Neuf*, Paris, E. Dentu, 1859, t. II, p. 50.

serait-il pas trompé de même ? Pourquoi par exemple, n'aurait-il pas pris à ce sujet un nom d'enseigne pour un nom d'homme ? C'est ce que je me dis, lorsque j'eus trouvé surtout les deux lignes suivantes en tête du mot *fiacre* dans le dictionnaire de Furetière, puis dans celui de *Trévoux*, qui n'est, on le sait, que la reproduction très-étendue de l'autre :

« Fiacre. C'est un nom qu'on a donné depuis peu aux carrosses de louage du nom d'un fameux loueur de carrosses qui s'appeloit ainsi. »

La question se complique, comme vous voyez, et l'on pouvait être à moins fort embarrassé. Peignot, avant de dire son mot sur la même étymologie [1], ne le fut pourtant pas. Il trouva moyen de mettre d'accord Sauval et Furetière ; il concilia leurs opinions opposées, en les fondant ensemble, en les mêlant [2]. « On les a nommés ainsi, dit-il, des cochers qui s'appeloient comme leurs voitures, parce que le premier se nommoit *Fiacre*, et logeoit à l'*Image de Saint-Fiacre*. »

---

[1] *Amusements philologiques*, p. 396.
[2] C'est, du reste, ce qu'avaient déjà fait Hurtault et Magny, Dict. histor. de la ville de Paris. t. III, p. 18.

Après ce que j'avais fait pour trouver la vérité, cette explication dégagée ne pouvait me suffire. J'étais toutefois sur la trace du premier loueur, qui ne s'appelait pas Sauvage, comme le prétend Sauval, de qui j'avais le droit de douter, mais qui devait se nommer Fiacre, comme le voulait Furetière, en qui j'avais plus de confiance. Restait à le découvrir, restait à savoir aussi dans quelle rue il avait placé ses premiers hangars. Je finis par y parvenir ; c'est dans une *Mazarinade* de 1652 que je trouvai tout cela.

Elle a pour titre : *Le souper royal de Pontoise fait à messieurs les députés des six corps de marchands de cette ville de Paris, en vers burlesques*, Paris, Nicolas Damesme, 1652. On y lit, à propos du plus grand embarras qu'eurent ces bons marchands lorsqu'ils voulurent se rendre à Paris : *C'étoit*, dit le burlesque,

> C'étoit pour avoir des carrosses
> Où l'on attelle chevaux rosses,
> Dont les cuirs tout rapetassés,
> Vilains, crasseux et mal passés
> Représentoient le *simulacre*
> *De l'ancienne voiture à Fiacre,*
> *Qui fut le premier du métier ;*
> *Qui louoit carrosse au quartier*
> *De monsieur Saint-Thomas du Louvre...*

Maintenant, il nous semble qu'il n'y a plus de doute à avoir sur la véritable étymologie du mot. De plus, on peut désormais comprendre à merveille ce que voulut dire Sarrasin lorsqu'il écrivit, en 1649, dans la *Pompe funèbre de Voiture* :

« Chapitre V. Comme Vetturius (le poëte Voiture) entreprit la conduite de la reine de Sarmatie jusqu'au château des Péronnelles, et comme Lionnelle l'y suivit dans le char de l'*enchanteur Fiacron* [1]. »

Il s'agit tout bonnement de l'un des pauvres carrosses de ce pauvre Fiacre que mademoiselle Paulet, la blonde *lionne,* comme on l'appelait, avait pris pour suivre son cher poëte, et qui se trouvait d'autant mieux à sa portée que Fiacre avait ses remises non loin de la demeure de Voiture [2], et plus près en-

---

[1] *Œuvres de Sarrasin,* 1696, in-8°, p. 266.

[2] Il avait, comme il nous l'apprend lui-même, dans une lettre à M. de Chavigny, « un bel appartement à l'hôtel de Créqui. » (*Œuvres,* 1713, in-8°, t. I, p. 294.) Or, cet hôtel, commencé en 1611, par M. de Sault, puis achevé par le maréchal de Créqui, donnait d'une part rue du *Louvre,* appelée ensuite rue de l'*Oratoire,* et de l'autre dans la rue des *Poulies.* « Il consiste, lit-on dans le *Supplément* de Du Breul

ore de l'hôtel de Rambouillet. Par là, l'on arrive encore à savoir que madame Dunoyer veut parler des premiers *fiacres*, quand elle mentionne dans ses *Lettres* [1], « ces carrosses qu'on prend rue Saint-Thomas-du-Louvre, et dans lesquels tout le monde peut entrer pour son argent. »

D'où vient maintenant l'erreur de Sauval et de Ménage ? Comment se fit-il qu'ils purent assurer qu'ils avaient vu à Paris, l'un rue Saint-Martin, l'autre rue Saint-Antoine, les établissements dont l'enseigne les trompa sur la véritable origine de ces voitures ? A mon avis, la raison en est bien simple. Fiacre avait réussi ; il fut donc naturel qu'on tâchât de l'imiter, et comme malheureusement l'imitation ne va guère sans un peu de contrefaçon larronnesse, on crut bon de lui prendre, en même temps que son idée, le nom qui en patronnait déjà le succès. Pour cela, l'on alla s'établir, comme nous l'avons vu : Sauvage, rue Saint-Martin ; un autre, rue Saint-Antoine, etc.; tous sous cette commode ensei-

---

(1639, in-4º, p. 76), en quantité de logements, de chambres, cours, offices et escuries très-grandes. »

[1] Édit. in-12, t. V, p. 60.

gne de *Saint-Fiacre,* qui permettait de donner à ces voitures de concurrence la dénomination que Fiacre avait si naturellement donnée aux siennes, d'après son nom [1].

On avait voulu tromper le public; on fit plus, on trompa jusqu'aux historiens, puisque Ménage et Sauval y furent pris.

---

[1] L'*enseigne Saint-Fiacre* de la rue Saint-Martin devait se trouver au n° 23 ou 25, et par conséquent tout près de l'impasse qui s'appelle encore, sans doute à cause de cet ancien voisinage, *cul-de-sac Saint-Fiacre*. On ne connaît pas d'autre origine à son nom.

IV

Sur quelques bruits de Paris.

Si le calendrier ne venait pas chaque année nous apprendre que le carnaval approche, le bruit assez peu joyeux des larges cornes de bœuf dans lesquelles les gamins des rues se mettent alors à souffler du matin au soir, nous en ferait suffisamment souvenir.

Il est assez étrange qu'une semaine, qui passe pour être celle de la joie, n'ait plus guère d'autre fanfare que ce bruit sourd et sinistre. C'est un usage qui doit certainement dater du temps où le carnaval commença de se départir de sa gaieté traditionnelle et se fit triste comme nous le voyons.

Autrefois, il allait escorté par de plus gaillardes harmonies. Ceux qui aiment la vielle seront surtout de mon avis ; c'était elle qui composait en grande partie l'orchestre carnavalesque. Pour fêter le bœuf gras, on ne s'était pas encore imaginé de dépouiller de leurs cornes quelques-uns de ses infortunés confrères ; les vielleurs étaient seuls admis à faire tapage autour de l'obèse victime. De là vient que dans la plupart de nos provinces, le bœuf gras est encore appelé le bœuf *viellé*, ou bœuf *violet*, comme disent les gens qui, ne sachant pas l'étymologie de ce nom, se sont amusés à le défigurer pour lui donner un sens quelconque [1].

Je ferai toutefois assez volontiers grâce à la cacophonie de cornes de bœuf, dont je viens de parler. Elle ne nous assourdit guère qu'une semaine ; et, d'ailleurs, puisqu'elle a la prétention d'être agréable, il faut croire qu'elle l'est pour quelques-uns. Mais il est une autre harmonie des rues de Paris, disons mieux, une autre *discordance* pour laquelle je me montrerai de bien moins accommodante hu-

---

[1] V. P. Lacroix, *Curiosités de l'histoire des croyances*, 1859, in-18, p. 236.

meur. Celle-là, en effet, est de tous les temps, de toutes les heures, de tous les quartiers à la fois.

Vous devinez déjà ce que je veux dire; c'est cette horrible musique des marchands de robinets, qui, le matin, dès sept heures, vous réveille en sursaut, et qui, toute la journée, quel que soit votre travail, quelles que soient vos préoccupations, leur donne ses bruits aigus pour accompagnement forcé. On en est presque réduit à désirer que le tapage intime d'un piano vienne couvrir tout à coup cet affreux charivari du dehors.

Méry lui-même, ce Marseillais à l'oreille italienne, lui donnerait la préférence. Dieu sait pourtant s'il abhorre le piano! surtout depuis le long bail de cacophonie que le maudit instrument lui fit subir dans son appartement du n° 15 de la rue Lamartine, ancienne rue Coquenard, comme vous savez. Il écrivait de là, certain jour qu'il était enrhumé, ce qui n'est pas préciser une date, car, à Paris, ses rhumes ne cessent pas : « Je tousse à ennuyer mes voisins, qui me le rendent en jouant du piano; il faut vous dire que ma maison est un piano à cinq étages, Lamartine est cause de cela; on ne connaissait pas le piano sous M. Coquenard. » Eh bien ! il me l'a dit, le marchand de robinets lui est encore plus odieux. Vingt pianos, plutôt qu'un marchand de robinets !

Jugez, par cette extrémité, du désespoir où cette fanfare peut réduire un homme à l'oreille sensible.

Il y a dix ans, ces musiciens de l'eau filtrée se servaient de trompettes, dont ils ne savaient pas sonner, bien entendu, car leur métier ne les oblige qu'à avoir des poumons. Toutefois, si le musicien manquait, l'instrument ne manquait pas, et l'habitude ainsi que l'instinct venant en aide, il arrivait qu'à force de souffler des sons, quelques-uns finissaient par trouver des airs, et leur bruit prenait ainsi une sorte de raison d'être.

C'est alors qu'Amédée de Beauplan fit cet amusant petit apologue, que je me rappelle lui avoir entendu lire avec l'esprit qu'il mettait partout, et que vingt ans après j'ai relu avec plaisir dans son trop mince volume [1].

Mollement enfoncé dans un lit que j'adore,
Les deux mains sur mon cœur, bien étendu, bien droit,

---

[1] *Fables*, par Amédée de Beauplan, Imprimerie Impériale, 1853, in-8º, p. 66, 67.

N'ayant ni trop chaud, ni trop froid,
De ce sommeil qu'on sent, je sommeillais encore,
Quand soudain des accents pénétrants, belliqueux
　　Tels qu'en est coutumière
　　La trompette guerrière,
M'arrachent en sursaut à mon cœur bienheureux.
C'était aux premiers froids que ramène décembre.
Je passe lestement l'ample robe de chambre,
Et rajustant un peu mon bonnet de travers,
Rideaux, volets, fenêtre à l'instant sont ouverts,
Pour repaître mes yeux de la cohorte sainte,
Qui toujours des États est la plus forte enceinte.
Mais aucun bataillon ne s'offre à mes regards.
Mais je vous cherche en vain, glorieux étendards !
Est-ce de mon oreille un effet fantastique?
　　Ai-je rêvé cette musique?
Eh ! non, car à l'instant, fanfare, tu renais...
Que vois-je? Un fontainier qui vend des robinets!
Maintenant, qui s'annonce avec bruit m'inquiète.
Tromperie, hâblerie, est ce que j'en attends.
　　Méfions-nous de la trompette
　　C'est l'instrument des charlatans.

Un beau matin, peut-être à cause de ces méprises, la trompette fut interdite aux marchands de robinets.

C'était sans doute un service rendu aux oreilles délicates, mais qui devait avoir pour résultat de leur faire infliger un plus déchirant martyre.

Il fallait un bruit quelconque aux marchands de robinets ; sans cela point d'annonce pour eux, point de vente ; que firent-ils ? quelque chose de bien simple. On leur défendait la trompette ordinaire; eh bien! ils s'en composèrent une avec un robinet retourné. Ils aplatirent comme une anche de clarinette le bout par lequel ils devaient souffler; ils soufflèrent, et trop bien, hélas! et ils obtinrent les agréables sons que vous connaissez tous. Ce n'est d'aucune musique connue, si ce n'est peut-être de la musique chinoise; je ne sais avec quelle notation, ni sur quelle portée on pourrait en écrire les sons stridents, mais ce qu'il y a de bien certain, c'est que c'est horrible, et que rien que d'y penser tout Parisien demande grâce, en se bouchant les oreilles le plus hermétiquement qu'il peut.

Mais d'où vient cet usage? Puisque tous les autres petits marchands des rues ont un cri, pourquoi les marchands de robinets seuls ont-ils un bruit? C'est ce qu'on n'a jamais pu m'apprendre au juste.

Je sais seulement qu'il y a quatre-vingt-dix ans, en 1768, une société d'industriels philanthropes, nommée la compagnie Dufaud, s'établit sur le quai des Ormes, non loin de l'Arsenal, dans le but de fournir d'eau, saine et clarifiée, toutes les personnes que les eaux, alors assez bourbeuses, des fontaines de Paris pouvaient ne pas satisfaire. Les hommes chargés de la distribution de ce liquide de choix portaient un costume particulier, et chacun d'eux avait une plaque sur son bonnet [1]. Ce n'est pas tout, le conducteur de la voiture, ou plutôt du tonneau peint en jaune, avec un écusson aux armes du roi et de la ville [2], était muni d'une trompette, avec laquelle il charmait les ennuis de son voyage à travers les rues, et avertissait de sa venue la pratique altérée [3].

Les charretiers de l'eau clarifiée se lassèrent bien vite de ces habitudes de mélomanes qui, entre autres désagréments, devaient avoir celui de ne pas toujours plaire à leur attelage, le timonier d'un porteur d'eau n'é-

[1] Dufey (de l'Yonne), *Mémorial parisien*, 1821, in-12, p. 267.
[2] Thierry, *Almanach du voyageur à Paris*, 1788, in-12, p. 170.
[3] On épurait l'eau à l'aide d'une machine due à M. de Chavancourt, ingénieur de la Ville (*État actuel de Paris*, 1789, in-32, Quartier du Temple, p. 132). Cette machine était située à la pointe de l'île Saint-Louis, et par conséquent en face du quai des Ormes. L'eau, voiturée dans tous les quartiers, se vendait « sur le pied de deux sols la voie, tenant trente-six pintes. » (*Almanach* de Thierry, p. 170.)

tant pas obligé d'être bon cheval de trompette. Ils abandonnèrent donc le cacophonique instrument, et c'est alors, je le suppose du moins, que les marchands de robinets, comme gens de la même industrie, se crurent en droit de le ramasser et de s'en servir comme vous savez.

Mercier, dans son *Tableau de Paris*, s'indigna fort contre les voituriers de la compagnie Dufaud et contre leur trompette. C'était à l'en croire une innovation déplorable. Plus tard il changea de ton; sa colère se tourna contre d'autres bruits, et fut mieux placée. Les mystérieux *donneurs de cor*, dont il nous parle dans son *Nouveau Paris*[1], faisaient en effet de bien sinistres tapages. Ce n'était pas de l'eau à vendre qu'ils annonçaient; leur bruit lugubre, digne fanfare de la terreur, était le plus souvent une menace d'incendie : « Ils étoient dans les cabarets, et se répondoient d'un quartier à l'autre, dit Mercier; tous ces sons mariés correspondoient à un centre; on attendoit quelque événement lorsqu'ils redoubloient de force : on écoutoit longtemps, on n'y comprenoit rien ; mais il

---

[1] 1800, in-12, t. VI, p. 56.

y avoit dans tout ce tapage une langue de sédition. Tous ces complots qui se faisoient à haut bruit n'en étoient pas moins ténébreux.

« On a remarqué que lors des incendies, le signal étoit plus prompt, plus rapide, plus éclatant. Quand l'incendie se manifesta aux Célestins, près l'Arsenal, la veille ma tête fut assourdie du bruit des cors. Une autre fois, ce fut par des claquements de fouet; à certains jours, c'est le bruit des boîtes : on tressaille dans ces vives et journalières alarmes. »

Bénissons le ciel de ne nous avoir laissé que le bruit des marchands de robinets.

V

Le Jardin de l'Infante.

Ici les points d'interrogation commencent avec le titre. A peine est-il lu, que quelqu'un m'arrête pour me faire deux questions, s'il est de province, ou tout au moins une, s'il est de Paris :

« Qu'appelez-vous Jardin de l'Infante? et, ce nom étant donné, d'où vient-il? »

C'est justement pour répondre à tout cela que j'ai mis dans ce livre le présent chapitre.

Pour la première question, la réponse sera facile : Le *Jardin de l'Infante* est l'espace entouré de grilles qui se trouve entre la façade du Louvre et le quai. Au dernier siècle, il n'était pas coupé en deux, comme aujourd'hui, par le large passage qui va du Louvre au Pont-des-Arts. Il s'étendait tout d'une pièce, de la galerie d'Apollon jusqu'au coin de la Colonnade. Nous vous dirons à quelle époque on ouvrit le passage qui en a fait deux parts, dont l'une, celle qui se trouve à droite en venant de la Seine, est la seule qui ait gardé l'ancien nom, bien qu'elle y eût moins de droit que l'autre, comme on verra.

Cette partie, qui est donc aujourd'hui le vrai *Jardin de l'Infante,* a été fort embellie, et surtout fort agrandie, ces années dernières. Maintenant, elle se prolonge en retour devant une moitié de la Colonnade. C'est un endroit charmant, et qui, lorsque arrivent les premiers beaux jours, pourrait remplacer avec avantage, pour les enfants et pour les vieillards, la *petite Provence* des Tuileries. Il est en plein à l'exposition du midi, et le palais l'abrite contre le nord.

Ce pauvre La Motte-Houdard, qui, vieux, paralytique, aveugle, se faisait porter, aux premiers rayons du soleil de mars, devant la grande galerie du Louvre, pour se réchauffer un peu, et être là, comme dit Voltaire[1], « doucement cuit à un feu de réverbère », trouverait, j'en suis sûr, le *Jardin de l'Infante* fort à son gré.

Il s'en faut de beaucoup qu'il fût ce qu'il est aujourd'hui, quand il reçut le nom qu'il porte.

Pour faire son histoire à peu près complète, il nous faudra remonter bien haut. Sous Charles V, il y avait déjà un jardin en cet endroit, comme on peut le voir sur le plan du Louvre et de ses environs, restitué par M. de Clarac; et, suivant le savant archéologue, ce jardin du xive siècle n'était pas, pour la forme, très-différent de celui d'aujourd'hui [2]. Ce sont choses bonnes à savoir, pour qui aime à rebâtir le passé sur le présent. De pareils détails sont comme des points fixes sur lesquels on établit et l'on étage sa reconstruction. Ce côté du Louvre est en cela le seul qui soit favorable, c'est-à-dire le seul où les souvenirs puissent se prendre sur quelques débris : ici, c'est le jardin; un peu plus loin, dans les bâ-

---

[1] V. *Lettre à d'Argental*, du 13 octobre 1769.

[2] *Description du musée royal des Antiques*, 1820, in-8°, p. 45.

timents mêmes, à deux pas de la salle des *Cariatides*, — qui, nous le verrons, dépendait de l'appartement qui s'ouvrait sur le *Jardin de l'Infante*; — c'est un escalier tournant, aussi ancien que les plus anciennes parties du vieux Louvre. Cet escalier, auquel on arrive par une petite porte ouvrant dans le *corridor de Pan*, derrière le buste d'un prêtre égyptien, n° 514, est peut-être, selon M. de Clarac[1], « de l'époque où le Louvre n'était qu'une petite maison de chasse, bâtie dans le bois, et servait de fort sur le bord de la Seine. » Une preuve de la haute antiquité de cet escalier, conservé par miracle, on peut le dire, au milieu des innombrables transformations du Louvre, c'est qu'on ne retrouve plus, dans les carrières des environs de Paris, de pierres pareilles à celles qui ont servi pour le construire.

Mais, retournons au *Jardin de l'Infante*, dont au reste nous ne nous sommes guère éloignés. Sous Louis XIII, c'était le petit *Jardin de la Reine*. Un fossé étroit le séparait des appartements au-dessus desquels se trouve la *galerie d'Apollon*, et que le musée des Antiques occupe aujourd'hui. Catherine de Médicis y

---

[1] *Id., ibid.*, p. 198.

avait devancé la veuve de Henri IV[1], et la mère de Louis XIV, Anne d'Autriche, y vint après celle-ci. C'était donc, comme l'appelle Sauval, dans son livre des *Galanteries des rois de France*[2], l'appartement des *reines-mères*. Sur le fossé, creusé entre cet appartement et le jardin, devant la porte principale qui donne entrée aujourd'hui dans la *salle de la Paix,* était jeté un petit pont-levis, qu'on appela le *Pont d'Amour*, à partir de l'époque dont nous parlons en ce moment. Pourquoi ce nom? Tallemant[3] et Sauval vont m'aider à vous le dire.

Un petit logis, qu'on nommait la *Capitainerie du Louvre*, se trouvait tout près d'un abreuvoir figuré sur le plan de Gomboust[4], à l'autre extrémité du *Jardin de la Reine.* Afin de vous bien faire une idée de sa position, tirez une ligne qui, partant de la rue de l'*Oratoire*[5], alors appelée rue du *Louvre,*

[1] L. Vitet, *Le Louvre*, 1853, gr. in-8°, p. 30.
[2] In-12, t. III, p. 89.
[3] *Historiettes*, édit. in-12, t. I, p. 191.
[4] Ce petit logis, selon Tallemant, « étoit au bout du jardin, vers l'abreuvoir. »
[5] C'est quelques années après l'époque dont il est parlé ici que l'*Oratoire* fut fondé. (*V.* notre édit. des

viendra tout droit aboutir au quai; puis, à l'angle de celui-ci, figurez-vous notre petit bâtiment accroché aux derniers restes de la *Tour-du-coin* et la séparant de la longue muraille qui, percée d'arcades et surmontée d'une terrasse, fermait le *Jardin de la Reine* du côté de la rivière. Cette muraille à jour, si bien visible sur les gravures de La Belle et de Callot, et sur le tableau de Zeemann [1], partait de la *galerie d'Apollon,* dont elle atteignait à peine, comme élévation, la fenêtre inférieure, et venait, je l'ai dit, s'attacher à la *Capitainerie,* qui elle-même était flanquée de l'autre côté par la *Tour-du-coin.* J'insiste sur ces détails que je crois nécessaires. Je dois ajouter que le Louvre ne s'étendait pas alors à beaucoup près jusqu'où nous voyons la Colonnade. Celle-ci fut établie, non sur le terrain de l'ancien palais, mais sur une partie de l'hôtel du connétable de Bourbon, situé entre la rue des *Poulies* et celle du *Louvre,* indiquée tout à l'heure. Cette dernière séparait le palais de l'hôtel. Sauf le tronçon qui en existe encore

Caquets de l'accouchée, p. 8, note, et *Paris démoli,* 2ᵉ édit. p. 37, note.

[1] Il est très-curieux et trop peu connu. Il porte le nº 586 de la *Galerie hollandaise,* au Louvre.

au côté droit de l'*Oratoire*, elle disparut tout entière sous les envahissements du Louvre de Perrault, qui, non content d'englober dans ses constructions l'espace qu'elle occupait, prit encore, ainsi que je viens de le dire, une bonne part de celui du *Petit-Bourbon*. L'hôtel du connétable s'appelait ainsi [1].

Vous voyez maintenant d'ici que la *Capitainerie* devait se trouver dans ce qui forme à présent la seconde moitié du *Jardin de l'Infante,* un peu en avant du corps de bâtiment de la Colonnade actuelle.

Cette *Capitainerie* était un assez piètre gîte, tout au plus bon pour servir de logement à l'officier subalterne pour lequel il avait été construit. Le maréchal d'Ancre y venait toutefois coucher fort souvent [2]. C'est qu'à vous le dire bien bas, il y trouvait son avantage comme ministre et comme favori. Vous savez où habitait la reine-mère; le maréchal le savait aussi. Quand il faisait nuit noire, il s'enveloppait d'un manteau, sortait du petit logis, se glissait entre les ombrages du jardin, enjambait lestement le pont-levis et pénétrait

[1] Sur cet hôtel et sur la rue des Poulies, V. *Paris démoli*, p. 38, note 3.
[2] Tallemant, *Historiettes*, édit. in-12, t. 1, p. 191.

dans les appartements sans avoir été vu. Du moins le croyait-il; mais il se trompait. La curiosité populaire a ses espions, auxquels rien n'échappe des scandales des gens de cour. Plus d'une fois, les stations clandestines du favori dans la *Capitainerie* et ses sorties nocturnes furent épiées. On le reconnut, malgré ses grands mystères et son large manteau; et bientôt le petit pont qui lui servait de passage pour aller à ses rendez-vous n'était plus appelé dans le peuple que le *Pont d'Amour* [1].

Celui sur lequel passait Concini lorsqu'il se rendait officiellement au Louvre, et qui se trouvait dans une partie tout opposée du palais, vis-à-vis la rue du Coq [2], aurait, en revanche, pu s'appeler le *Pont du Crime*. C'est en le traversant que le favori de la mère fut assassiné par les ordres du fils.

Un autre amoureux de la reine vint sou-

---

[1] Sauval et Tallemant ne sont pas d'accord sur sa position : celui-ci veut qu'il ait servi pour entrer dans le jardin, mais on n'en voit de trace sur aucun plan; Sauval dit avec plus de vraisemblance qu'il était jeté sur le fossé, et conduisait du petit jardin à l'appartement des reines-mères.

[2] V. *Paris démoli*, 2e édit., p. 24.

pirer bien des fois dans le jardin et sous les fenêtres de Marie de Médicis, mais il ne lui fut pas permis de franchir le *Pont d'Amour*. Ce galant était Gombaud, qui, je ne sais sur quelles chimères, s'étant, en vrai poëte, figuré qu'il était aimé, passait son temps et faisait dépense de petits vers tendres, pour prouver qu'il aimait avec passion. La reine, qu'amusait cet amour, l'encourageait autant qu'il fallait pour qu'il continuât de l'amuser.

« Le poëte Gombaud, est-il dit dans un supplément au *Ménagiana* trouvé parmi les manuscrits de Pierre Le Gouz [1], ne s'imaginat-il pas autrefois que la reine Marie de Médicis avoit de la complaisance pour lui! Une des dames de la reine lui mit cette fantaisie dans la tête, en lui disant qu'il ressembloit fort à un cavalier italien, admis à la cour de la princesse, avant qu'elle quittât Florence.

« J'ai bien connu, disoit-il, que cette grande princesse avoit de la bonté pour moi, parce qu'un jour, ayant fait un faux pas, elle s'ap-

---

[1] Ce passage se trouve parmi les extraits donnés par M Fr. Barrière, dans son volume, *la Cour et la Ville*, p. 20.

puya sur mon bras pour s'empêcher de tomber.

« Il se promenoit souvent dans un jardin qui étoit sous la galerie du Louvre, et où donnoient les fenêtres de la chambre de la reine, pour tâcher d'en être vu. C'est dans cette grande idée qu'il fit sa comédie d'*Endymion*. On ne peut concevoir comment un homme si sage s'étoit rempli de ces vaines imaginations.

Heu! vatum insanæ mentes!

« La reine Marie de Médicis remarqua la folie de M. de Gombaud, et prenoit plaisir à l'entretenir. Il parloit toujours poétiquement; et la voyant un jour avec une parure magnifique, il lui dit : « Madame, Votre Majesté est parée pour les dieux.—Oui, répondit-elle avec malice, et principalement pour Apollon. »

A quelque trente ou quarante ans de là, le petit logis de la *Capitainerie du Louvre* avait disparu [1], mais le jardin, auquel sa démoli-

---

[1] Tallemant, qui écrivait en 1657 son *Historiette* du maréchal d'Ancre, dit qu'on venait d'abattre ce bâtiment. Sauval, qui écrivait dans le même temps,

tion, avait laissé plus d'espace, était conservé, ainsi que le *Pont d'Amour,* qu'on avait eu raison de ne pas débaptiser [1]. Mazarin dut alors le franchir plus d'une fois. Anne d'Autriche occupait l'appartement auquel il conduisait.

Cet appartement, laissé intact jusqu'après la mort de Louis XIV, reçut, en 1722, des dispositions toutes différentes. « Il fut, selon G. Brice [2], changé de manière qu'on eût eu de la peine à connoître l'état où il étoit auparavant. » C'était pour y loger dignement la petite Infante, fiancée au petit roi Louis XV [3], qu'on l'avait ainsi transformé. L'Infante fit son entrée solennelle dans Paris, au mois de mars 1722. Elle parcourut, pour arriver au Louvre, des rues dont le nom seul nous jette aujourd'hui dans un indicible dégoût, et qui ne sont bonnes à traverser que rétrospectivement. C'est ce que nous allons faire, à la suite

---

dit la même chose; il ne figure plus, en effet, sur le plan de Gomboust.

[1] Sauval dit que ce nom lui était resté.
[2] *Descript. de la ville de Paris,* 1752, in-12, t. III, p. 65.
[3] Marie-Anne-Victoire d'Espagne, qui fut depuis reine de Portugal.

de Mathieu Marais. Voici comment, dans son *Journal* [1], il nous donne le détail de la route suivie par l'Infante à travers Paris : « Porte Saint-Jacques, rue Saint-Jacques, le Petit Châtelet, la rue de la Lanterne, Pont Notre-Dame, rues Planche-Mibray, des Arcis, des Lombards, retournant par la rue Saint-Denis et celle de la Ferronnerie, la chausseterie Saint-Honoré, jusques et y compris la rue du Chantre jusqu'au vieux Louvre. » Qu'en dites-vous, si toutefois, en présence du boulevard de Sébastopol et de la rue de Rivoli, qui ont remplacé tant d'immondes passages, vous pouvez vous rappeler ce qu'étaient ces quartiers ?

Aujourd'hui, quand arrive une princesse, et nous l'avons bien vu le printemps dernier à l'arrivée de la princesse Clotilde, ce sont les boulevards, les quais ou la rue de Rivoli que l'on pavoise et que l'on enguirlande; alors où dressait-on les arcs de triomphe ? Consultez encore le *Journal* de Marais [2], il vous dira que c'était dans la rue de la Ferronnerie !

[1] *Rev. rétrospect.*, 30 nov. 1836, p. 170, 172.
[2] *Id., ibid.*

Quoi qu'il en soit, l'Infante put tant bien que mal arriver jusqu'au Louvre, et on l'installa dans les appartements richement préparés.

On les appela longtemps, à cause de son séjour, *appartements de l'Infante,* comme on le voit par un passage du *Journal* de Barbier[1], relatif à l'installation qui y fut faite de la *Chambre royale,* en 1753. Le jardin sur lequel ils s'ouvraient garda ce nom bien mieux encore, puisqu'il le porte toujours.

La petite princesse, reine par destination, en était encore à jouer à la poupée ; les cadeaux échangés entre elle et le roi ne furent que des joujoux.

« Le soir du 6 may, dit le jeune menin, à qui l'on doit le *Journal de l'enfance de Louis XV,* j'allay porter un lapin à l'Infante, qui me fit voir un petit Dauphin, homme de cire qui lui servoit de poupée[2]. »

Tout devait ainsi se passer en hochets

---

[1] 1re édit., t. III, p. 493.
[2] Ed. et J. de Goncourt, *Portraits intimes du* XVIIIe siècle, 2e série, Paris, E. Dentu, 1858, in-18, p. 146-147. — Le roi lui avoit donné une poupée que l'on disoit avoir coûtée vingt mille livres. (*Journal* de Barbier, édit. in-12, 1857, t. I, p. 198.

entre le petit roi et sa fiancée en sevrage; vous savez que peu de temps après on la renvoya en Espagne, pour aller chercher une reine de France dans une contrée toute différente. L'épouse de Louis XV fut la Polonaise Marie Leczinska.

L'Infante s'était fort ennuyée à Paris. Elle gardait peut-être rancune à la grande ville des affreux quartiers qu'elle avait dû traverser pour arriver jusqu'au Louvre. A partir de là, tout lui sembla maussade, même la belle vue sur la Seine qu'elle avait de son jardin. A l'entendre, ce n'était rien auprès de ce qu'on voyait à Madrid.

« Quoique très-raisonnable, dit encore l'auteur du *Journal de l'enfance,* elle avoit pourtant une idée outrée des beautés de son pays, car elle me pria de dire à M. le maréchal de Villeroy que la Seine que nous voyons du balustre de l'Infante, étoit beaucoup moins belle et grosse que le Mançanarez[1]. » Il faut pardonner quelque chose aux exagérations de l'ennui, d'une part, et du patriotisme de l'autre.

Le Louvre n'avait pas alors de communi-

---

[1] Ed. et J. de Goncourt, *Portraits intimes du* XVIIIe *siècle,* 2e série, p. 138.

cation avec le quai ; le *Jardin de l'Infante* ne laissait pas de passage de ce côté. Celui qui existe ne fut ouvert qu'en 1778, à la grande joie des Parisiens, bien qu'il fût de beaucoup moins large et moins commode qu'aujourd'hui[1]. On n'avait pas, du reste, cessé d'avoir une libre entrée sur cette sorte de terrasse, mais seulement pendant les mois d'été jusqu'à la fin de septembre[2].

On y montrait des curiosités scientifiques; entre autres, un miroir ardent, ou loupe, de l'invention de M. de Bernière, « formé de deux glaces concaves, dont l'espace étoit rempli de cent soixante pintes d'esprit de vin : les rayons venant à se réunir en un seul et même point au centre du foyer de cette loupe, le foyer de chaleur devenoit si grand, qu'il fondoit les matières les plus dures[3]. »

---

[1] Hurtault et Magny, *Dict. histor. de la ville de Paris*, t. II, p. 440.

[2] Diderot écrit le 8 sept. 1765 à Mlle Voland : « Nous avons tous dîné aujourd'hui chez La Tour. Sur le soir, nous avons été promener au *Jardin de l'Infante...* » (*Mémoires et Correspondance* de Diderot, 1830, in-8, t. II, p. 264.)

[3] *Le Provincial à Paris*, 1788, in-32, p. 85.

On ne voit plus de ces belles choses au *Jardin de l'Infante;* le soleil n'y sert aujourd'hui qu'à réchauffer les pauvres vieillards qui viennent l'y chercher, et à laisser jouer dans ses gais rayons des bandes de jolis bambins. Cela ne vaut-il pas bien ce qu'on lui faisait faire à travers la double lentille de M. de Bernière ?

VI

Le Pavillon de Rohan.

Il n'est personne qui ne connaisse le scandaleux cardinal qui fut complice et dupe dans la triste affaire du *collier*; eh bien! l'élégant pavillon du nouveau Louvre, dont le svelte lanternon termine d'une façon si pittoresque la perspective de la rue de Richelieu, n'a pas d'autre parrain que lui.

On aurait, certes, pu mieux choisir, et la très-noble maison des Rohan, ayant à doter de son nom un monument de Paris, pouvait sans peine trouver un plus honorable mandataire; mais il est en toutes choses des fatalités. Celle-ci est fâcheuse pour l'illustre famille. Tout d'abord, lorsqu'on ne sait pas quel est celui de ses membres qui la représente ici, l'on peut croire que ce souvenir donné à son nom est un honneur pour elle; mais la chose étant mieux connue, il se trouve que c'est presque une flétrissure. Cette plaque de marbre avec ses lettres d'or, ravivant la mémoire d'un homme qu'elle voudrait renier, devient pour elle l'écriteau d'un pilori.

Pour vous expliquer comment il s'agit ici de Louis de Rohan, cardinal-archevêque de Strasbourg, grand aumônier de France, etc., et non de tout autre prince de l'antique famille, il va nous falloir entrer en des détails longs et imprévus qui, cette fois encore, nous feront remonter bien haut.

Les Quinze-Vingts, vous le savez, n'ont pas toujours occupé l'immense hospice où nous les voyons installés dans la rue de Charenton. La maison où se fit leur premier établissement, et à laquelle ils restèrent fidèles pendant plus de cinq siècles, s'étendait, avec son vaste enclos, ses bâtiments, ses deux églises, etc., sur tout l'espace si singulièrement transformé aujourd'hui, dont, à l'ouest, la rue de l'Échelle; à l'est, la rue Saint-Thomas-du-Louvre; au nord, la rue Saint-Honoré, et au sud, l'hôtel de Chevreuse, c'est-à-dire le centre actuel de la place du Carrousel, nous semblent avoir été les limites. Ainsi, comme vous voyez, ces pauvres aveugles n'occupaient pas moins que tout le terrain devenu la partie la plus brillante de notre Paris reconstruit! C'est à saint Louis qu'ils devaient cet emplacement si envié aujourd'hui, dont les plus petites parcelles se vendent à si haut prix, mais qui alors, il faut bien le dire, sans chercher à diminuer le bienfait du saint roi, n'étaient pas à beaucoup près aussi vivement disputées. Qu'était-ce, en effet, au XIIIe siècle, que ce terrain, dont, sans compter, on leur prodiguait les espaces? C'était la partie la plus malsaine du faubourg le moins hanté; c'était le Montfaucon du Paris de saint Louis!

Situé sur le versant de la butte Saint-Roch, dont les immondices qu'on y charriait chaque jour augmentaient l'infecte masse [1]; à deux pas de l'endroit où *l'escorcherie aux chevaux, qui est au-dessous du chastel du Louvre,* comme

---

[1] *V.* ce que nous en avons déjà dit au chapitre II, p. 50.

il est dit dans une ordonnance [1], déversait dans la Seine ses ruisseaux pestilentiels, et où il était enjoint aux barbiers-chirurgiens d'aller jeter le sang de leurs saignées [2], ce lieu tranchait de la façon la moins attrayante avec les ombrages *doux fleurant* qui étalaient leur verdure dans le voisinage. Aussi, par opposition au nom de *Champfleuri*, qu'on donnait à ce quartier de jardins et de vergers, et dont plus tard les sales rues *Fromenteau* et de la *Bibliothèque*, qui en prirent la place, ne démentirent que trop bien la justesse [3], s'était-on mis à appeler *Champourri* la voirie suburbaine, dont Louis IX détachait enfin une partie pour y établir les *trois cents* aveugles [4].

[1] Ordonnance du 28 juin 1404.
[2] *Id., ibid.*—*V.* aussi plus haut, p. 47-48, note.
[3] *V. Paris démoli*, 2ᵉ édit., p. 35.
[4] « Il (saint Louis) fit bastir la *maison des Aveugles*, près Paris, et leur fit faire une chapelle pour ouïr le service de Dieu. » (*Mém.* du sire de Joinville, coll. Michaud, t. I, p. 326.) Cette chapelle des Quinze-Vingts, bâtie en 1260, était dédiée à saint Remy :

    Et si i sera Saint-Remis
    Le moustier aux Quinze-Vingts,

lisons-nous dans les *Moustiers de Paris* (1270), pu-

Si l'on examine ce que ce terrain est devenu, le présent semble sans doute des plus magnifiques; si l'on songe, au contraire, à ce qu'il était lorsque la donation fut faite, il faut convenir que le prix en diminue singulièrement. N'en tenons pas moins de compte au pieux roi, je le répète; alors on faisait si peu de bien aux pauvres gens, qu'il faut toujours savoir très-bon gré de celui qu'on trouve fait, quelque maigre qu'il paraisse.

La première maison fut moins un hospice qu'un refuge de mendiants aveugles. Rutebeuf dit un *repaire*, et c'est le mot juste [1]. On les avait mis là, non pas pour qu'ils n'allassent plus mendier, mais afin qu'ils eussent au moins un abri certain après leurs longues journées de *criaillerie* et de *quemanderie* par les rues. Aujourd'hui, nous nous étonnons de cette demi-générosité qui ne fait qu'à moitié sa bonne œuvre, qui s'arrête à mi-

---

bliée par M. H. Bordier, chez Aubry, *Églises et Monastères de Paris*, 1856, in-18, p. 21-22.

[1] Li Roix a mis dans un repaire,
Mes je ne sais pas porquoi faire,
Trois cens aveugles...
(*Œuvres* de Rutebeuf, édition Jubinal,
1840, in-8°, t. I, p. 163-164.)

chemin de la bienfaisance; alors, c'était chose ordinaire. Les fondations pieuses étaient rarement complètes; le fondateur donnait sa part, il laissait le reste à faire aux autres. Ici, par exemple, le roi vient de fournir l'abri; il y ajoute plus tard le vêtement, sur lequel, en vertu d'une ordonnance de Philippe le Bel [1], dut être brodée une *fleur de lys* à l'endroit de la poitrine, afin qu'il fût bien prouvé que les *Quinze-Vingts* étaient les pauvres du roi; mais là s'arrête la royale aumône. La charité publique doit faire le reste; c'est à elle de donner le *pain quotidien* à ces nomades de la pauvreté qui, tâtonnant à travers les rues boueuses, crient partout à *haute alaine,* comme dit Guillaume de Villeneuve, et *tote jor ne finent de braire,* comme l'a écrit plus brutalement Rutebeuf [2].

Ne nous étonnons point, encore une fois, de cette sorte de bienfaisance incomplète, où le public et le roi se réservent leur part et font leur aumône, pour ainsi dire, de compte à demi. Il se passait alors des faits du même genre bien plus singuliers encore. Ainsi, ne

---

[1] *Ordonnance* de Passy, juillet 1309.
[2] *Œuvres,* t. I, p. 163.

voyait-on pas des colléges, tels que celui de Navarre, dont les écoliers, bien que placés sous le plus haut patronage, devaient aller chaque matin tendant la main et criant par les rues : *Du pain! du pain pour les pauvres escoliers de madame de Navarre!*

La mendicité des Quinze-Vingts était, du reste, on ne peut mieux organisée [1]. Si le roi, en les prenant sous sa protection, ne leur avait pas tout donné, il avait du moins avisé à ce qu'ils trouvassent facilement ailleurs ce qu'il ne leur donnait pas lui-même. Afin qu'on ne les confondît jamais avec les aveugles vulgaires, et qu'ils fussent toujours et partout traités comme il convenait aux *pauvres du roi,* il avait, pour ainsi dire, monopolisé certaines aumônes à leur profit. Ainsi, dès l'époque de leur fondation, les Quinze-Vingts eurent le droit d'avoir des troncs dans toutes les églises de France. Ce n'est pas tout, ils pouvaient aller quêter eux-mêmes, non pas à la porte, mais dans l'intérieur de l'é-

---

[1] Geoffroy de Pompadour, évêque du Puy, grand aumônier du roi, fit, pour leur police, un règlement de cinquante articles, homologué au Parlement, le 7 sept. 1522, et qui ne cessa dès lors d'être observé.

glise. C'était là le plus clair de leur fortune de mendiant.

Ce droit de quêter leur appartenait à tous sans exception, sans préférence. Par malheur, les églises n'étaient pas d'un égal rapport. Il y avait de riches et de maigres paroisses. Tous voulaient de celles-là, personne ne voulait de celles-ci. Comment faire? Choisir ceux à qui l'on réserverait les églises aux bonnes aubaines; soit, mais c'était créer des privilégiés, et pouvait-on se le permettre, lorsqu'une infirmité égale ne leur constituait que trop bien à tous une égalité de droit? Tirer au sort eût été le moyen le plus simple et le meilleur; on pensa toutefois que celui à l'aide duquel on pourrait faire dériver jusqu'à la caisse commune de l'hospice une partie plus ou moins forte de ces aumônes tant enviées serait encore préférable : on mit aux enchères le droit de quêtes dans les bonnes paroisses. Chaque année, il y avait un jour d'adjudication au plus offrant. Ceux qui, se croyant le plus de chance d'apitoyer fructueusement les fidèles, faisaient les plus belles offres, c'est-à-dire promettaient de donner à l'hôpital une plus grosse somme perçue comme dîme sur la masse de leurs aumônes de l'année, étaient présentés pour les églises les plus recherchées. Les autres devaient se contenter des plus modestes; mais, en réalité, puisque le prix des enchères était versé dans la bourse commune, ils avaient eux-mêmes une part des grosses aubaines qu'ils devaient laisser échapper.

Depuis le brevet de mendiant qu'un roi d'Angleterre donna, je ne sais plus à quel poëte, je ne crois pas qu'il y ait rien eu de plus curieux que ces *patentes de pauvres* mises aux enchères chez les Quinze-Vingts.

J'ignore à partir de quel temps ce système étrange mais équitable fut en vigueur dans l'hospice des aveugles de la rue Saint-Honoré; je ne pense pas qu'il l'ait été dès l'origine, mais je suis certain du moins qu'il se trouvait en pleine activité dans la seconde moitié du xviiie siècle, à l'époque dont nous devons surtout parler, où le prince Louis de Rohan commença d'avoir la haute main dans l'administration des Quinze-Vingts. C'est en effet dans les *Mémoires* de l'abbé Georgel [1], secrétaire du prince-prélat, que nous avons trouvé tous ces curieux détails.

[1] 1818, in-8°, t. I, p. 483 et suiv.

Dès le temps de saint Louis, la maison des trois cents aveugles avait été, comme il convenait à un refuge de pauvres, placée dans les attributions de la grande aumônerie [1]; elle y resta, et c'est pourquoi, en 1779, elle se trouvait avoir pour directeur spirituel et temporel le prince Louis, à qui cette grande charge ecclésiastique avait été donnée après la mort du cardinal de la Roche-Aymon.

M. de Rohan était entreprenant et avide; aussi ce ne fut pas sans de soudaines velléités de spéculation qu'il se vit à la tête de ce riche hospice des trois cents pauvres.

On n'était plus au temps où le terrain sur lequel s'étendait leur vaste enclos était un espace sans valeur, une voirie dont on fuyait l'abord pestilentiel; Paris avait, depuis plus d'un siècle, enjambé le rempart qui l'étouffait de ce côté; la porte Saint-Honoré, un peu au delà de laquelle se trouvait l'hospice, avait été démolie [2]; la butte Saint-Roch s'était aplanie

---

[1] « Ce fut en 1270 que saint Louis déclara qu'il vouloit que son grand aumônier fût visiteur de cette maison, et qu'il nommât à toutes les places qui viendroient à vaquer. » (Hurtault et Magny, *Dict. hist. de la ville de Paris*, t. IV, p. 201.)

[2] Cette porte se trouvait entre la rue du *Rempart*,

et couverte de maisons, enfin le fangeux faubourg était devenu un quartier magnifique. D'un autre côté, les Tuileries s'étaient bâties ; les Quinze-Vingts avaient même cédé pour leur agrandissement tout le terrain d'un vaste logis dont, en 1343, Pierre des Essars leur avait fait don [1] ; enfin, comme s'il eût fallu que rien ne manquât à l'embellissement de tout ce voisinage, les élégantes constructions du Palais-Royal en avaient complété le monumental aspect. Vous jugez par là de quel prix se trouvait être alors l'enclos immense resté comme une gênante enclave au cœur même de ce quartier de palais et d'hôtels, et vous devinez aussi les convoitises des spéculateurs.

Le gouvernement voulut d'abord s'en attribuer le profit. Il songea, vers le mois de

---

abattue il y a deux ans, et la rue *Jeannisson*. Celle-ci, qui s'appela jusqu'en 1830 rue des *Boucheries-Saint-Honoré*, devait ce nom à la boucherie des *Quinze-Vingts*, composée de dix étaux, qui avait été établie, en 1631, sur l'emplacement de la porte démolie. (Piganiol, *Descript. de la ville de Paris*, 1765, in-8°, t. II, p. 414.) *Jeannisson*, le nouveau parrain de cette rue, était un propriétaire voisin, qui fut tué aux journées de Juillet.

[1] Sauval, t. I, p. 79.

janvier 1751, à faire main basse sur l'hospice et à disposer des fonds qui proviendraient de sa vente, pour la fondation de l'École militaire [1]. De quoi s'autorisait-on pour cette mesure spoliatrice? D'une erreur historique. Sans prendre la peine de recourir à Joinville et à Rutebeuf, dont une citation faite par Fauchet [2] ne permettait pourtant pas d'ignorer le texte décisif sur cette affaire, on allait répétant que la fondation du saint roi avait été faite « pour des gentilshommes aveuglés par des Sarrazins pendant la croisade, et qu'on l'avoit par la suite très-mal appliquée à des pauvres aveugles roturiers [3]. » Or, la vérité est, on l'a vu plus haut, qu'il n'y avait pas eu dans l'œuvre de Louis IX de gentilshommes aveuglés, mais seulement de ces aveugles roturiers, contre lesquels s'organisait la spoliation.

Tout était bien arrêté déjà : « On laissera, dit M. d'Argenson [4], mourir ceux qui y sont, on en mettra plusieurs aux Incurables.—Mais ajoute-t-il, je ne saurois croire à ce projet, il

---

[1] *Mém.* de d'Argenson, 1825, in-8°, t. IV, p. 8.
[2] *De l'Origine de la poésie franç.*, 1851, in-4°, p. 578.
[3] *Mém.* de d'Argenson, t. IV, p. 8.
[4] *Id., ibid.*

déplairoit à tout le peuple de Paris. » Soit que la crainte de ces murmures y fût pour quelque chose ; soit, qu'étant mieux éclairé, l'on eût vu que l'injustice projetée ne pouvait se justifier que par une erreur historique[1], on ne donna pas suite à l'idée de vendre l'enclos des Quinze-Vingts. On laissa au cardinal de Rohan le soin de la reprendre et d'en avoir le bénéfice.

Il était, comme je l'ai dit, directeur spirituel et temporel de l'hospice, mais il n'était pas seul maître cependant. Une communauté de douze ecclésiastiques partageait avec lui le premier des deux pouvoirs, tandis qu'une part de l'autre était remise aux mains d'un conseil d'administration, composé d'un certain nombre de magistrats et de vingt-quatre membres de la confrérie pris parmi les *frères aveugles*, et parmi les *frère voyants*, ainsi qu'on appelait les maris des *femmes aveugles*, admis dans l'hospice à la condition qu'ils serviraient aux autres de conducteurs à travers les rues.

Il fallait user d'adresse avec ce conseil d'administration, lui montrer, par exemple, la nécessité d'un déplacement qui permettrait

---

[1] Piganiol le prouva. (*Descript. de la ville de Paris*, t. II, p. 404.)

à la confrérie de s'établir dans un lieu plus salubre; lui faire voir, de la façon la plus brillante, les avantages à retirer de la vente des terrains, et surtout faire habilement ressortir les améliorations qu'on pourrait, avec l'argent de cette vente, apporter dans la condition des aveugles. Ce dernier point était celui qui prêtait le plus aux développements et aux vérités. Tout était à faire, en effet, pour le bien-être de ces pauvres diables. Depuis la fondation de l'hospice, les revenus s'en étaient considérablement accrus, mais les aveugles ne s'étaient en aucune façon ressentis de cette augmentation de richesse. « On ne leur donnait que le logement, dit l'abbé Georgel, et un très-modique traitement en argent. » Peut-être pensez-vous qu'au moins on avait eu à cœur de ne pas laisser se décompléter le nombre de trois cents, qui leur donnait droit au nom de Quinze-Vingts qu'ils avaient fidèlement gardé: point du tout, depuis longues années, il s'était fait dans leurs rangs des vides que les administrateurs, avec le plus grand soin, avaient oublié de combler. Et cependant, je le répète, d'année en année, la somme des revenus croissait, soit par suite de dons nouveaux, soit en raison de l'augmentation du loyer des bâtiments qu'on avait peu à peu bâtis sur les terrains dépendant de l'hospice, et qui étaient occupés par des ouvriers de toute industrie [1]. C'était une des grandes ressources de l'administration. L'enclos des Quinze-Vingts, en effet, jouissait du même privilége que celui de la *Trinité* et que celui de *Saint-Jean-de-Latran* [2]. On pouvait y travailler sans maîtrise [3]. Aussi, je le répète, les artisans s'y trouvaient-ils en foule; tous les logements y étaient occupés, et l'ouvrage n'y chômait jamais : « Il s'y faisait surtout, selon l'abbé Georgel, un commerce d'étoffes de soie et de toiles indiennes aussi actif que florissant [4]. » De là, encore une fois, de beaux loyers et de grosses sommes. Qu'en faisait-on ? Les administrateurs spirituels et temporels le savaient bien; mais ce qu'il y a de très-assuré, c'est que les pauvres aveugles pour qui personne ne prenait souci d'être honnê-

[1] Hurtault et Magny, *Dict. histor. de la ville de Paris*, t. IV, p. 204.
[2] V. *Paris démoli*, 2ᵉ édit., p. L, note.
[3] Hurtault et Magny, *Dict. hist. de la ville de Paris*, t. III, p. 228.
[4] *Mémoires*, t. I, p. 483.

tement clairvoyant, continuaient à mendier de plus belle ; c'est qu'aussi les bâtiments de l'hospice étaient mal entretenus, à ce point que sa pauvre vieille église, qui datait du temps de saint Louis, tombait littéralement en ruines[1]. Certes, la confrérie était assez riche pour faire réparer à ses frais ce bijou d'Eudes de Montreuil [2]. Elle aima mieux recourir à la charité publique, qui, cette fois, ne fut pas plus sourde à la requête des aveugles en masse qu'elle ne l'était tous les jours au cri de chacun d'eux en particulier. « Déjà, dit l'abbé Georgel, une somme de 400,000 livres provenant des loteries de piété était en dépôt pour la reconstruire. » On n'eut pas le temps d'en prendre la peine.

[1] On l'avait laissée s'enterrer de plusieurs pieds, par suite de l'exhaussement des terrains environnants. Il fallait, pour y entrer, descendre quatre ou cinq marches. (*Dict. hist. de la ville de Paris*, t. III, p. 228-229.)

[2] C'était toujours l'église à la mode : « Dans l'église des Quinze-Vingts, dit Mercier, se réunissoient les fermiers généraux, les agens de change, les commis des finances, superbes comme des paons ; ils étinceloient d'or, de rubis et de diamants, il ne leur manquoit que des diadèmes. Le pauvre même, dans ce lieu de magnificence, ne demandoit l'aumône qu'en termes choisis. » (*Nouv. Paris*, t. IV, p. 204.)

Vous voyez que M. de Rohan avait beau jeu pour proposer des réformes, et pour venir, en présence des apparences de misère qu'on entretenait comme à plaisir autour de la riche confrérie, mettre en avant le projet de vente des terrains qui devait faire verser de si grosses sommes dans sa caisse. Déjà tout son plan était fait. Les acquéreurs même étaient trouvés; c'était une compagnie d'entrepreneurs qu'on savait très-solvables, et qui ne proposaient pas moins de six millions, sans compter, bien entendu, le magnifique *pot-de-vin* dont la promesse contribuait, plus que tout le reste, à rendre M. le grand aumônier si ardent pour la conclusion de l'affaire. Ce fut pourtant un détail dont il oublia de parler au conseil d'administration. Il n'omit, en revanche, aucune des considérations philanthropiques qui pouvaient lui permettre de poser la vente de l'enclos comme un acte de haute bienfaisance administrative. Il parla des six millions offerts, fit sonner haut l'importance de la somme, et surtout l'urgence des réformes qu'elle allait permettre de faire. « Supprimer la mendicité des Quinze-Vingts, et enlever ainsi aux églises le bruit et le spectacle d'une gueuserie indécente; augmenter le bien-être des trois cents aveugles de la fondation primitive; créer des pensions alimentaires pour trois cents autres; établir douze pensions de trois cents livres pour de pauvres gentilshommes aveugles, autant pour douze ecclésiastiques aveugles aussi, etc. » Voilà, d'après l'abbé Georgel, qui sans doute en avait lui-même dressé le programme, voilà quels étaient les projets du grand aumônier, projets dont les six millions rendaient l'exécution facile, et qu'il vint éloquemment proposer au conseil. Il y aurait eu mauvaise grâce à ne pas leur faire bon accueil; ils furent donc approuvés tout d'une voix. La vente suivit bientôt. M. de Rohan toucha son riche *pot-de-vin;* les six millions furent versés par la compagnie, et tout aussitôt placés sur l'État avec une garantie toute spéciale. L'hôtel de la première compagnie des mousquetaires noirs, situé rue de Charenton, et laissé vacant par la récente dissolution de ce corps militaire, fut acquis moyennant les 400,000 livres laissées en dépôt pour la reconstruction de l'église, et que M. Bertin, ministre des loteries (*parties casuelles*), avait permis de prendre. Puis, tout cela conclu, après quelques démêlés d'architectes, expliqués longuement par l'abbé Georgel, mais dont le récit nous entraînerait trop loin, les Quinze-Vingts quittèrent, en décembre 1779, l'antique hospice et vinrent prendre pied dans leur nouvel asile [1]. Ils y sont encore.

La démolition des bâtiments abandonnés ne se fit pas attendre. Celle de l'église ne coûta pas beaucoup de peine ; le temps l'avait commencée, on n'eut qu'à l'achever. La chapelle de *Saint-Nicaise* qui se trouvait aussi dans l'enclos, tout près de la rue à laquelle elle avait donné son nom, n'existait plus depuis près d'un siècle ; l'on n'eut qu'à disposer de son emplacement. Il eut le sort de tout le reste de ces terrains, qui furent bientôt coupés de rues nouvelles et couverts de bâtiments neufs. Aujourd'hui, ces rues et ces bâtiments ont eux-mêmes disparu. Que sont devenus la rue de *Chartres*, la rue de *Valois-Saint-Honoré*, la rue *Beaujolais*, la rue *Montpensier*, le *Passage des Quinze-Vingts*, tout ce dédale qui avait enroulé ses mailles serrées sur l'espace de l'enclos des aveugles? Demandez-le à la place du Palais-Royal, qui s'est agrandie

---

[1] *Mém. secrets*, t. XV, p. 14, 263.

sur leurs ruines ; à la rue de Rivoli, qui les a fait jeter bas pour se frayer passage. Ce n'était pour ainsi dire qu'un quartier provisoire ; il n'a pas duré soixante-dix ans.

Une seule rue en est restée, mais tellement élargie, et, en même temps, tellement raccourcie, qu'elle est vraiment devenue tout à fait méconnaissable, et qu'on aurait pu, par conséquent, sans que personne réclamât, changer son nom, comme on avait changé sa forme ; c'est la rue que les entrepreneurs de 1780 avaient, par déférence pour le grand aumônier, gratifiée du nom de *Rohan*. C'était un honneur, stipulé sans doute, parmi les avantages du vendeur, et comme supplément de *pot-de-vin*. Trois ans après, quelles que fussent les conventions, on n'aurait pas osé l'accorder au cardinal, car l'affaire du *collier* venait alors de donner à son nom le fâcheux éclat qui lui est resté.

Les édiles de la Restauration n'en prirent pas souci. Ils trouvèrent, en 1815, la rue de *Rohan* débaptisée. Le nom nouveau mais pur de *Marceau* avait remplacé, pendant la Révolution et sous l'Empire, celui du cardinal ; mais ils ne mesurèrent point ce que l'un rappelait d'honneur, ce que l'autre contenait de scandale; ils virent seulement que celui-ci était de race antique, celui-là d'origine révolutionnaire. Leur choix ne fut donc pas douteux : ils décrochèrent le nouvel écriteau et replacèrent l'ancien. Ils avaient agi suivant les principes de leur temps, soit; il ne faut pas leur en vouloir; mais au nôtre les rôles ne devaient-ils pas changer? Plutôt que d'étendre au nouveau *pavillon* du Louvre le scandaleux baptême subi par la rue de *Rohan*, n'aurait-on pas dû biffer tout à fait ce nom et du même coup effacer le souvenir qu'il rappelle? Celui de *Marceau* vaut mieux, ce me semble; pourquoi ne l'y ferait-on pas revivre? La statue du jeune général a été placée sur la façade du nouveau pavillon; pourquoi son nom ne s'y trouverait-il pas aussi, à la place de celui que la pudeur publique a proscrit depuis si longtemps?

VII

Le pavillon de Lesdiguières.

Tous les hiéroglyphes de Paris ne sont pas sur l'obélisque. La grande ville, ce qui précède l'a déjà fait voir, est un vaste livre d'énigmes; chaque coin de rue, chaque inscription de monument vous posent une question, et le malheur, c'est que bien souvent il n'est pas un ouvrage, *Histoire, Description, Dictionnaire, Guide,* plus ou moins pittoresque, qui vous fasse la réponse.

« Que signifie ces mots : *Pavillon de Lesdiguières?* » me suis-je dit vingt fois, en passant sous l'étroite et haute arcade pour gagner le pont des Saints-Pères. Je questionnai les savants, je consultai les livres ; et, ni ceux-ci, ni ceux-là ne me répondirent.

Je serais bien allé jusqu'aux architectes qui avaient commandé la belle inscription en lettres d'or ; mais à quoi bon ? Ils prennent un nom tel que la tradition le leur donne, et le font écrire sans s'occuper d'où il vient. Ils tiennent l'état civil des monuments et le livre de leur baptême avec autant de sans-gêne que l'employé de mairie et le curé tiennent le registre des naissances. Encore celui-ci s'enquiert-il du parrain. L'architecte et l'édile ne prennent point tant de peine. Telle rue s'appelle ainsi, tel monument s'étiquète de telle manière ; soit, et tout aussitôt, mais le plus souvent sans préoccupation d'orthographe, ils font dresser l'inscription, ici en lettres blanches sur fond bleu de ciel, là en lettres d'or sur marbre noir. Le reste ne les regarde pas. J'aimai donc mieux ne pas m'adresser à ces messieurs. Sûr que je perdrais moins de temps en ne m'en fiant qu'à moi seul, je cherchai sans questionner davantage ; et je parvins, je crois, à trouver.

On sait que jusqu'à la fin du dernier siècle, la rue *Saint-Thomas-du-Louvre,* dont les démolitions entreprises sous le premier Empire commencèrent la mutilation, venait aboutir à l'étroite rue des *Orties*, qui longeait parallèlement la galerie du Louvre. Cette rue Saint-Thomas, dont nous avons vu les derniers tronçons, et qui nous a semblé si triste et si morne dans son agonie, avait été longtemps une des mieux habitées de Paris. Quelques-uns des plus beaux et des plus renommés hôtels s'y trouvaient : ainsi l'hôtel de Rambouillet et l'hôtel de Longueville qu'il ne faut que nommer pour rappeler tout un passé de précieux esprit et d'élégance. Auprès, en avançant davantage vers la galerie du Louvre, on trouvait une maison très-noble encore, fort bien hantée, mais de plus modeste apparence. Je ne sais au juste qui l'avait d'abord habitée. Piganiol de la Force [1] veut qu'elle ait été bâtie pour Gabrielle d'Estrées; mais je pense qu'il se trompe, et je crois même l'avoir prouvé ailleurs [2]. Ce qui est certain, comme on le verra plus loin, c'est que la maîtresse de Henri IV, en prenant pour logis ce discret hôtel, n'aurait fait qu'y devancer d'autres favorites.

Sous Louis XIV, cette maison fut menacée, comme toutes celles du même quartier. Il

---

[1] *Descript. de la ville de Paris*, t. II, p. 311.
[2] *Paris démoli*, 2ᵉ édit., p. 42, note 2.

s'agissait déjà de ce qui s'est accompli seulement de nos jours; car en ce pays il ne faut guère moins de deux siècles pleins entre la conception d'un projet et son exécution.

Reprenant une idée que Henri IV avait un instant caressée au passage[1], on voulait donc mettre une immense place entre les Tuileries et le Louvre, déjà joints ensemble par la grande galerie[2]. La première chose à faire était de déblayer l'espace, et pour cela, il ne fallait pas moins que jeter bas tout un quartier, renverser des hôtels, démolir des églises; on ne s'en effraya point. Colbert menait le projet et, sauf contre-ordre, on n'avait qu'à s'en fier à lui : « On parle icy, écrit Gui-Patin[3], d'abattre quelques grandes maisons pour achever le bâtiment du Louvre. On dit même que le roy veut envoyer les moines de Saint-Germain-des-Prez à Saint-Maur-lèz-Fossez, et bailler ce monastère à habiter aux chanoines de Saint-Nicolas et de Saint-Thomas-du-Louvre, et que c'est un dessein pris

---

[1] *Lettre* de Malherbe à Peiresc, 20 janv. 1608.
[2] Sur toutes les vicissitudes de ce projet, depuis Henri IV jusqu'à nos jours, *V.* le *Vieux-Neuf,* t. II, p. 108-111.
[3] *Lettre à Spon,* du 24 oct. 1664.

par le roy et M. Colbert, ces deux églises étant nécessaires à la perfection du grand dessein : mais je doute de tout cela. » Et Gui-Patin faisait bien de douter ; deux cents ans de retard lui ont donné raison.

Cependant on procéda, dans les premiers temps, comme si l'on eût voulu que tout fût terminé en fort peu d'années. Un certain nombre de maisons furent achetées au nom du roi, et les autres durent se tenir prêtes pour le moment où le despotique acquéreur viendrait faire ses offres. M. de Joursanvault possédait dans ses *Archives* [1] l'acte de vente d'une maison de la rue Saint-Thomas-du-Louvre que Louis XIV fit ainsi acheter « pour l'exécution du grand dessein de son palais du Louvre. »

Le petit hôtel dont nous nous occupons fut aussi du nombre de ceux qui furent acquis par le roi à cette époque, et de cette manière. Seulement, pour lui comme pour les autres, on s'en tint d'abord à l'acquisition ; on remit prudemment la démolition au moment où

---

[1] *V.* le *Catalogue*, nº 1134, et une lettre inédite de madame de La Fayette à Huet, citée dans le *Vieux-Neuf*, t. II, p. 110, note 2.

elle serait urgente, et vous savez si ce moment se fit attendre. Le marquis de la Vrillière qui habitait l'hôtel put même y rester jusqu'à ce qu'il eût trouvé gîte ailleurs.

Il ne se pressa pas et fit bien. Je crois même que c'est lui qui donna congé. Toujours est-il que le roi, lorsqu'il perdit ce locataire, semble avoir désespéré d'en trouver un autre. Pour que l'hôtel ne restât pas vacant, il en accorda la jouissance à la duchesse de Lesdiguières-Mortemart; et afin de n'avoir pas à s'enquérir de longtemps d'un occupant nouveau, car il devait lui répugner de faire mettre l'écriteau des maisons à louer sur un hôtel dont il était propriétaire, c'est pour sa vie durant qu'il gratifia l'aimable douairière de cette habitation gratuite.

Une seule clause, mais peu dangereuse, comme vous allez voir, mettait une restriction au bienfait de cette concession viagère. On lui accordait l'hôtel, lisons-nous dans une très-curieuse lettre du duc d'Antin, neveu de la duchesse, « à condition d'en déguerpir quand on fera le grand dessein du Louvre[1]. »

---

[1] *Catalogue* des autographes vendus le 7 décembre 1854, n° 17, p. 3.

Mais ce n'était, encore une fois, que pour la forme, et si le roi n'eût tenu à prouver qu'il ne se démentait jamais, il n'eût pas fait insérer la clause.

La duchesse vécut et mourut fort tranquillement dans l'hôtel, sans qu'aucune nouvelle menace de démolition vînt l'y déranger. Je ne sais quelle est au juste la date de sa mort ; ce que je puis toutefois assurer, c'est que personne ne la remplaça dans cette commode habitation, avant les premières années qui suivirent le mariage de Louis XV. Vous voyez qu'elle avait largement usé du privilége viager.

A qui l'avait-elle dû ? A la faveur de madame de Montespan, à laquelle l'unissait, on le sait, une parenté très-proche ; le favoritisme, qui fit la grandeur de toute cette maison des Mortemart, avait en cela été son seul titre.

Celle qui vint après elle n'en eut pas d'autre non plus. Le loyer du galant hôtel fut payé par elle en la même monnaie, mais plus directement donnée ; bref, madame de Mailly, car c'est d'elle qu'il s'agit, se réserva pour elle-même l'avantage que madame de Montespan avait cru bon de céder à quelqu'un de sa famille. Elle se fit octroyer par Louis XV, dont elle fut la première maîtresse et l'une des plus aimées, ce que Louis XIV avait si libéralement accordé à la duchesse. Elle était plus jeune et aurait dû en jouir encore plus longtemps. En 1751, pourtant, l'hôtel de la rue Saint-Thomas-du-Louvre n'avait déjà plus de locataire : madame de Mailly était morte. Il y avait longtemps qu'on lui avait succédé dans le cœur du roi; mais personne, je veux dire aucune maîtresse, ne la remplaça dans le petit hôtel. Il était cependant des plus favorables aux rendez-vous, avec ses deux entrées, l'une sur la rue Saint-Thomas, l'autre, plus clandestine, sur la rue Fromenteau, et même, grâce à ce nom de *Lesdiguières* qui lui était resté de la vieille duchesse, et qui, en lui conservant je ne sais quoi de sérieux, le mettait à l'abri des regards avides de scandale et des suppositions médisantes[1]; mais Louis XV n'aimait pas les souvenirs fu-

---

[1] Comme madame de Mailly n'y avait vécu que cachée, pour ainsi dire, l'hôtel n'avait pu prendre son nom. Il existait déjà, d'ailleurs, au moins deux hôtels de Mailly. L'un, le *Petit-Mailly*, subsiste encore au coin de la rue de Beaune et du quai, avec entrée sur la rue du Bac (Piganiol, *Descript. de la ville de Paris*, t. VIII, p. 311). Avant la construction du Pont-Royal,

nèbres. La tristesse que donne la satiété et l'ennui était déjà trop naturelle et trop intime chez lui, pour qu'il voulût y ajouter celle que cause le deuil : il fuyait donc tous les lieux que la mort avait touchés.

En 1751, d'ailleurs, à quoi lui eût servi le mystère d'une petite maison? Ses amours étaient avouées, madame de Pompadour était la vraie reine de France. Depuis cinq ans, ils n'avaient plus besoin de chercher, pour leurs rencontres, l'ombre de la forêt de Sénart, qui avait jeté son voile sur l'aurore de cette galanterie devenue souveraine; et les discrets tête-à-tête, les entrevues en cachette dans la maison de la rue Croix-des-Petits-Champs[1], où la favorite avait le mieux décidé son avénement, n'étaient déjà plus pour eux qu'un très-vieux souvenir. A quoi bon alors se réserver l'hôtel de la rue Saint-Thomas-du-

---

il faisait face au pont de bois, appelé *Pont-Barbier* ou *Pont-Rouge*, qui aboutissait à la rue de Beaune. C'est pour cela que Dangeau appelle les Mailly qui habitaient l'hôtel, les Mailly du Pont-Rouge. (*Journal de Dangeau*, édition compl., t. II, p. 30.) Pour le dire en passant, ce pont, à cause d'Anne d'Autriche, s'appelait aussi *Pont Sainte-Anne*. (Sauval, t. I, p. 111.)

[1] *V.* plus haut, p. 41, 42, note.

Louvre ? Madame de Pompadour le prit pourtant, mais par pure précaution, par simple anticipation sur l'avenir, et afin que celle qui pourrait la remplacer un jour n'eût pas du moins cette part de l'héritage.

Ce fut son frère, M. de Vandière, plus tard marquis de Marigny, qui en profita [1]. Les locataires changeaient, mais, comme vous voyez, les moyens de transmission étaient les mêmes. Récapitulons, en effet : c'est par la faveur de madame de Montespan que la duchesse de Lesdiguières-Mortemart s'est installée dans ce logis, propriété du roi ; c'est de par la puissance de son crédit de favorite que madame de Mailly s'y établit à son tour ; enfin, M. de Marigny l'obtient en raison de l'omnipotence du même droit..... de main gauche. Il est vraiment dommage que ce que pensait Piganiol sur la fondation de cet hôtel pour Gabrielle d'Estrées ne soit pas prouvé. L'origine eût été digne du reste.

---

[1] Et l'on n'attendit guère pour le mettre en possession. Madame de Mailly était morte le 29 mars, et, le 10 avril, M. d'Argenson écrivait déjà : « On parle de donner à M. de Vandière la petite maison où vient de mourir madame de Mailly. » (*Mémoires*, t. IV, p. 24.)

M. de Marigny ne dédaigna pas le privilége de location gratuite que lui avait fait obtenir sa sœur. Il se logea dans l'hôtel, et sans le débaptiser toutefois de son nom d'*hôtel de Lesdiguières,* il ne le quitta plus[1]. Il n'en était pas un, en effet, qui fût mieux à sa convenance. Le marquis était *directeur des bâtiments du roi, arts et manufactures de France*, et ces fonctions qu'il n'exerçait pas *in partibus*, loin de là, exigeaient qu'il se tînt autant que possible dans le voisinage du Louvre. Or, ici il touchait au palais même. Il pouvait tout observer, tout voir, et il vit tout.

Une chose qui le frappa d'abord, ce fut l'encombrement de la rue dans laquelle se trouvait son hôtel, et qui refluait sur tous les environs ; encombrement continuel d'hommes et de voitures, causé par le manque de

[1] Il eût été bon cependant de l'appeler autrement, ne fut-ce que pour le distinguer de deux autres hôtels de Lesdiguières qui existaient à Paris, l'un, rue Saint-Dominique, l'autre, qui fut détruit vers ce temps-là, rue de la *Cerisaie*. Celui-ci, qui avait d'abord appartenu à Zamet, puis à madame de Lesdiguières de Retz, de qui son nom lui vint, puis à M. de Villeroy, qui y logea le czar Pierre, en 1719, fit place à la rue de Lesdiguières actuelle.

débouchés vers la Seine, la grande galerie du Louvre semblant jetée là comme un obstacle infranchissable, pour les communications entre les deux rives, comme une barrière immense et sans ouverture [1]. C'est en voisin clairvoyant qu'il avait observé; c'est en ministre intelligent qu'il chercha le remède et qu'il le trouva. Il était bien simple, comme vous allez voir, et tout le monde dut s'étonner qu'on l'eût fait attendre si longtemps.

M. de Marigny fit pratiquer sous la grande galerie, entre le quai et le Carrousel, un guichet à trois voies, l'une pour les piétons, les deux autres pour les voitures. C'est le triple passage qui se voit encore, tel qu'il le fit ouvrir, près de la grille des Tuileries. On lui donna le nom de *Guichet Marigny*, qu'il a toujours gardé et qu'il méritait bien. Il fallait aussi une dénomination pour les autres, jusqu'alors si insuffisants : celui auquel aboutissait la rue Saint-Nicaise, et ceux, plus rapprochés l'un de l'autre, qui faisaient communiquer avec le quai la rue Fromenteau et la rue Saint-Thomas-du-Louvre. Ce dernier, voisin de l'hôtel qu'habitait le ministre, en

---

[1] *V. Paris démoli*, chap. : *Les Guichets du Louvre*.

prit le nom et s'appela *Guichet de Lesdiguières*. C'est une dénomination dont le peuple se servait déjà, et qui n'avait besoin que d'être maintenue, ce qui fut fait d'autant plus volontiers qu'il y avait encore là un hommage indirect, un souvenir pour M. de Marigny.

Depuis, ce nom se déplaça. Pendant l'Empire, le guichet auquel venait aboutir la rue Saint-Thomas-du-Louvre, c'est-à-dire le premier *Guichet de Lesdiguières,* disparut avec le tronçon de rue qui le prenait pour ouverture. Il fut fermé pour les passants. A l'époque de la Restauration, quand la manie de restituer tous les noms du passé s'empara de l'édilité parisienne, on voulut arborer de nouveau, comme tant d'autres, celui de *Lesdiguières*. On y tenait d'autant plus sans doute qu'on croyait y retrouver un souvenir du brillant compagnon d'armes de Henri IV, et non, ce qui était pourtant en réalité, le souvenir fané d'une vieille douairière protégée par une favorite. Mais où le replacer ce nom? au-dessus d'un guichet condamné? Non pas. Mieux valait mentir à la tradition et le remettre en belle place. C'est ce qui fut fait; et voilà pourquoi le guichet de la rue Saint-

Nicaise, usurpant le nom qui appartenait à celui de la rue Saint-Thomas-du-Louvre, s'est appelé *guichet,* puis, après ses embellissements, *Pavillon de Lesdiguières.*

VIII

Le carré Marigny.

Nous n'avons quitté tout à l'heure le frère de madame de Pompadour que pour le retrouver ici.

Il y a cent ou cent vingt ans, c'est à peine s'il se trouvait une maison dans le faubourg Saint-Honoré. Depuis lors, on a eu le temps, non-seulement d'y construire, mais de démolir ce qu'on y avait construit; tant dans ce pays de l'instabilité, l'impatience et le dégoût vont vite !

C'étaient cependant de véritables palais qu'on avait élevés par ici; mais ni le luxe ni la solidité de leur construction ne les ont sauvés. S'ils eussent été de plâtre, peut-être eussent-ils survécu, puisque le provisoire est bien souvent, à Paris, la seule chose qui s'éternise. Sur quinze ou vingt hôtels qui faisaient enfilade au côté gauche du faubourg, j'en compte cinq ou six pour le moins qui ont complétement disparu [1], et tout autant qui ne sont plus reconnaissables.

L'Élysée-Bourbon est de ceux-ci, et c'est le seul pour lequel il ne faut pas se plaindre ; il s'est, en se transformant, singulièrement agrandi et embelli.

Les premières constructions, qu'il serait bien difficile de démêler aujourd'hui sous les plus récentes, datent de la Régence. Elles avaient été dirigées par l'architecte Mollet, pour le comte d'Évreux, qui n'avait pas craint d'affronter ce qu'il pouvait y avoir de malsain à loger dans ce quartier, empesté par le voisinage du grand égoût [2], alors découvert, pourvu que son hôtel eût un bel aspect, et ses jardins une grande étendue. C'est ce qui ne leur manqua pas ; les terrains

---

[1] V. *Paris dans sa splendeur*, chap. III, *Promenade dans Paris*, p. 3-7.

[2] G. Brice, *Descript. de la ville de Paris*, 1752, in-12, t. I, p. 315.

n'étaient pas alors bien chers de ce côté, et le comte était riche.

Dix ans auparavant [1], il avait épousé la fille du financier Crozat, qui lui avait apporté deux millions de dot [2], et de cette fortune, bien que fortement entamée, il lui restait encore de respectables débris. M. d'Évreux put donc faire grande chère dans son nouvel hôtel. En sa qualité de colonel général de la cavalerie, « il y traita surtout hautement les capitaines de dragons, chevau-légers, etc. [3]. » Madame la comtesse eût été mal à l'aise dans cette compagnie par trop cavalière, aussi n'habitait-elle pas l'hôtel. Lorsque M. d'Évreux l'avait épousée, à peine avait-elle douze ans ; l'union n'avait donc pu d'abord être définitive entre les deux époux ; elle ne le fut pas davantage plus tard : elle n'aboutit qu'à une séparation [4]. D'Allainval avait frappé juste, lorsqu'à l'occasion des procès qui s'ensuivirent, il avait fait, sur cette mésalliance, sa

[1] Au commencement de 1707.
[2] *Journal* de Dangeau, à la date du 16 janv. 1707.
[3] *Journal* de Math. Marais, dans la *Rev. rétrospect.*, 2e série, no 24, p. 397.
[4] Qui fut cassée à la mort de la comtesse et amena des procès qui duraient encore en 1735. (*Id., ibid.*)

comédie de l'*École des Bourgeois* [1]. Mademoiselle Crozat fut avec M. d'Évreux, son trop noble mari, ce que la pauvre Benjamine eût été avec le marquis de Moncade [2].

Quand l'hôtel changea de propriétaire, la volte-face fut complète : plus de cavalerie, plus de tapage ; mais un luxe délicat, discret, tout féminin. La nouvelle châtelaine n'était autre que madame la marquise de Pompadour, qui, dans les premiers mois de 1753, songeant déjà qu'une disgrâce pourrait l'obliger à chercher une retraite, s'était par avance choisi celle-ci. Elle l'avait payée sept à huit cent mille livres [3].

---

[1] Une *Gazette à la main* du temps dit positivement que d'Allainval y a *joué d'après nature* le mariage du comte d'Évreux.

[2] On l'appelait, dans la maison de Bouillon, le petit lingot d'or. (*Journal* de Math. Marais.) Mademoiselle Crozat avait été fort bien élevée. C'est à elle que le P. Placide avait dédié, en 1704, la première édition du *Traité de Géographie* qui, méconnaissable sous les changements et les additions, se réimprime encore avec le titre de *Géographie de Crozat*. Si j'en juge par le portrait qui se trouve en tête de cette première édition, dont je possède un des rares exemplaires, mademoiselle Crozat était une jolie enfant.

[3] *Mémoires* de d'Argenson, t. IV, p. 124. — *Journal* de Barbier, édit. in-18, t. VI, p. 69.

Je vous ai dit que les jardins étaient vastes et magnifiques; ils ne lui suffirent pourtant pas. Elle se croyait reine, et c'est en reine qu'elle agit, en effet, pour les agrandir. De sa propre autorité de favorite, elle prit sur les Champs-Élysées ce qui lui manquait de terrain pour le potager qu'elle rêvait à l'extrémité de son parc.

Le peuple murmura de cet empiétement audacieux, qui rognait, à sa plus belle marge, la promenade qu'il chérissait le plus [1]. La marquise se soumit, du moins en apparence. Les murs, de six pieds de haut, qu'elle avait fait élever autour de l'espace usurpé, furent rasés, mais en réalité l'espace ne fut pas rendu. Peu de temps après, un fossé avait remplacé la muraille, sans que le peuple s'en aperçût, et depuis lors, le terrain ainsi réuni au parc de madame de Pompadour, devenu le jardin de l'Élysée, n'a jamais été repris pour la promenade [2]. Il forme l'espèce d'hémicycle que l'on voit s'avancer, comme un large pro-

---

[1] *Mémoires de d'Argenson*, t. IV, p. 197.
[2] « Le tout, écrivait alors Piganiol (*Descript. de la ville de Paris*, t. III, p. 28), est environné de fossés revêtus de la plus belle maçonnerie et bordé d'une barrière d'une longueur immense, peinte en vert. »

montoire de verdure, sur l'avenue Gabriel, qu'il termine brusquement.

Madame de Pompadour ne fut pas encore satisfaite. Il lui déplaisait que l'horizon de ses jardins fût borné au midi par les arbres des Champs-Élysées; elle eût voulu de ce côté une belle perspective qui prolongeât jusqu'aux Invalides la vue qu'on avait des fenêtres de son palais. Il fut bientôt fait droit à son désir; on prit pour la satisfaire le prétexte adroit d'un remaniement nécessaire dans la disposition de la vieille promenade : « On va, dit M. d'Argenson dans ses *Mémoires* [1], sous la date de juin 1755, abattre les arbres des Champs-Élysées, pour refaire les plans d'un dessin plus moderne, et surtout, ajoute-t-il en homme qui n'est pas dupe et connaît le vrai motif, et surtout pour donner à l'hôtel de la marquise de Pompadour un aspect plus agréable sur la rivière. »

La marquise, en de pareilles affaires, était sûre d'être toujours bien servie. Elle avait mis son frère à la surintendance générale des bâtiments, magnifique charge, qui, nous l'avons déjà vu, lui permettait d'avoir la haute main dans tout ce qui tenait aux em-

[1] T. IV, p. 22.

bellissements de Paris. Or, bien qu'à tout prendre il se soit montré le plus souvent administrateur sérieux et homme de conscience, il agissait parfois bien moins dans l'intérêt de la ville, que suivant le caprice de sa sœur. Ce qui fut fait en cette occasion en est une preuve entre mille.

Les arbres des Champs-Élysées, qu'il n'était pas besoin d'abattre puisque la plupart dataient de cinquante ans au plus, c'est-à-dire de l'époque où M. le duc d'Antin avait fait replanter la promenade, furent jetés par terre et remplacés par de plus jeunes, dont quelques-uns doivent survivre encore.

Le projet de la marquise, son envie de voir l'horizon de son jardin prolongé jusqu'à la Seine ne furent pas, on le conçoit, mis en oubli, puisque, encore une fois, tous ces travaux n'avaient pas, en réalité, d'autre objet. On réserva entre le quai et l'avenue des Champs-Élysées, dans l'axe même des jardins de madame de Pompadour, un espace considérable, où l'on ne replanta pas un seul arbre, de sorte que la marquise n'eût plus à craindre qu'un ombrage indiscret et gênant dérobât désormais à son hôtel la vue du dôme des Invalides et de la Seine.

Il était juste que celui qui avait pris soin de disposer cet immense espace sans verdure, ce désert au milieu du grand parc public, lui donnât son nom ; c'est ce qui eut lieu. Le *steppe* des Champs-Élysées, que nous avons vu disparaître sous les constructions du Palais de l'Industrie, fut appelé *Carré Marigny*.

Le frère de la marquise avait, en effet, échangé son nom roturier d'Abel-François Poisson, d'abord pour le titre de comte de Vandière, que le peuple prononçait comte d'Avant-Hier ; puis pour celui de marquis de Marigny [1], qui lui resta [2].

[1] Louis XV avait, tout exprès pour lui, érigé en marquisat la terre de Marigny. (*Journal* de Barbier, 2ᵉ édit., t. VI, p. 69.)

[2] Sur l'*Élysée-Bourbon*, ancien hôtel de Pompadour, qui dut son nouveau nom à la bru du prince de Condé, qui l'habita sous Louis XVI et qui en fit un Chantilly en miniature, *V.* notre article de l'*Encyclopédie du XIXᵉ siècle*, t. XI, p. 377-378. — Avant la princesse, on y avait vu Beaujon, que son luxe autant que sa bienfaisance a rendu célèbre dans ce quartier ; et, avant Beaujon, c'est-à-dire immédiatement après la marquise, le *Garde-Meuble* y avait été placé. (*V.* les *Lettres inédites de madame du Deffand*, 1859, in-8, t. II, p. 173.)

IX

Sur une prétendue inscription de la porte Saint-Denis, relative à la Révocation de l'Édit de Nantes.

Un de mes confrères de la *Chronique*, M. Paul d'Ivoy, me posa, dans sa causerie du 21 juillet 1857, la question fort embarrassante qui va défrayer tout ce chapitre. Bien que je ne m'attendisse pas à cette énigme à brûle-pourpoint, car si je me flatte d'être le confrère de M. d'Ivoy, je ne fus jamais son compère, je me hâtai de répondre, et de mon mieux. On verra plus loin si je l'ai fait d'une manière satisfaisante.

Mais posons d'abord le point d'interrogation du chroniqueur.

« Il y avait autrefois, sur la porte Saint-

Denis, dit-il, une triste inscription, une inscription rappelant la Révocation de l'Edit de Nantes, et ainsi conçue :

LUDOVICO DECIMO QUARTO

SUPPRESSO EDICTO NAMNETENSE

« Il n'en reste aucune trace.

« La Révocation de l'Édit de Nantes est du 26 octobre 1685.

« C'est en 1671 que le prévôt des marchands et les échevins de Paris décidèrent que l'on érigerait un arc de triomphe en mémoire des exploits des armées du roi dans la Flandre et dans la Franche-Comté.

« L'architecte de la porte Saint-Denis, François Blondel, dont on a publié, en 1698, un *Cours d'architecture,* aurait dû parler de la funeste mention ; il n'en dit mot. On y lit au contraire le passage suivant, qui semble tout à fait l'exclure :

« Mais la rapidité des conquêtes du roi
« dans son voyage de Hollande, et ce fameux
« passage du Rhin à Tholus, qui arriva dans
« l'année que la porte Saint-Denis fut commencée, nous obligea de prendre d'autres
« mesures. Messieurs les prévôts des mar-

« chands et échevins crurent que l'on ne
« pouvoit point accompagner la porte Saint-
« Denis d'autres ornements, ni plus heureux
« ni plus magnifiques, que de ceux qui pour-
« roient servir de marques de ces grandes
« actions et de ces victoires. J'ai cru que je
« ne pouvois mieux faire que d'attacher sur
« les pyramides et aux distances où j'avois
« voulu placer les rostres des galères, des
« masses de trophées antiques, pendues à
« des cordons noués à leur sommet, entre-
« mêlées de boucliers chargés des armes des
« provinces et des villes principales que le
« roi avoit subjuguées. J'ai même fait as-
« seoir des figures colossales au bas des
« mêmes pyramides, à l'exemple des excel-
« lents revers de médaille que nous avons
« d'Auguste et de Titus, où l'on voit des
« figures de femmes assises au pied des
« trophées ou des palmiers, et qui marquent
« ou la conquête de l'Égypte, par Auguste,
« ou celle de Judée, par Titus. C'est ainsi que,
« d'un côté, j'ai fait mettre une statue de
« femme affligée assise sur un lion demi-
« mort, qui, d'une de ses pattes, tient une
« épée rompue, et de l'autre, un trousseau
« de flèches brisées et en partie renversées ;

« et, de l'autre, la figure d'un fleuve étonné.
« Et, dans l'espace qui se trouve entre le
« haut de l'arc de la porte et l'entablement,
« j'ai trouvé place pour un grand cadre de
« bas-relief, où j'ai fait tracer cette action si
« surprenante du passage du Rhin à Tho-
« lus. »

« On voit par là que la Révocation de l'Édit de Nantes n'entra pour rien dans l'ornementation du monument. Il serait donc possible d'en conclure qu'aucune inscription ne devait la rappeler. Il n'en est question, d'ailleurs, ni dans Sauval (1724), ni dans Félibien (1725), ni dans G. Brice (1752). Dulaure lui-même n'en dit pas un mot.

« Et cependant elle a existé. C'est dans le *Moniteur* que nous en trouvons la preuve.

« Voici ce qu'on lit, en effet, dans le numéro du 24 août 1792, au compte rendu de la séance de l'Assemblée du 22 :

« BROUSSONNET.—Les commissaires vont
« s'occuper des moyens de serrer (*sic*) tous
« les chefs-d'œuvre.

« DUSSAULX. — Et serreront-ils aussi la
« porte Saint-Denis ? (On rit.)

« CHARLIER.—Je demande qu'aux emblè-
« mes et aux hiéroglyphes où l'on flagorne

« Louis XIV, soit substituée la Déclaration
« des Droits de l'Homme. (On applaudit.)

« Loysel.—Et moi, je demande la démoli-
« tion de la porte Saint-Denis.

« L'Assemblée passe à l'ordre du jour.

« Merlin. — J'appuie la proposition de
« M. Charlier, et je demande surtout qu'on
« efface cette abominable inscription : *Ludo-*
« *vico decimo quarto suppresso edicto namne-*
« *tense*. (On applaudit.)

« Cette proposition est décrétée. »

« L'inscription existait donc :

« Car, si elle n'eût pas existé, comment Merlin en aurait-il demandé la suppression? Comment l'Assemblée nationale eût-elle décrété cette suppression?

« M. Édouard Fournier peut nous expliquer cela. »

Étant ainsi mis en demeure, il ne me restait qu'à m'exécuter. Je le fis avec empressement. Voici ma réponse publiée le surlendemain par le *Courrier de Paris :*

« Paris, 22 juillet 1857.

« Cher monsieur,

« J'ai bien peur qu'en vous adressant à moi d'une manière si bienveillante pour la solution de l'*énigme parisienne* posée dans votre *Chronique* d'avant-hier, vous n'ayez trop présumé de ma compétence. En fait d'énigmes, on ne résout jamais bien que celles qu'on s'est posées soi-même ; or, franchement, je ne m'attendais pas le moins du monde à être interrogé sur celle-là. Je vais toutefois en appeler à tout ce que je puis avoir de connaissances sur Paris, et tâcher de vous répondre de mon mieux. Une question faite par vous, cher monsieur, ne mérite pas moins.

« Je commencerai par nier nettement que l'inscription dont vous parlez ait jamais existé sur la porte Saint-Denis ; mais, comme vous le verrez ensuite, Louis XIV n'y perdra rien. Le rapprochement que vous faites si judicieusement entre la date de 1672, époque de la construction du monument, et la date de 1685, qui est celle de la *Révocation de l'Édit de Nantes,* est pour moi, comme c'était pour vous, une première raison de nier.

« En 1672, la *Révocation* était en projet, et, depuis longtemps : sept ans auparavant, le 3 mars 1665, Gui-Patin, bien renseigné, avait déjà écrit à Spon, son ami : « On dit que, « pour miner les huguenots, le roi veut sup- « primer toutes les chambres de l'Édit, et

« abolir l'Édit de Nantes. » En l'année dont nous parlons, en 1672, le projet était plus mûr encore et l'on en parlait plus haut. Dans un livre publié à cette date, et qui a pour titre : *Le Tombeau des Controverses ou le Royal Accord de la Paix avec la Piété,* petit in-12, le coup d'État orthodoxe est donné comme imminent: « Le roi, y est-il dit de la façon la plus mena-« çante, ne veut plus souffrir deux religions « dans son royaume. » Voilà qui est clair : mais nous n'en sommes point encore pourtant au moment où l'inscription triomphante pourra être gravée dans la pierre, le marbre ou le bronze. On ne consacre par des monuments que des exploits accomplis, et, je le répète, il faudra sept années encore pour que celui-ci le soit complétement! En 1672 donc, encore une fois, la Révocation de l'Édit de Nantes, bien que déjà réalisée en idée par Louis XIV, ne pouvait avoir sa mention monumentale sur l'arc de triomphe de la porte Saint-Denis.

« Plus tard, à mon avis, cette mention ne dut pas y figurer davantage. Il eût fallu, — car la page était bien remplie, — que cette ligne s'y substituât à une autre : ce qui n'est pas admissible. Le grand roi tenait fort à chacun de ses hauts faits; tout lui était également cher et précieux dans sa gloire; ne croyez donc pas qu'il eût permis qu'on vînt y déranger, et surtout en émonder quoi que ce fût. Il était homme d'ordre auss : même dans l'éloge il lui fallait de l'exactitude et de la chronologie. Inscrire sur un monument de 1672 un événement de 1685, c'eût été un anachronisme qui eût jeté le trouble dans toute l'économie de son histoire; jamais il ne l'eût souffert!

« Qu'avait-il besoin d'ailleurs de presser, d'entasser les faits sur un seul monument? La place lui manquait-elle pour les inscrire tous? N'avait-il que ce seul arc de triomphe? Je lui en connais trois autres dans Paris : la porte Saint-Martin, la porte Saint-Antoine, la porte Saint-Bernard. Comptez-vous aussi pour rien les piédestaux de ses statues? Chacun de ces monuments avait ses inscriptions particulières, rappelant les faits les plus rapprochés de la date de leur construction. C'étaient autant de feuillets du règne, écrits à leur moment.

« Si la ligne concernant la Révocation de l'Édit de Nantes se trouvait inscrite quelque part, elle ne pouvait l'avoir été que dans ces conditions-là. La date du fait marquait naturellement la place de l'inscription. Je savais l'une, restait à trouver l'autre.

« Le seul monument de ce règne qui fût, à quelques mois près, contemporain de la fatale Révocation, était la *statue de la place des Victoires*, inaugurée en 1686 ; c'est donc là qu'il fallait regarder. Je courus aux pages de la *Description de Paris* par Piganiol de la Force qui donnent l'inscription de la pédestre effigie [1] ; et bien m'en prit : j'y lus la fameuse mention. Elle n'est point telle que Merlin, dont la mémoire ce jour-là n'était d'aucune façon heureuse, la reproduisit à la séance de l'Assemblée. L'inscription ne parle pas de la Révocation de l'Édit, — ce n'était qu'un détail, — mais bien du fait principal : la destruction de l'hérésie. Les mots y sont on ne peut plus brutalement formels ; les voici, qu'on les pèse bien : DELETA CALVINIANA IMPIETATE, *Pour la destruction de l'impiété calviniste*. Un siècle et demi de foi militante traité d'impiété ! C'est bien plus cruel et plus insultant que le *suppresso edicto namnetense* inventé par Merlin.

« On comprend qu'au moment du réveil de

---

[1] T. III, p. 64-65.

la liberté, à l'avénement de l'égalité proclamée pour tous, surtout pour les croyances, ces lignes devaient être effacées des premières par la main du peuple. Elles l'étaient déjà depuis douze jours, quand Merlin fit sa proposition [1]. Chamfort écrivait en effet, le 12 août 1792 : « J'ai fait ce matin le tour de la
« statue renversée de Louis XV, de Louis XIV,
« à la place Vendôme, à la place des Victoires.
« C'étoit mon jour de visite aux rois détrô-
« nés, et les médecins philosophes disent
« que c'est un exercice très-salutaire. »

« Il est bien entendu que lorsque la statue fut rétablie, l'inscription ne le fut pas avec elle.

« Voici, cher monsieur, tout ce que je puis pour votre curieuse énigme. Je ne sais pas si j'ai dit toute la vérité, mais je crois bien avoir détruit tout le mensonge. »

Comme cette lettre n'a été suivie d'aucune espèce de réfutation, je suis tenté de croire que ce qui s'y trouve est la vérité.

---

[1] Les statues des nations vaincues, qui étaient aux angles du piédestal, ornent, depuis germinal an IX, la façade des Invalides. (*Journal des Arts*, 2ᵉ année, nᵒ 121, p. 15.)

X

Pourquoi la façade du théâtre de l'Opéra-Comique ne regarde pas le boulevard.

En 1782, on avait enfin résolu de construire une salle nouvelle pour les comédiens italiens qui s'enfumaient depuis trop longtemps dans l'ancien *hôtel de Bourgogne*, rue *Mauconseil* [1]. Après avoir songé d'abord aux terrains de la vieille hôtellerie du *Grand-Cerf* [2], dont un passage bien connu a pris la place et le nom; puis à un terrain du boulevard Bonne-Nouvelle, entre les faubourgs Poissonnière et Saint-Denis [3]; on se décida, un peu par choix, beaucoup et sous la pression des intrigues de La-

[1] *V.* sur ce théâtre les *Chansons de G. Garguille*, édit. elzévirienne de P. Jannet, *Introduction, passim*.
[2] *L'Avant-Coureur*, du 25 avril 1768.
[3] *Mémoires secrets*, 16 avril 1775. — Le projet était de Lenoir, dit *le Romain*. « Le plus grand et peut-être le seul inconvénient de ce projet, disent les *Mémoires secrets*, est l'éloignement de la salle, qui se trouveroit ainsi à l'extrémité et même hors Paris. » *V.* plus bas, p. 190, note. Ainsi, il y a quatre-vingts ans, le Gymnase eût été hors Paris !

borde, le banquier, à bâtir le nouveau théâtre sur une partie de l'emplacement de l'hôtel du duc de Choiseul [1]. Laborde, sans oublier les siennes, faisait les affaires de l'ex-ministre.

L'architecte Heurtier dut faire les dessins et dresser tous les plans aussi bien pour le théâtre que pour les rues environnantes, dont la plus solitaire porte le nom d'*Amboise*, en souvenir de M. de Choiseul, seigneur de cette ville. Le premier projet de Heurtier [2] fut de bâtir en *reculé* sur les terrains; de ménager un vaste dégagement entre le théâtre et le boulevard; et d'avoir ainsi, avec plus de facilité pour son entrée, une belle perspective pour son péristyle ionique. Vous voyez d'ici son plan : le monument aurait occupé le terrain de la place actuelle des Italiens, et la place celui du monument. Rien de mieux : le théâtre avait ainsi une entrée majestueuse, et le boulevard une place commode.

La vanité des comédiens-chanteurs vint tout changer, tout gâter. Fiers jusqu'au ridicule du titre de *comédiens ordinaires du roi*, qu'ils étalaient chaque jour sur leurs affiches,

[1] *Paris démoli*, 2e édit., p. 294-296, 368.
[2] *Biogr. portat. des contemporains* (supplém.), t. I, 2e partie, p. 2077.

au risque de le démentir chaque soir sur leur scène, ils craignirent que sur un théâtre ainsi disposé, on ne les confondît avec les petits spectacles qui dressaient leurs tréteaux vers les rues du Temple et de Lancry, et qu'on ne les appelât aussi *comédiens du boulevard*.

Ils cherchèrent donc à faire rejeter le plan de M. Heurtier, trop raisonnable pour eux. On allait l'abandonner tout à fait, quand l'architecte, par une volte-face complaisante de ses idées, décida que le monument tournerait le dos au boulevard. Avant d'en venir là, il avait longuement exposé les avantages de la situation qu'on rejetait, l'accord du péristyle avec la distance du point de vue pour lequel il était préparé, et le désaccord qui allait exister entre la façade et l'exiguïté de la nouvelle place. Tout fut inutile, et le bon goût dut céder aux exigences inexorables de la vanité des chanteurs.

Les épigrammes vengèrent le bon goût outragé par un orgueil imbécile. Il en plut de tout côtés, et toutes frappèrent juste. Dulaure fit une brochure [1] à tout remuer,

---

[1] *Les Italiens au boulevard*, ou *Dialogue entre leur nouvelle salle et celle des François*, 1783, in-8°. V. aussi

hormis le bâtiment qui ne bougea point; enfin l'on alla contre les comédiens jusqu'aux injures indécentes. Pour être complet, j'en répéterai une qui fut citée alors dans la *Correspondance secrète* [1] :

> Dès le premier coup d'œil on reconnoît très-bien
> Que le nouveau théâtre est tout italien,
> Car il est disposé d'une telle manière
> Qu'on lui fait au passant présenter le derrière.

On prit enfin le parti de ne plus rien dire ; le public, bon prince, qui aurait pu rendre aux comédiens impolitesse pour impolitesse, ne tourna pas même le dos à l'irrévérencieux théâtre [2].

Essais historiques sur Paris pour faire suite à ceux de Saint-Foix, par Aug. Poullain de Saint-Foix, son neveu, 1805, in-8°, t. I, p. 228-229.

[1] T. XIV, p. 286.

[2] M. de Choiseul avait, dès 1772, voulu vendre son hôtel (*Lettres de madame du Deffand*, t. II, p. 246), puis il s'était décidé à faire bâtir lui-même le théâtre sur une partie de son terrain. La vente n'eut lieu qu'après sa mort, moyennant 300,000 fr. (*Mémoires secrets*, 16 nov. 1786). Les comédiens, devenus propriétaires, consentirent en outre à laisser à perpétuité aux héritiers du duc la jouissance d'une loge à l'avant-scène de droite. Elle appartient aujourd'hui à M. le duc de Marmier, à qui, d'héritier en héritier, ce droit a été transmis.

XI

D'où vient le nom de la rue Jacob.

J'ai entendu des gens soutenir, pour l'avoir lu, disaient-ils, dans des livres, que son nom venait d'un *hôtel* garni qui jadis se trouvait dans cette rue, et que même on y voit encore, ajoutaient quelques-uns. Comme la chose semblait probable, car auberges et hôtels garnis ont toujours été nombreux rue Jacob[1], je crus devoir aller aux informations ; je découvris qu'à l'orthographe près, qui, dans l'espèce, n'est pas, il est vrai, chose à dédaigner, ces gens-là n'avaient pas si grand tort.

---

[1] *V.* à ce sujet, notamment sur l'hôtel de Modène où logea Sterne, nos *Variétés histor. et littér.*, t. IV, p. 151, note.

Par suite d'une faute d'impression dans le livre qu'ils invoquaient, ils faisaient une équivoque, un calembour d'étymologie, voilà tout. Il ne fallait pas lire HÔTEL, mais bien AUTEL *Jacob*. Ce n'est rien pour l'oreille, c'est tout pour les yeux et pour le bon sens.

La reine Marguerite, épouse divorcée de Henri IV, se trouvant à son château d'Usson, pendant les troubles de la Ligue, fit un vœu et promesse « à l'imitation de ceux qu'avoit faits Jacob. » Elle prit l'engagement de donner à Dieu la dîme de ses biens, et d'édifier un *autel* dont la consécration rappellerait le souvenir du patriarche qui l'avait inspirée. Ce vœu devait avoir son accomplissement aussitôt que Dieu « l'auroit heureusement reconduite en sa terre, » c'est-à-dire à Paris, et l'autel qu'elle promettait d'élever devait être bâti « au lieu le plus commode et plus proche de sa plus ordinaire demeure ; » c'est-à-dire, par conséquent, au petit Pré-aux-Clercs, à l'entrée duquel la reine Marguerite avait un vaste palais dont quelques restes se voient encore au n° 6 de la rue de Seine [1].

[1] *V.* encore, à ce sujet, nos *Variétés histor. et littér.*, t. IV, p. 175-176, note.

Ce sont les moines Augustins réformés, ou Petits-Augustins, qui, à sa prière, et moyennant une très-grasse donation, se chargèrent de consacrer cette fondation qu'ils appelèrent *l'Autel de Jacob,* pour lui donner tout d'abord le nom que voulait la reine [1]. Il ne fallait que le terrain nécessaire pour une chapelle, mais les moines en demandèrent et en obtinrent assez pour pouvoir se construire un vaste monastère avec jardins et enclos, allant de la rue des *Petits-Augustins,* qui leur dut ainsi son nom, jusqu'auprès de celle des *Saints-Pères* [2], en longeant une partie de la rue

---

[1] Les *Augustins Deschaux,* ou *Petits-Pères,* avaient d'abord été appelés ; la reine trouva qu'il ne chantaient pas assez bien et les congédia. Ils s'en allèrent alors près la place des Victoires, où l'église de leur couvent subsiste encore.

[2] Ou plutôt de *Saint-Père.* Cette rue doit en effet son nom à la chapelle *Saint-Père* ou *Saint-Pierre de la Maladrerie,* dont le cimetière, cédé plus tard aux huguenots, est occupé par le jardin de la maison Debauve. (*Variétés histor. et littér.*, t. IV, p. 139, 155, notes.) Il existait dès 1534, époque où il servait pour les lépreux ; la *butte des Rosiers,* avec un moulin à vent à son sommet, en était voisine. Au mois de juin 1843, on trouva quelques tombes sur une partie du terrain qu'il avait occupé, un peu au-dessus de la rue Saint-Guillaume. (*Moniteur,* 27 juin 1843.) De

Jacob. La reine leur avait livré tout ce qu'elle possédait, et même un peu ce qu'elle ne possédait pas dans le grand et le petit Pré-aux-Clercs ; ils n'avaient eu qu'à prendre. Le couvent et l'église se bâtirent, si grands tous deux, que l'autel, qui était cependant le seul motif de la fondation, s'y perdit pour ainsi dire. On l'oublia, surtout quand, à peu de temps de là, en 1615, la reine Marguerite fut morte.

Sans la rue voisine qui lui dut son baptême, rien ne ferait plus penser à *l'Autel Jacob*.

Brosse, architecte de Saint-Gervais, dont le prénom était Salomon et non Jacques, avait été inhumé dans ce cimetière, le 9 décembre 1626. (*V.*, à ce sujet, l'article de M. Ch. Read, *Correspond. littér.*, 5 déc. 1856, p. 41). On y enterrait encore en 1652. (*Mém.* de J. Rou, t. I, p. 5 et 16.)

XII

D'où vient le nom de la Morgue?

Vous connaissez, sur le quai du Marché-Neuf, ce petit bâtiment sinistre qu'on appelle la *Morgue*. Il paraît, Dieu merci ! qu'on songe à le démolir. Il afflige depuis trop longtemps vraiment le regard de tous ceux qui passent par là ; et je ne sache pas d'âme un peu sensible qui n'ait fait des vœux pour qu'on en débarrassât l'horizon des quais.

Par bonheur, en dessinant le tracé du boulevard de Sébastopol, on s'aperçut que l'échoppe funèbre se trouvait, ou peu s'en faut, sur le passage. Les susceptibilités municipales, j'allais presque dire les sensibilités, s'éveillèrent. On décida que ce boulevard, l'un des plus beaux ornements de la grande ville, ne pouvait avoir un pareil voisinage, et le bâtiment maudit fut définitivement condamné.

Quel est l'endroit de Paris auquel on infligera la présence du nouvel édifice, du nouveau tombeau? On ne le sait pas encore. S'il m'était permis d'émettre un avis en cette question grave, je conseillerais de le bâtir derrière Notre-Dame, au bas de la pointe orientale de l'île de la Cité, en cet endroit qu'on appelait autrefois le Terrain. C'est une sorte de solitude que sanctifie le voisinage de de la vieille cathédrale. La Seine est tout près, on élèverait sur le bord un bâtiment de forme sérieuse, dans le genre du mausolée de Cécilia Metella, par exemple, on l'entourerait d'ifs et de cyprès, on étendrait devant la façade un rideau de saules pleureurs, et Paris, qui ne peut se soustraire à la nécessité d'un pareil monument, sinistre musée de l'assassinat et du suicide, n'aurait pas, du moins, à déplorer comme aujourd'hui l'inconvenance de son emplacement et l'ignominie de sa forme.

Lui conserverait-on le nom qu'il porte? Pourquoi pas, puisque c'est une dénomination consacrée.

A ce propos, je vais tâcher de répondre à une question qui m'a bien souvent été faite, je vais essayer de vous dire ce que signifient ces mots : *la Morgue*.

Il existait aux Châtelets de Paris, dans le *grand* aussi bien que dans le *petit*, une basse geôle appelée aussi le second guichet, où il était d'usage d'amener les prisonniers nouveaux venus, pour les faire passer, comme on dirait aujourd'hui, à la visite. Il fallait que tous les guichetiers fussent présents ; ils devaient examiner leur nouvel hôte avec la plus scrupuleuse attention, afin d'être en état de le reconnaître dans le cas où, peu satisfait de leur agréable société, il lui prendrait envie de s'échapper [1]. Or, et les vieux glossaires en font foi, vous saurez qu'en ce temps-là on désignait par le mot *morgue* l'espèce de regards fixes et interrogateurs qui étaient de consigne dans cette sorte d'inspection. De là vient même que ce mot désigne encore l'air insolent de certains sots qui se croient le droit de vous examiner jusque dans les yeux et de vous toiser du regard des pieds à la tête.

D'Assoucy, le burlesque, a raconté dans le

[1] *V.* le *Dictionnaire* de Trévoux, au mot Morgue.

livre qu'il fit sur sa *Prison*, comment il fut ainsi toisé dans la morgue du Petit-Châtelet. D'après ce qu'il dit, on ne se contenta pas de l'inspecter des yeux, on le fouilla bel et bien. Cette visite faite, « un homme gros, court et carré, dit-il, tira de sa poche un grand couteau, dont le tranchant paroissoit bien affilé », ce dont le pauvret eut grand'peur, mais l'autre lui fit bientôt connaitre « qu'il n'en vouloit qu'au ruban de ses chausses, qu'il coupa, après avoir pris aussi le cordon du chapeau. Cette cérémonie, ajoute d'Assoucy, se fait ordinairement pour ôter le moyen à un misérable de s'étrangler, quand on le conduit au lieu du désespoir [1]. »

Au Grand-Châtelet, cette geôle changea de destination un peu plus tard; on y déposa les cadavres trouvés dans la Seine [2]. Comme les passants avaient le droit d'y entrer, pour examiner ce qui s'y trouvait, comme c'était encore là par conséquent une sorte d'inspection, de *morgue*, le guichet put non-seulement garder son ancien nom, mais encore le trans-

[1] *La prison de M. d'Assoucy*, Paris, 1675, in-12, p. 35.
[2] G. Brice, *Descript. de la ville de Paris*, 1752, in-12, t. I, p. 513.

mettre au petit bâtiment actuel, que la démolition du Châtelet rendit nécessaire, et dont l'ouverture eut lieu le 1er fructidor an XII[1].

Les malheureux dont on recueillait provisoirement les restes dans la Morgue du Grand-Châtelet n'étaient entourés d'aucun des égards que réclame le respect de la mort ; on les jetait pêle-mêle sur les dalles humides[2]. La sépulture toutefois ne leur manquait pas. Il existait dans la rue Saint-Denis, au coin de celle des Lombards, un couvent de religieuses hospitalières de l'ordre de Saint-Augustin, qui s'étaient réservé ce soin pieux. Ces bonnes sœurs de l'*ostellerie Sainte-Opportune*, comme on les appelait dès 1188[3], ou de l'*hospital Sainte-Catherine*, ainsi qu'on les appela plus tard, ce qui leur faisait donner par le peuple

---

[1] L'ordonnance, encore en vigueur aujourd'hui, qui règle la police de la *Morgue*, est du 27 thermidor de la même année.

[2] Saint-Foix, *Essais sur Paris*, t. VII, p. 89.

[3] *Les Églises et les Monastères de Paris*, pièces en prose et en vers publiées par M. H. Bordier, Paris, Aubry, 1856, in-12, p. 23.—Leur hospice, situé à la hauteur du n° 70 de la rue Saint-Denis, servit, pendant la Révolution, d'asile à l'Institution des Jeunes Aveugles ; on le démolit en 1812, sauf quelques parties qui disparurent en 1854.

le nom de *catherinettes*, avaient pour mission l'hospitalité sous toutes ses formes.

Elles offraient dans leur maison un refuge aux pauvres femmes sans asile, et leur cimetière devenait le champ de repos des malheureux sans sépulture [1]. On lit dans les lettres patentes qui leur furent accordées au mois de mars de l'année 1688, « que ladite maison a été établie dans le xie siècle pour retirer les pauvres femmes et filles qui n'ont aucune retraite et qui cherchent condition... et qu'elles sont encore chargées de la sépulture des personnes noyées, trouvées mortes, et ont soin de leur inhumation [2]. »

Avant de leur être remis, les cadavres res-

---

[1] G. Brice, t. I, p. 513; — Hurtault et Magny, *Dict. histor. de la ville de Paris*, t. III, p. 235.

[2] Piganiol de la Force, *Descrip. de la ville de Paris*, t. II, p. 149. — Leur maison de repos était un peu plus haut dans la même rue. On l'appelait la maison du *Pressoir*, parce que c'est là qu'elles faisaient leur vin, du produit de leurs treilles. Elles la possédaient depuis 1641. Sauval (t. I, p. 127) dit de la Cour-Sainte-Catherine : « Elle conduit à un jardin autrefois appelé le Pressoir, où les religieuses vont prendre l'air. » Cette sorte de villa, dont le *Dépôt de la manufacture des glaces*, rue Saint-Denis, n° 313, occupe l'emplacement, était alors voisine du rempart.

taient à la Morgue pendant quelques jours[1]. On voulait ainsi donner le temps aux parents ou aux amis de venir les reconnaître, et de prendre pour leur sépulture un soin que les *catherinettes* ne s'étaient réservé qu'à défaut de toute autre personne. Une croyance absurde répandue dans le peuple s'opposait à ce qu'on vînt, avec l'empressement nécessaire, faire cette reconnaissance des corps dans la basse geôle du Châtelet. Le bruit courait dans Paris qu'il en coûtait *cent et un écus* pour faire cette visite à la Morgue et pour avoir le droit d'en retirer le cadavre d'une personne chérie. Il s'accrédita même à ce point que, pour le démentir, le lieutenant de police fut obligé de rendre une sentence en date du 6 décembre 1736[2]; encore fût-ce peine perdue. La peur de la dépense continua d'empêcher ceux qui étaient dans l'inquiétude au sujet d'une personne disparue, de venir se renseigner à la Morgue du Châtelet.

Les gens du peuple aimaient bien mieux s'en fier, en pareille circonstance, au moyen

---

[1] La Poix de Fréminville, *Dictionn.* ou *Traité de la police générale,* 1775. in-8°. p. 144-146.
[2] *Id., ibid.,* p. 144-146.

bizarre que leur indiquait la superstition. Était-on en peine d'un fils ou d'un frère que l'on supposait s'être noyé; il fallait prendre une large sébile de bois, y placer un pain, consacré dans l'église des Grands-Augustins à Saint-Nicolas de Tolentin ; dresser auprès un cierge allumé, puis mettre à flot sur la Seine la sébile avec cette cargaison. L'on pouvait être sûr qu'où elle s'arrêterait le corps du noyé serait retrouvé.

Dans les derniers jours d'avril 1718, une pauvre femme, en grande inquiétude au sujet de son fils qu'elle croyait s'être noyé dans la Seine, eut recours à cette momerie. La sébile qu'elle mit à flot, avec un pain de Saint-Nicolas et un cierge bien flambant, s'en fut à la dérive du côté du quai de la Tournelle. Vis-à-vis le couvent des filles de Sainte-Geneviève[1], se trouvait amarré un grand bateau de

---

[1] Il avait été fondé en 1647, par Marie Bonneau, femme de Jean-Jacques de Beauharnois, seigneur de la terre de *Miramion*, à deux lieues d'Orléans. A cause de leur fondatrice, les filles de Sainte-Geneviève prenaient le nom de *Miramionnes,* qui resta longtemps au quai de la Tournelle, sur lequel se trouvait leur couvent. La *Pharmacie centrale des Hôpitaux civils* en occupe les bâtiments, sous le n° 53. Elle est contiguë à l'hôtel de Nesmond, qui doit de

foin auquel le cierge mit le feu, et qui ne fut bientôt qu'un immense brasier. Le maître n'avait qu'à couler bas son bateau et tout aurait été sauvé, mais il n'en prit pas la peine et le laissa flamber près du bord. Les marchands de bois craignirent alors pour leurs chantiers[1],

s'appeler ainsi à la présidente de Nesmond, fille de madame de Miramion, et qui mit autant d'orgueil dans sa dévotion que sa mère y avait mis d'humilité : « Ce fut, dit Saint-Simon, la première femme de son estat qui ait fait escrire sur sa porte *hostel de Nesmond*. On en rit, on s'en scandalisa, mais l'écriteau demeura, et est devenu l'exemple et le père de ceux qui, de toute espèce, ont peu à peu inondé Paris. » (*Mémoires*, édit. L. Hachette, in-12, t. I, p. 198-200.) C'était une grande vanité de donner à sa maison le nom d'hôtel ; Tallemant le reproche au chancelier Séguier. (*Historiettes*, édit. in-12, t. IV, p. 220). Mais c'en était une plus grande d'y placer l'écriteau de marbre avec lettres d'or. Après avoir eu d'assez brillantes destinées, après avoir appartenu aux Montpensier, aux Schomberg, l'hôtel de Nesmond finit par passer aux mains du danseur Blondy, vers 1700. (C. Blaze, l'*Académie impériale de musique*, t. I, p. 99, 127.)

[1] Ils étaient nombreux par ici. En 1649, on en voyait déjà dans ces vastes jardins du *Collége du cardinal Lemoine*, auquel la rue, qui en a pris la place dernièrement, doit son nom. (L. de Lincy, *Registres de l'Hôtel de ville*, t. I, p. 175.) Les bâtiments du collége,

les marchands de charbon pour leur charbon; l'un d'eux, de peur de sinistre, coupa la corde du bateau, « lequel, dit Barbier[1], s'en alla tout en feu au gré de l'eau. Il prit la petite rivière[2], enfila les deux petits ponts de l'Hôtel-Dieu, qui sont de pierre; mais quand il fut au petit pont du Petit-Châtelet, il ne put passer dessous, parce que les arches étaient remplies et embarrassées de poutres, de pièces de bois. Le feu prit aisément aux premières maisons, où logeait un nommé Olivier, marchand linger du côté de l'Hôtel-Dieu.

« Cela commença à sept heures du soir : comme le feu prenoit dessous et que toutes ces maisons étoient de bois, il fut impossible de l'éteindre. Le marchand voisin avoit marié sa fille la veille, et on étoit au lendemain : il n'y avoit personne dans la maison. Le feu consuma d'abord toutes les maisons entre le Petit-Châtelet et l'Hôtel-Dieu[3], et il gagna en

qui existent encore au n° 66 de la rue Saint-Victor, servent de caserne à la garde de Paris.

[1] *Journal*, édit. in-12, t. I, p. 3.

[2] C'est-à-dire le petit bras de la Seine.

[3] On eut l'excellente idée de ne pas les rebâtir toutes; ce fut un grand bien pour l'Hôtel-Dieu, que ces maisons serraient de près, et qui, débarrassé de leur voisinage put prendre l'air beaucoup plus faci-

même temps, tant par dessous que par le travers de la rue, aux maisons de l'autre côté. En sorte que tous les deux côtés étoient en feu en même temps[1]. » On ne vit jamais de plus horrible incendie. Ceux qui, de la rue Saint-Jacques, regardaient le feu à travers l'arcade du Petit-Châtelet, croyaient, dit Barbier, plonger leurs regards dans un grand four à chaux. Si le Petit-Châtelet, qui était de construction très-solide, n'eût tenu bon, c'en était fait de la rue de la Huchette et de la rue Galande. Du côté du Marché-Neuf, c'est un vieux pavillon de pierres de taille qui fit obstacle au feu et sauva tout, malgré le vent. L'incendie dura trois jours, et messieurs de la Ville, ayant à leur tête M. de Trudaine[2], prévôt des marchands, s'y employèrent avec beaucoup de zèle.

Il y eut vingt-deux maisons brûlées et une

lement du côté de la Seine. On calcula qu'à partir de ce moment il y mourut quatre cents malades de moins par année. (Marmontel, *la Voix des pauvres,* 1773, in-8°, p. 8, note 1.)

[1] *V.* aussi, *Nouv. lettres de la duchesse d'Orléans,* p. 148.

[2] Ch. Trudaine, qui fut prévôt des marchands de 1716 à 1720 ; son nom a été donné à l'avenue percée, en 1821, de la rue Rochechouart à la rue des Martyrs.

perte de marchandises incalculable. Tout cela parce qu'une bonne femme, inquiète de son fils, avait mieux aimé faire voguer un cierge dans une sébile de bois, qu'aller voir tout simplement si le noyé n'était pas à la Morgue du Châtelet.

Bien des gens qui n'avaient pas la sottise de croire aux *cent et un écus* de droit d'entrée, allaient à la Morgue pour beaucoup moins que pour un fils perdu. C'était, comme aujourd'hui encore, un appât pour la curiosité populaire, qui trouvait parfois à s'y satisfaire par de bien étranges et bien horribles spectacles.

Le 10 mai 1741, par exemple, que voyait-on à la Morgue? « La tête d'un homme cuite avec du sel et du gros lard! » Ce ragoût de cannibal avait été trouvé au fond d'une marmite dite *huguenote*, déposée par un inconnu dans l'allée d'un faïencier de la rue Saint-Martin, proche la rue aux Ours. Cet homme avait été vu pendant quelques instants dans cette allée, assis sur les marches d'une montée et appuyé d'un bras sur sa marmite. Une servante qui balayait lui avait parlé, puis étant sortie un moment, n'avait plus, au retour, retrouvé sur les marches que le fardeau sans le porteur. Vite elle avait regardé ce que la huguenote

pouvait contenir, et jugez de son épouvante !
Le commissaire fut mandé, une enquête
fut faite, et la tête humaine mise en daube fut
portée à la Morgue, où tout Paris l'alla voir [1].

On ne connut jamais le mot de ce mystère,
qui cachait un crime ou tout au moins une
effroyable mystification.

Quelques années auparavant, en mars 1734,
tout le Paris populaire avait déjà été en émoi
pour une autre sinistre exhibition faite à la
Morgue. Seize cadavres de petits enfants, dont
le plus âgé n'avait pas trois ans, s'y voyaient
exposés. Grande rumeur ! Étaient-ce les restes
d'un nouveau massacre des Innocents ? C'était
tout simplement l'horrible résidu des expériences anatomiques du médecin du Jardin
des Plantes [2].

Je veux, et sans sortir de la Morgue, finir
par une histoire qui n'est que plaisante, et sur
laquelle un fait singulier qui eut lieu en 1857,
vers la fin d'octobre, rappela tout à coup l'attention. Une barrique avait été laissée à la
gare de Choisy-le-Roi ; après quelques jours
d'attente et de recherches entreprises, mais

---

[1] *Journal* de Barbier, édit. in-12, t. III, p. 217.
[2] *Id., ibid.*, t. II, p. 253.

inutilement, pour découvrir la personne à qui elle était adressée, on prit le parti de l'ouvrir. Un cadavre tout entier, fort bien conservé, en était l'effroyable contenu. On eut bien peur, mais pour bien rire après.

J'expliquai dans *la Patrie*[1] la découverte de la vérité, qui remit en gaieté tout le monde. Comme j'avais joint à mon explication le récit de l'anecdote de l'autre siècle, à laquelle celle-ci faisait naturellement penser, on me permettra de reproduire ici mon article :

« Vous savez, disais-je, que l'on connaît enfin le mot du mystère de la barrique homicide de la gare de Choisy-le-Roi. Il n'y a pas de meurtrier, il n'y a qu'un expéditeur; quant à la victime, c'est une momie du Pérou conservée dans le salpêtre depuis on ne sait combien de siècles, et qui ne s'attendait certes pas qu'on l'eût gardée si longtemps et fait venir de si loin pour aboutir à cette avanie. Le seul coupable est celui qui a mal écrit l'adresse, ou, si vous aimez mieux, celui qui n'a pas su la déchiffrer, et qui, lisant au lieu de *Mayre* le nom *Mayeux*, auquel personne n'était flatté de répondre dans Choisy-le-Roi, fut cause que la

[1] Numéro du 19 nov. 1857.

barrique incriminée n'est arrivée à sa destination qu'après une instruction criminelle.

« Or, il y aura tantôt cent ans qu'un fait identiquement pareil s'est produit, avec cette unique différence que la momie venait d'Égypte et non pas du Pérou. Afin que l'on ne doute pas de la réalité du fait et que l'on n'aille pas s'imaginer que j'exagère ce qu'il a de complétement identique avec l'anecdote d'aujourd'hui, je vais recourir, s'il vous plaît, à un récit contemporain, celui que je trouve dans les *Mémoires secrets :*

« Il vient de se passer, y lisons-nous sous la date du 18 octobre 1767 [1], une aventure très-comique et très-vraie :

« Un particulier, venant du Grand-Caire, a rapporté une *momie* comme un objet de curiosité pour orner son cabinet. Passant par Fontainebleau, il a pris le coche d'eau de la Cour pour se rendre à Paris. Mais par oubli, en faisant emporter ses bagages du coche, il a laissé la boîte qui contenoit la *momie*. Les commis l'ont ouverte, ont cru y voir un jeune homme étouffé à dessein, ont requis un commissaire, qui s'est rendu sur les lieux avec

[1] T. III, p. 279.

un chirurgien aussi ignorant que lui. Ils ont dressé un procès-verbal et ordonné que le cadavre seroit porté à la Morgue, pour y être exposé et reconnu par ses parents ou autres, et qu'on informeroit contre les auteurs du meurtre. Cela a excité une grande rumeur dans le peuple, indigné de l'atrocité du crime, dont on l'a instruit, et sur lequel on a forgé cent conjectures plus criminelles les unes que les autres. Le propriétaire de la momie s'étant aperçu de son étourderie, a retourné au coche réclamer sa boîte. On l'y a arrêté, on l'a conduit chez le commissaire, qu'il a rendu bien honteux en lui démontrant sa bévue, son ignorance et celle du chirurgien. Pour retirer de la Morgue le cadavre prétendu, il a fallu se pourvoir par-devant M. le lieutenant-criminel, ce qui a rendu très-publique cette histoire, qui fait l'entretien de la cour et de la ville. »

Quinze jours après, la tragédie a tout à fait tourné en farce. Les *Mémoires secrets* disent, le 3 novembre [1] :

« Le sieur Taconnet a mis en parodie l'histoire très-véritable de la momie dont on a

[1] T. III, p. 295.

parlé ; cette pièce a un succès prodigieux. Le commissaire Rochebrune, qui est le héros de l'aventure, a fait beaucoup de démarches auprès de M. de Sartine pour arrêter le cours de cette facétie, mais en vain. Le sage magistrat n'a point cru hors de propos qu'on bernât un peu l'ineptie de ce suppôt de la police. »

D'après un autre récit [1], M. de Sartine lui aurait répondu que la tolérance était, de toutes les vertus, celle qu'il aimait le mieux à pratiquer.

La pièce de Taconnet eut quarante représentations [2].

---

[1] *Essais histor. sur Paris pour faire suite à ceux de Saint-Foix*, par Aug. Poullain de Saint-Foix, 1805, in-8º, t. I, p. 287-289.

[2] Elle ne doit pas être imprimée, car elle ne figurait pas dans le *Recueil factice* de ses pièces, fait par Du Croisy, et que possédait M. de Soleinne. V. le *Catalogue de la bibliothèque Soleinne*, t. III, p. 181.

XIII

Un hôtel garni de la rue des Cordiers.

Il est à Paris des gîtes qui ont depuis bien longtemps la préférence assidue, mais un peu forcée aussi de la littérature : ce ne sont pas les palais bien entendu, ce sont les hôtels garnis [1].

J'en sais bon nombre, surtout dans le quartier latin, où depuis deux siècles des généra-

[1] Il est vrai qu'en certains cas, les palais, ou tout au moins les hôtels des seigneurs devenaient souvent des *hôtels garnis*. Au XVIe siècle, quand les maîtres étaient absents de la cour, les concierges avaient permission de louer au jour le jour et tout garnis leurs hôtels aux étrangers V. dans la *Collection des Documents inédits,* la *Relation des ambassadeurs vénitiens,* t. II, p. 609.

tions de lettrés ont fait camper leurs destinées nomades. Je ne vous parle ici, ni de l'auberge portant pour enseigne *l'Image Notre-Dame*, où descendait Malherbe en 1606 [1]; ni de l'*hôtel*

[1] *V.* sa *Lettre à Peiresc,* du 9 nov. 1606. — Cette auberge était près de l'hôtel de la Bazinière (*V.* plus haut, p. 41, note), au carrefour de la rue du Bouloy et de la rue à laquelle une croix qui se trouva longtemps à ce point de jonction, et dont une enseigne de marchand de vin est encore un souvenir, avait fait donner le nom de rue *Croix-des-Petits-Champs*. L'hôtel *Notre-Dame* fut transporté plus tard rue du Bouloy, où il est encore. Malherbe était là tout près de l'hôtel du duc de Bellegarde, son protecteur, magnifique logis qui passa ensuite au président Séguier, puis aux fermiers généraux. C'est aujourd'hui la *Cour des Fermes*. Le poëte n'était pas riche, et il ne devait pas occuper dans l'auberge, ce qu'on appelait un *appartement royal*, composé d'une salle ou galerie, une chambre, une antichambre et un cabinet. Une simple chambre était tout ce qu'il pouvait se permettre. Maynard, qui n'était pas dans une plus grande aisance, a dit de leur commune misère :

> ....
> Malherbe a souvent dans les crottes
> Laissé la semelle de ses bottes,
> Qu'il portoit, faute de souliers :
> Moi pour payer ce que je mange
> Mes fourchettes et mes cuillers
> Retournent sur le pont au Change.

de Modène, où Sterne[1] a logé ; ni de l'*hôtel de Tours*, qui servait de pied à terre à Vauvenargues, lorsqu'il quittait sa garnison et venait à Paris[2] ; ni enfin de celui du *Parc-Royal*, rue du *Vieux-Colombier*, qui était le gîte préféré de Walpole[3], parce qu'il s'y trouvait dans le voisinage de madame du Deffand, retirée au couvent de Saint-Joseph, rue Saint-Dominique[4]. Je vous parle moins encore du grand hôtel qui se voit à l'extrémité de la rue de *Tournon*. L'hôte que j'y trouve n'est pas de ceux que je cherche, c'est un souverain, c'est l'empereur Joseph II, qui suivant sa manie de ne loger que dans les auberges, vint y prendre gîte lors de son voyage à Pa-

---

[1] *V.* plus haut, p. 149, note.

[2] L'*hôtel de Tours* était rue du *Paon-Saint-André*, au n° 8. C'était le plus important du quartier. On y logeait quelquefois les ambassadeurs extraordinaires. (*Le Provincial à Paris*. 1788, in-32. *Quartier Saint-Germain*, p. 45.) Il appartenait à M. Boutilliers, surintendant des finances. Son nom lui venait de ce que l'archevêque de Tours l'avait longtemps habité. (Dulaure, *Nouv. descript. des curios. de Paris*, 1785, in-12, t. I, p. 238.)

[3] *Lettres de madame du Deffand*, 1824, in-8°, t. I, p. 192.

[4] *Correspond. inéd. de madame du Deffand*, 1859, in-8°, t. I, p. III, xxx.

ris [1], et y poussa son sans-gêne de voyageur jusqu'à faire lui-même sa cuisine [2].

Les hôtels que je veux dire ne servent pas seulement pour des séjours de passage. L'homme de lettres qui les habite ne quitte jamais Paris, et c'est le seul logis qu'il y connaisse. Dans le nombre, il en est un sur lequel la mort récente de Gustave Planche, qui en fut le dernier hôte célèbre, a ramené un instant l'attention. Il est tout près de la Sorbonne, au coin de la petite rue des *Cordiers*, et on l'appelait jadis l'*hôtel Saint-Quentin*. Son aspect, qui est celui d'une vieille auberge telle qu'on n'en rencontre plus que dans les villes de province, vous parle tout d'abord des siècles passés ; son histoire, car cet hôtel a la

---

[1] On sait qu'il s'appelle toujours *Hôtel de l'empereur Joseph II*, de même que l'hôtel de la rue Jacob où le roi de Danemark descendit en 1772, a gardé le nom d'*Hôtel de Danemark*. L'*Hôtel de l'empereur Joseph* appartenait au frère de Sébast. Mercier, auteur du *Tableau de Paris*. (Dulaure, *Nouv. descript. des curios. de Paris*, p. 327.)

[2] Un jour, le duc de Wurtemberg l'attrapa bien. Ayant appris qu'il devait arriver dans sa capitale, il fit enlever les enseignes de toutes les hôtelleries, et mettre au-dessus de son palais : *Hôtel Impérial garni*. Joseph fut ainsi forcé d'y descendre.

sienne, vous en parle bien mieux encore et plus longuement. C'est là que logeait le grand Leibnitz[1], lorsqu'il venait du fond de l'Allemagne à Paris. Gresset, avant d'avoir sa *Chartreuse* au sommet du collége Louis-le-Grand[2], n'habitait pas ailleurs. Il y tenait à l'étroit sa pétulante poésie, comme un peu plus tard Mably et Condillac leur philosophie solennelle.

Pour peu que vous doutiez de cette succession singulière de tant de talents différents, venant à la file s'installer dans ce même gîte, voici le témoignage d'un homme que nous y trouvons après eux. Il n'était pas assez riche

---

[1] *V.*, sur lui, le travail de M. Cousin, dans le *Journal des savants*, de 1844.—Pascal avait logé tout près, rue des *Poirées*, en face le collége des Jésuites, aujourd'hui lycée Louis-le-Grand. (*Paris démoli*, 2ᵉ édit. p. LI, note.)

[2] La tradition du lycée veut que cette Chartreuse du poëte soit le belvédère du bâtiment neuf. M. de Saint-Maurice a raconté, dans le *Journal général de France* (nov. 1836), le pèlerinage qu'il y fit avec quelques autres élèves du lycée. Ils y trouvèrent écrit sur le mur le nom de *Max. Roberpierre* (sic), qui avait en effet étudié chez les Jésuites, celui de son camarade et sa victime, *Camille Desmoulins*, celui de *Picard,* celui du fils de *Barnave* (1804) et de *Victor Buffon* (1806), petit-fils du naturaliste.

pour dédaigner l'humble aspect du lieu, mais il était assez ami de la gloire pour se laisser attirer par la célébrité de ceux qui l'avaient hanté, et assez jeune encore pour espérer en la contagion de l'esprit : cet homme, c'est Jean-Jacques Rousseau. « Sur une adresse que m'avoit donnée M. Bordes, dit-il au livre VII des *Confessions*[1], j'allai loger à l'hôtel Saint-Quentin, rue des Cordiers, proche de la Sorbonne, vilaine rue, vilain hôtel, vilaine chambre, mais où cependant avoient logé des hommes de mérite, tels que Gresset, Bordes, les abbés de Mably et de Condillac, et plusieurs autres, dont malheureusement je ne trouvai plus aucun. »

Quoi qu'il dise de cette vilaine rue, de ce vilain hôtel, de cette vilaine chambre, il fut souvent fort heureux de les retrouver quand sa bourse à sec le forçait de recourir au crédit d'un hôte de connaissance, ou bien quand le travail l'obligeait à chercher le repos de quelque retraite cachée. C'est pour cette raison qu'il y revint au mois de juillet 1745 : « Vous savez, écrit-il à M. Roguin, que j'ai entrepris un ouvrage sur lequel je fondois

---

[1] Édit. Baudoin, t. II, p. 13.

des ressources suffisantes pour m'acquitter ; il traînoit si fort en longueur que je suis déterminé à venir m'emprisonner à l'hôtel Saint-Quentin, sans me permettre d'en sortir que je ne l'aye achevé ; c'est ce que je viens de faire. »

C'est la célébrité de ceux qui y étaient venus avant lui qui y avait attiré Jean-Jacques ; la sienne, qui grandit bientôt, en attira beaucoup d'autres. L'aubergiste alors gratta sur sa vieille enseigne les mots : *Hôtel Saint-Quentin*, et mit à la place : *Hôtel J.-J. Rousseau*. Depuis, Hégésippe Moreau, puis Gustave Planche, qui m'a donné si tristement occasion de réveiller tous ces souvenirs, y sont venus à leur tour.

Ainsi, c'était toujours le talent, avec la misère de moitié. La vieille auberge ne manquera jamais d'hôtes.

Benserade, pensant un jour à Saint-Amant[1], à Malherbe, à Maynard, à tant d'autres qui n'étaient que les favoris de la Muse, écrivit

---

[1] Il mourut dans la rue de Seine, chez Monglat, son ancien hôte du Peti Mavre (*sic*) dont le cabaret se voit encore avec son enseigne au coin de la rue des Marais-Saint-Germain. V. nos *Variétés histor. et littér.*, t. VII, p. 161.

quelque part ces vers, auxquels deux siècles de prospérité publique et de progrès pour les fortunes de l'industrie et du commerce ont laissé toute leur amère vérité :

> Nos Amphions sont en chambre garnie,
> S'ils n'y sont pas c'est qu'ils couchent dehors.

XIV

Michel Villedo et ses fils.

Le nom que nous venons d'écrire méritait mieux que de figurer seulement sur l'écriteau d'une rue de Paris. Michel Villedo avait de droit sa place dans les *Biographies* auprès des plus intelligents parvenus du travail, gens toujours fort rares, surtout à l'époque où celui-ci vécut, au XVIIe siècle. Puisque la plus simple mention ne lui a été accordée nulle part, nous allons tâcher de réparer cette négligence. Ce sera peut-être un avertissement pour les *Dictionnaires biographiques* à venir.

Michel Villedo fut, comme je viens de le dire, un enfant de ses œuvres. C'est dans les

constructions nouvelles dont Paris se couvrit à la fin du règne de Henri IV et pendant celui de Louis XIII, qu'il grandit et fit sa fortune ; que, de pauvre petit manœuvre et gâcheur de mortier, il devint *général des œuvres de maçonnerie et ouvrages de Sa Majesté.* « Villedo, lisons-nous dans les *Mélanges de littérature* de Vigneul-Marville [1], avait été, dans sa jeunesse, un de ces petits Limousins qui servent les maçons à Paris, et portent l'*oiseau* dans les ateliers ; mais, comme il avait beaucoup d'esprit, et qu'il considérait tout avec bien de l'attention, il devint un fort habile et riche architecte. » Un peu plus loin, l'auteur des *Mélanges* nous fait connaître, par un mot qu'il rapporte de lui, tout ce qu'il y avait de sens et de bonté dans cet homme de travail qui, ayant eu le bonheur d'arriver à la fortune, avait eu celui plus grand et plus rare de n'être pas gâté par elle : « Villedo, écrit-il, qui n'avait pas oublié sa première condition, avait coutume de dire aux petits Limousins : « Courage ! enfants, j'ai été pau-
« vre comme vous, devenez riches comme
« moi. »

[1] T. III, p. 278.

Villedo était avant tout un homme à idées nouvelles, ou d'initiative, comme on dit aujourd'hui. La première affaire que nous lui voyons entreprendre est tout à fait remarquable, non-seulement parce qu'il y a de hardi et de gigantesque dans le projet, mais aussi parce que les plans de Villedo, à quelques modifications près, y devancent de deux siècles celui des entrepreneurs du canal Saint-Martin. Il ne s'agissait de rien moins, en effet, que de parer aux trop fréquentes inondations de la Seine en creusant, comme déversoir pour ses eaux gonflées, un canal demi-circulaire, allant du bastion de l'Arsenal, c'est-à-dire depuis l'endroit où aboutit le canal actuel, jusqu'à la porte de la Conférence, à l'extrémité du jardin des Tuileries [1].

Dans cette immense entreprise, Villedo avait pour lui la protection du P. Joseph, et, par conséquent, l'appui de Richelieu lui-même. Cette protection du puissant capucin n'était pas tout à fait désintéressée : il ne l'accordait à Villedo qu'en raison des avan-

---

[1] Déjà, sous Henri II, en 1551, Des Froissis, maître de forges, avait offert de rendre navigables les fossés de la ville. (Sauval, t. I, p. 80.)

tages que le couvent des Filles-du-Calvaire, dont la construction s'achevait alors par ses soins, eût pu retirer de la proximité du canal. Malheureusement, M. de Bullion, alors surintendant des finances, était en rivalité de puissance, et partant en constante inimitié, avec l'Éminence grise, ainsi qu'on appelait le P. Joseph. Il sut l'intérêt qu'il portait au projet de Villedo, et c'en fut assez pour qu'il se jetât tout au travers et prît à tâche de le faire avorter. Ce qui aurait dû faire réussir Villedo, ce qui l'avait même encouragé à pousser activement l'élaboration de son projet, devint ainsi la cause des obstacles qui en empêchèrent l'accomplissement.

M. de Bullion laissa lever les plans, signa même avec Villedo deux traités, dont l'un était du 29 janvier 1636, l'autre du 3 octobre 1637 : puis, de grandes dépenses étant déjà faites, les travaux commencés, tout bien en train, il allégua je ne sais quel embarras de finance, et tout fut arrêté. Villedo « fit de grandes plaintes, » comme dit Germain Brice [1], mais ce fut inutilement. Il ne put triompher de ces mauvais vouloirs inat-

[1] *Description de la ville de Paris*, 1752, in-12, t. II, p. 244; — *V.* aussi Piganiol, t. I, p. 37.

tendus; il lui fallut porter la peine de l'antagonisme haineux du surintendant avec le P. Joseph [1].

L'idée du canal, si brusquement interrompu, était cependant excellente, à ce point même que, moins de quinze ans après, des causes pareilles à celles qui l'avaient fait naître, la firent revivre. En janvier 1649, et en 1651 le même mois, la Seine avait débordé et fait de grands ravages. On songea de nouveau à creuser un canal de décharge. Dury fils, architecte du roi, proposa, comme l'avait projeté Villedo, d'en établir la prise d'eau au-dessus de l'Arsenal, et de le conduire jusqu'à Saint-Ouen; d'autres se contentèrent de reproduire les plans que nous venons de voir mis à néant tout à l'heure [2]. Villedo

---

[1] « L'ouvrage, lisons-nous dans les *Mélanges* de Vigneul-Marville (t. II, p. 8), fut interrompu après beaucoup de dépenses, par M. de Bullion, surintendant, contraire à cette entreprise, parce qu'elle étoit portée par le P. Ange Leclerc, capucin renommé, qui y trouvoit quelques avantages pour le monastère des Filles-du-Calvaire. En ce monde chacun a ses intérêts, et l'intérêt de l'un étouffe celui de l'autre. »

[2] V. *Propositions et advis donnez à l'Hostel de Ville de Paris, pour la descharge des grandes eauës*, Paris.

cependant n'y était pour rien, et bien lui en prit, car ni ce projet plagiaire, ni celui de Dury ne purent aboutir à un bon résultat [1].

Il était alors occupé ailleurs. Pour le dédommager, Richelieu l'avait fait *général des œuvres de maçonnerie*; nous ne le voyons du moins qualifié de ce titre qu'après l'avortement de sa grande entreprise. En cette qualité, il était d'abord entré, de 1639 à 1643, dans le projet de nouveaux bâtiments à construire au Palais [2]; puis, en avril 1641, il

---

J. Rocollet, 1651, dix pages; et L. de Lincy, *Registres de l'Hôtel de Ville pendant la Fronde*, t. II, p. 400. — Le livret des *Propositions et advis* est fort rare; il se trouve à la bibliothèque Sainte-Geneviève, dans le *Recueil de pièces* coté R. 682. M. Maurice Champion l'a reproduit dans les *Pièces justificatives* de son curieux livre, *les Inondations en France*, t. Ier.

[1] Il y eut toutefois des travaux commencés en 1651 (Félibien, t. IV, *Preuves*, p. 190-192); mais on ne fit guère que nettoyer l'égout existant, au lieu de creuser un nouveau canal. C'était remettre les choses dans l'état où on les voulait depuis 1512. A cette époque, l'on avait fait en sorte que la rivière « eust son cours par les fossez, » et l'on s'était assuré que « les esgousts fluent visiblement, quoique lentement. » (*Propositions et advis*, etc., p. 7.)

[2] Félibien, t. V, p. 115 et 116.

avait donné le plan d'un nouveau *Marché aux chevaux,* vers le faubourg Saint-Victor [1]. Enfin, comme, en vertu du traité fait au Conseil le 23 novembre 1634, avec Barbier et son subrogé Froger [2], l'on commençait à se mettre en besogne, du côté de l'ancienne porte Saint-Honoré, pour aplanir la butte Saint-Roch, y construire des rues, et donner ainsi un plus digne voisinage au Palais-Cardinal et à la rue de Richelieu, qui peu à peu s'achevait, Villedo était venu, lui aussi, dans ces parages [3]. Il s'était mis à l'œuvre dans ces quartiers neufs, dont un petit coin a seul gardé la trace de son nom [4].

---

[1] Félibien, t. V, p. 112.
[2] Sauval, t. I, p. 84-85.
[3] Le but du marché passé en 1634, avec Barbier et Froger, était l'établissement du rempart depuis la porte Saint-Denis jusqu'à la porte Saint-Honoré ; ce n'est qu'incidemment qu'il y avait été question du quartier où nous voyons arriver Villedo. Il avait toutefois été dit que Barbier et ses associés auraient le droit « de transporter ailleurs les moulins de la butte Saint-Roch, en cas qu'on l'aplanît. » (Sauval, t. I, p. 84-85.) Nous verrons quand eut lieu cet aplanissement.
[4] Ce nom était assez célèbre pour qu'on le citât en 1649, dans l'*Agréable récit des barricades,* à côté de celui

Il y acquit d'abord d'assez vastes terrains sur lesquels, à mesure que les constructions s'élevaient à l'entour et donnaient à ces vagues espaces l'apparence de rues régulières, lui et ses fils, dont il sera bientôt parlé, bâtirent quelques belles habitations. D'après un *état* des redevances dues au seigneur du fief Popin, duquel relevait la plus grande partie du quartier, *état* fort curieux que nous possédons manuscrit, nous avons pu savoir de combien de maisons les Villedo furent propriétaires dans la rue qui porte leur nom et dans celles qui sont auprès. Ils en avaient deux rue *Neuve-des-Petits-Champs*, autant rue de *Richelieu*, et trois dans la rue *Villedo*.

La première, peut-être la seule que le père fit construire lui-même, se trouvait dans cette dernière rue, tout près de celle de Sainte-Anne, à droite. Il la bâtit, toujours d'après mon manuscrit, en 1649, et comme la rue, quoique tracée dix ans auparavant, ne comptait pas encore une seule maison, c'est sans doute à cette sorte de prise de possession qu'il dut d'en devenir le parrain.

Après cette date de 1649, Michel Villedo,

des plus célèbres architectes et ingénieurs. *V. Choix de Mazarinades*, par M. C. Moreau, t. I, p. 15.

qui devait être très-vieux, m'échappe tout à fait ; ses fils, François et Guillaume, le remplacent. Riche comme il l'était, il n'aurait tenu qu'à lui de les lancer dans les hauts emplois ; mais, de même qu'il avait voulu que sa fille, héritière fort enviée, épousât quelqu'un de la bourgeoisie, en devenant la femme du médecin Lavigne [1], il s'était attaché à maintenir ses fils dans la voie laborieuse qu'il avait si rudement parcourue lui-même, dans le métier où il avait fait sa fortune.

François nous semble avoir été celui qui suivit le mieux son exemple. Si, en effet, nous ne trouvons trace de l'existence de Guillaume que dans les actes de propriété de deux des maisons indiquées plus haut, l'une rue de Richelieu, l'autre rue de Villedo, et mentionnées toutes deux, dans mon *état* manuscrit, comme propriétés indivises de *MM. Villedo*, nous rencontrons François, au contraire, mêlé à toutes les grandes affaires

---

[1] *Mélanges* de Vigneul-Marville, t. III, p. 278.—Ce médecin était frère de mademoiselle Lavigne, qui se distingua par ses poésies, fut amie de mademoiselle de Scudéry, et en correspondance d'amitié spirituelle avec Fléchier.

de construction de son temps. En 1667, il est l'un des quatre entrepreneurs qui viennent s'abattre avec des légions d'ouvriers sur la butte Saint-Roch, dont l'aplanissement est enfin décidé. Ils la bouleversent de fond en comble, la découronnent de ses moulins et de son sommet d'immondices, et ils en font, après vingt ans de terrassement et de construction, ce monstrueux labyrinthe de rues et de carrefours intact encore aujourd'hui, mais qu'on parle de remanier de nouveau.

François Villedo avait un nommé Noblet pour associé dans cette entreprise. C'est du moins Senecé qui nous l'apprend par un passage de ses *Remarques historiques sur les Mémoires du cardinal de Retz* [1], où, commettant une erreur que nous avons failli partager, il confond la butte Montmartre avec la butte Saint-Roch. « Ils y construisirent ensemble plusieurs maisons, » dit Senecé; en effet, nous trouvons dans notre manuscrit une maison de la rue Villedo appartenant à une dame Noblet, veuve sans doute de l'associé de François [2].

[1] *Œuvres choisies*, édit. elzévir., p. 353.
[2] Ce Noblet, que Senecé nous dit avoir été archi-

Celui-ci ne s'était pas laissé complétement absorber par les travaux de l'explanation de la butte, comme dit Senecé; ayant eu la survivance de la charge de son père, il avait, en qualité de *général des œuvres de maçonnerie*, été chargé de grandes et souvent très-difficiles affaires. En 1673, par exemple, il avait été choisi pour surveiller la démolition des maisons bâties en dehors des murs de Paris, contrairement à l'ordonnance, et qui ne s'étaient pas rachetées de cette défense par le payement exact du dixième denier, impôt créé à cet effet[1].

tecte était *maistre des œuvres* de la ville de Paris (Félibien, t. IV, p. 191). Il avait été, en 1658, associé de Petit pour la reprise du projet de canal indiqué tout à l'heure, et dont l'exposé se trouve dans le *Discours fait par Petit, en l'Assemblée de l'Hostel de Ville tenuë le 24 may 1658*, etc., Paris, P. Rocollet, 1658.

[1] Félibien, t. IV, p. 231. —En 1633 avait été rendue une *Déclaration du roy, portant défense de bastir tant en la ville que fauxbourgs*. Cette ordonnance, que nous avons vue à la bibliothèque Sainte-Geneviève (NF, n° 908), condamnait les délinquants à la peine du fouet. Neuf ans plus tard, le surintendant Emery pensa qu'un autre genre de peine qui pourrait rapporter quelque chose au Trésor vaudrait mieux. Il imagina une taxe sur les maisons bâties hors les limites marquées par les ordonnances. « On faisoit

Heureusement pour François Villedo que ses hautes fonctions ne se bornaient pas à ces rigoureuses exécutions, et avaient aussi leurs travaux honorables et leurs glorieuses journées. De celles-ci, il en est une qui dut

estat, dit Forbonnais, d'en tirer sept à huit millions, et ne tombant que sur les riches, elle étoit convenable dans les circonstances, puisqu'il falloit de l'argent. » (*Recherches sur les finances de France*, édit. in-12, t. I, p. 247.) Le Parlement refusa la vérification de l'édit ; mais le Conseil ne se tint pas pour battu ; il raviva une ordonnance de 1548, par laquelle, sous peine de confiscation des matériaux, il était défendu de bâtir dans les faubourgs. Seulement, comme on réveillait l'ordonnance bien moins en vue de la punition des coupables que dans l'intention de créer un impôt, on substitua une amende à la confiscation, dans l'arrêt du Conseil, rendu le 27 janvier 1648, juste un siècle après l'édit dont on se faisait une autorité. (C. Moreau, *Bibliog. des Mazarinades*, t. III, n° 3307.) Une ordonnance de Louis XV le perpétua. Jusqu'en 1839, on en lut un extrait sur une pierre, gravée aux armes de France, scellée dans la façade de la maison qui fait l'angle de la rue et du *boulevard Poissonnière*. L'inscription qui défendait de bâtir au delà du rempart n'existe plus, mais il reste à la même place cette enseigne d'un bonnetier, que l'on ne comprendrait peut-être pas sans ce que je viens de dire : *Aux limites de la ville de Paris*.

surtout marquer dans sa vie de bâtisseur, c'est celle du 17 octobre 1665, lorsque Louis XIV étant venu poser la première pierre de la colonnade du Louvre, il dut figurer dans la cérémonie et présenter au roi le marteau de fer poli.

« On avoit préparé, dit Charles Perrault au livre II de ses *Mémoires*, une auge de bois d'ébène ou de poirier noirci fort propre, une truelle d'argent et un marteau de fer poli, avec un manche de bois violet, tourné aussi fort proprement.

« M. Colbert, suivi et accompagné de MM. les officiers des bâtiments, se rendit dans le milieu de la fondation où étoient les entrepreneurs et le sieur Villedo, maître des œuvres. M. Colbert tenoit la toise, qu'il me donna à tenir ensuite, les entrepreneurs la truelle, l'auge et les pinces, et le maître des œuvres le marteau. Le journal de M. de Chantelou porte que le cavalier Bernin tenoit la truelle. Le roy vint suivi de plusieurs seigneurs de la cour. Quand Sa Majesté fut arrivée, l'un des entrepreneurs donna la truelle à M. le surintendant. Il la présenta au roy, qui prit du mortier dans l'auge et le mit dans l'endroit où devoit se poser la première pierre. Les entrepreneurs l'ayant placée sur le mortier, le marteau fut présenté au roy par le sieur Villedo, et Sa Majesté en frappa deux ou trois coups sur la pierre.

« Les médailles et l'inscription furent aussi présentées à Sa Majesté, qui, après les avoir regardées, les mit dans le creux de la pierre fait exprès, sur laquelle la seconde pierre fut mise. Après quoi Sa Majesté se retira et ordonna qu'on donnât cent pistoles aux ouvriers pour boire [1]. »

Ce ne fut certes pas une mince gloire pour le *général des œuvres* d'avoir pris part à cette cérémonie, magnifique inauguration d'un monument plus que jamais immortel. Rien que pour y avoir figuré, le nom de Villedo méritait dans l'histoire la place que nous avons tâché de lui rendre.

[1] La première pierre des fondations du Louvre de Bernin ne fut pas conservée quand le plan du chevalier fut abandonné pour celui de Perrault. « On reprit les travaux de fondation, et la médaille (celle de Varin) passa de la pierre dans laquelle elle avait été déposée au cabinet du roi. Comprise dans le vol de 1831, elle fut retirée des eaux de la Seine, et on peut la voir dans une des montres du cabinet de la Bibliothèque impériale. » (Dauban, *Illustration*, 19 juillet 1856. La médaille est reproduite.)

XV

Claude Charlot.

Pour faire contraste avec l'existence laborieuse et modeste de Michel Villedo, je ne pouvais trouver mieux que celle de Claude Charlot, le financier. Cette biographie d'ailleurs est comme l'autre; personne n'a encore songé à l'écrire.

De même que Villedo, lorsqu'il vint à Paris, Charlot, arrivait en sabots du fond de sa province, le Languedoc. C'était un fils de paysan que l'ambition, non plus de quelque grand et rude travail, mais d'une belle et orgueilleuse fortune, attirait dans l'immense ville. Tout marcha comme il l'avait rêvé. Après un apprentissage dont les épreuves nous échappent et qui ne nous est connu que par ses heureux résultats, il atteignit le but espéré.

Il s'était jeté dans les grandes affaires à une époque où il était aisé d'y réussir, pour peu qu'on eût d'intelligence et d'audace. Henri IV venait de mourir, Sully s'était retiré du ministère, le règne de l'ordre finissait, celui du désordre, c'est-à-dire l'âge d'or des financiers commençait. Claude Charlot comprit tout d'abord que son heure était venue, et on le vit se précipiter à corps perdu dans cette eau trouble des vastes entreprises, où l'on peut si bien et en toute impunité se pêcher une belle fortune. Il n'y eut pas de gros marchés dans lesquels il n'eût sa forte part. Il alla de pair avec tous les riches partisans dont J. Bourgoing a fait l'histoire et la satire dans son livre *la Chasse aux larrons* : avec les Puget, avec Lancy, Moissey, Chalange et ce « grand fermier Louvet » dont il est parlé dans les *Caquets de l'Accouchée*[1], ainsi que dans certain curieux pasquil de ce temps, la *Rencontre de Piedaigrette avec maître Guillaume*, etc.[2].

---

[1] *V.* notre édition, p. 40.
[2] *V.* nos *Variétés historiques et littéraires*, t. III, p. 174.

C'est dans les fermes que la richesse de Louvet s'était surtout accrue, en dépit des concurrences jalouses et de la contrebande hardie des *coquilberts*. La fortune de notre parvenu, que quelques bonnes affaires avaient déjà mise à flot, suivit le même courant, et d'abord s'en trouva bien. Le bail des gabelles et celui des cinq grosses fermes étant à prendre, Claude Charlot, avec l'intrépidité d'un homme déjà riche, mais qui, dans de pareils marchés, a pourtant encore plus à gagner qu'à perdre, s'en fit résolument l'adjudicataire.

Sauval[1], à qui nous devons la connaissance de ce fait si important dans la vie du financier, a oublié de nous en donner la date, et nous n'avons pu la retrouver ailleurs. Nous sommes toutefois porté à croire que cette adjudication, qui fit de Charlot un si gros personnage, dut avoir lieu de 1618 à 1626. C'est, en effet, l'époque où nous le voyons le plus prospère et le plus florissant.

En 1618, il a déjà acheté une partie des terrains immenses dont le vague espace s'étendait depuis l'hôpital des Enfants-Rouges,

[1] T. I, p. 124.

en longeant les murs de l'enclos du Temple, jusqu'aux remparts, vers la porte Saint-Louis; et aussitôt il s'y est mis à l'œuvre pour réaliser l'un des plus chers projets de Henri IV, qui, comme l'on sait, s'était rêvé toute une ville nouvelle à la place de ces marais.

Le premier dessein du roi avait été de prendre, sur les vingt-cinq arpents de la commanderie du Temple, le terrain nécessaire pour une grande place en hémicycle qui se serait appelée la *Place de France,* et dont l'entrée sur les fossés élargis de la ville eût été une porte monumentale « faisant le milieu entre les portes du Temple et Saint-Antoine. » De cette place, huit longues rues au cordeau eussent rayonné dans des directions différentes, celles-ci vers la Seine, celles-là vers la porte Saint-Antoine et l'Arsenal, d'autres vers le quartier du Temple, etc. « Ces grandes rues partant du centre de l'Estoille et Porte de France se devoient nommer du nom des plus notables provinces du royaume, comme de Normandie, Champagne, Picardie, Bretagne, Guyenne et autres, et les autres petites rues traversières du second cercle devoient avoir aussi le nom des plus petites provinces, comme de Touraine, d'Anjou, du Maine, Aulnis, Limosin, Périgord et autres. »

Malheureusement, quand le roi mourut, ce grand projet déjà presque en voie d'exécution, puisque J. Poinsard en avait gravé le plan [1] d'après le dessin qu'Aleaume et Chastillon avaient dressé sur l'ordre de Sully [2], puisque aussi « les accords et marchés » avaient été faits avec Carel et consorts, entrepreneurs [3], fut complétement abandonné. Il n'en resta que l'idée de continuer définitivement les constructions commencées sur les terrains du Temple, et aussi, pour satisfaire au moins par un détail à l'un des désirs du feu roi, la pensée de donner aux rues nouvelles qui seraient tracées le nom des diverses provinces du royaume. C'est ce qui fut fait, c'est ce qui subsiste encore.

Sur les terrains acquis par Claude Charlot devait être percée l'une de ces nouvelles rues, à laquelle le nom de rue d'*Angoumois* avait

---

[1] Cette gravure, très-rare, se trouve à la Bibliothèque impériale. Les passages cités tout à l'heure sont tirés du texte explicatif qui l'accompagne.

[2] Sauval, t. I, p. 73.

[3] Piganiol, t. IV, p. 370.

été assigné d'avance[1]. Il se soumit au tracé, accepta de bonne grâce le nom qu'on avait choisi, et, sans tarder, se mit à bâtir. Comme il n'épargnait pas l'argent, ses constructions allèrent bon train; tandis qu'alentour les terrains restaient vagues et déserts, les maisons s'élevèrent sur le sien comme par enchantement. On lui en tint bon compte dans le quartier. Si du côté de la butte Saint-Roch l'on avait su gré à Michel Villedo de sa première construction, au point de donner son nom à la rue où elle se trouvait; de même au marais du Temple, en dépit des décisions royales, Charlot devint, de par la voix du peuple, parrain de la rue qu'il avait mis tant d'activité à bâtir. Elle ne s'appela guère rue d'*Angoumois* que sur les plans. Bien plus, lorsqu'en 1694 on la prolongea depuis la rue de Vendôme, où elle s'arrêtait d'abord, jusqu'au boulevard[2], ce fut en pure perte que

---

[1] Piganiol, t. IV, p. 371, dit positivement que non-seulement cette rue, mais quelques-unes des rues environnantes, furent bordées de maisons par Charlot, ce qui est vrai, comme on le verra plus loin.

[2] Cet espace, d'après ce qu'on lit dans l'*État actuel de Paris*, etc., 1789, in-32, quartier du Temple,

l'on voulut imposer à ce fragment le nom de M. Bosc, prévôt des marchands alors en fonctions ; le peuple le baptisa comme le reste du nom de son cher Charlot.

Il est vrai que, pour être populaire, Charlot n'avait rien épargné. En 1626, le quartier du Marais, surtout dans la partie où se trouvaient ses propriétés, était un vrai coupegorge. Sur le tard, il ne fallait s'y aventurer que bien armé [1], et tous les habitants demandaient qu'on y fermât les rues avec ces grosses chaînes qui, en d'autres quartiers, n'étaient nécessaires qu'aux jours de guerre civile. La ville s'avoua trop pauvre pour en faire les frais argent comptant ; alors Charlot s'offrit. Il fit faire et poser les chaînes, et donna six ans au prévôt et aux échevins

2ᵉ part., p. 55, avait sans doute été occupé par l'hôtel même de Charlot, qui était, lisons-nous, près du boulevard.

[1] Simon Guillain, le sculpteur, qui habitait près des religieuses du Calvaire, ne marchait jamais sans cacher sous son habit « un fléau, dont la tierce partie de la longueur était composée d'une chaîne de fer garnie de pointes aiguës, affilées et très-dangereuses. » (*Mémoires inédits sur la vie et les ouvrages des membres de l'Académie de peinture et de sculpture*, 1854, in-8°, t. I, p. 194.)

pour le rembourser de sa dépense [1]. Vous jugez combien il fut béni [2] !

Le premier endroit de ce quartier auquel le nom si populaire de Charlot eût été donné est le seul qui ne l'ait pas gardé ; je veux parler de la ruellette qui joint la rue de Beauce au marché des Enfants-Rouges, et qu'on nomme aujourd'hui rue des *Oiseaux* [3], après l'avoir

[1] Sauval, t. I, p. 73.

[2] Plus de vingt ans après, le Marais n'était pas un lieu plus sûr. Une nuit de l'hiver de 1649, quelques débauchés, Brissac, Candalle, Rouville, etc., brulèrent *l'échelle* patibulaire qui existait au coin de la rue du *Temple* et de celle des *Vieilles-Haudriettes,* et qui était l'insigne du droit de haute-justice de la Commanderie du Temple. Cet acte d'audace, qui fit grand bruit, fût chanté dans une complainte reproduite au *Recueil Maurepas* (t. XXII, p. 173), et dont l'air est encore populaire. L'échelle du Temple ne perdit qu'un de ses montants dans cet incendie ; l'autre existait encore en 1783. Le même droit de haute-justice existait, pour l'évêque de Paris, dans le faubourg Saint-Honoré. Son *échelle* se dressait au coin de la rue de ce nom. Celui de la rue *l'Évêque,* située près de là, est aussi un souvenir de cette seigneurie épiscopale.

[3] Elle doit de s'appeler ainsi à une enseigne. Le couvent de la rue de Sèvres, qui se nomme de même, appartenait au sculpteur Pigalle, qui y fit peindre des myriades d'*oiseaux* sur les murs d'une

appelée longtemps *petite rue Charlot*. C'est, en effet, notre financier qui l'avait fait percer en 1618, afin de donner sans doute un débouché commode aux maisons qu'il avait dessein de bâtir sur la rue de Beauce, dont on faisait alors le tracé. La plus importante de ces maisons, la seule même qui soit restée célèbre, fut habitée longtemps par mademoiselle de Scudéry[1]. Elle avait justement une petite porte sur la rue des Oiseaux, et c'est pour cela sans doute que Titon du Tillet[2], nous donnant l'adresse de la dixième Muse, dit positivement qu'elle habitait cette ruellette. L'erreur est évidente; du Tillet ne l'eût pas commise s'il eût pu connaître le traité passé entre Charlot et les propriétaires du marché du *Marais* ou des *Enfants-Rouges*, au sujet même du percement de cette petite rue. Ces pro-

vaste salle : de là son nom. (G. Duval, *Souv. thermidor.*, t. I, p. 15, 227.)—Pigalle habitait d'ordinaire sa maison de la barrière Blanche, à l'extrémité de la rue qui porte son nom. C'est là qu'il sculpta son Voltaire. (Saint-Foix, *Essais*, t. VII, p. 89.)

[1] Elle l'habitait encore en 1670. V. une *Lettre* de Pelisson, du 6 mai de cette même année, où il lui parle de ses voisins de la rue de Berry.

[2] *Parnasse françois*, 1re édit., grand in-4°, art. MADELEINE DE SCUDÉRY.

priétaires exigeaient « qu'il fût fait entre le marché et la ruelle une porte qui devait s'ouvrir à des heures indiquées,... qu'il ne pût passer dans la ruelle aucuns chevaux, harnois, charrettes, ni carrosses ; qu'enfin la ruelle fût établie par forme de servitude [1]. »

Mademoiselle de Scudéry, dont la maison fut toujours hantée par tant de beau monde en carrosse, ne pouvait loger dans une ruelle où les voitures n'avaient pas le droit de passer ; c'était bien assez, pour ses visiteurs à grands équipages, qu'elle habitât la très-étroite rue de Beauce.

Dans le traité avec les trois propriétaires du marché des Enfants-Rouges, Charlot est qualifié du titre de conseiller d'État. Vous voyez qu'il a grandi dans les honneurs comme dans la fortune. C'est décidément un homme de haute importance. Il est de toutes les cérémonies d'apparat, comme de toutes les grandes affaires. Il a la double satisfaction de l'homme d'argent : il possède, et il le fait voir. Ce n'est pas tout, sa fortune l'a mis sur

---

[1] Nous trouvons cet extrait dans la nouvelle édition du *Dictionnaire des rues de Paris*, de M. M. Lazarre, p. 601.

le même pied que les gens de la meilleure noblesse, il marche de front avec eux. Le 28 janvier 1622, lors de la solennelle entrée du roi, il va d'égal avec M. de Lyonne, sous le drapeau de la *colonelle* de M. de Livry[1]. M. de Lyonne est capitaine, Charlot est capitaine aussi. Le 6 décembre, cette solennité se renouvelle, et l'amour-propre de Charlot s'y donne la même satisfaction de parade et de glorieuse égalité[2]. Il est tout ce qu'un bourgeois de son temps pouvait souhaiter d'être. Croyez-vous qu'il va s'en tenir là? Non. Il lui fâche de n'être encore, à bien considérer, que ce que sont le drapier Camus[3], l'enrichi des constructions de la place Royale, et M. le Regrattier[4], dont la fortune est sortie de terre, avec les premières maisons de l'île Notre-Dame. Il lui faut, à lui Charlot, quel-

[1] Félibien, t. III, p. 545.
[2] *Id., ibid.*, p. 649.
[3] *Id., ibid.*—Pour la part qu'il prit aux constructions de la place Royale, *V.* le *La Bruyère* de M. Walkenaër, 2e partie, p. 683.
[4] Félibien, t. III, p. 649. Une rue de l'île Saint-Louis porte encore son nom. Il était associé de Marie, qui, lui aussi, a laissé son nom au pont qu'il fit bâtir. (Sauval, t. I, p. 92.)

que chose qui, mieux encore que ces titres de conseiller d'État et de capitaine, le mette au-dessus du commun de la bourgeoisie.

Une belle occasion se présente : le fils de M. le comte de Saint-Paul, gouverneur d'Orléans, a été tué devant Montauban[1], et la magnifique seigneurie de Fronsac, qui, en 1600, a été érigée en duché-pairie par Henri IV, en faveur de ce malheureux jeune homme, se trouve mise en vente. C'est une terre située justement dans la province d'où Charlot est arrivé pauvre et presque mendiant; il n'a qu'à vouloir, et sa fortune va lui donner un duché dans ce pays où il est né paysan. La pairie attachée à cette terre s'est éteinte, il est vrai, avec le jeune prince pour lequel elle a été créée; n'importe, Charlot n'en serait pas moins seigneur d'un domaine ducal.

[1] Sur cette mort, dont le connétable de Luynes fut accusé, voir notre édition des *Caquets de l'Accouchée*, p. 159, note. — Le cœur du jeune duc fut déposé dans la chapelle de la Vierge de la cathédrale d'Orléans, par les soins pieux de sa mère, la comtesse de Saint-Paul, qui orna ce sanctuaire d'une statue de la Vierge, ouvrage de l'Orléanais Michel Bourdin, et la fit revêtir tout entière et parer de marbre noir et blanc, en souvenir de son deuil maternel. Cette belle chapelle funéraire existe encore.

Quelle tentation! Il y céda. Fronsac devint sa propriété.

J'ai longtemps douté du fait. Sauval[1] me donnait bien Claude Charlot « pauvre paysan du Languedoc... nourri, engraissé... par la fortune, » comme seigneur d'un duché; mais ce duché qu'il appelle *Fronta*, quel était-il? Comment, sous ce nom altéré, reconnaître le duché de Fronsac, auquel j'étais bien loin, d'ailleurs, d'attribuer un tel propriétaire ? Je pensai d'abord qu'il s'agissait simplement de la terre seigneuriale de Fonstat en Querci, dont parle le P. Anselme[2], et que Sauval, de sa propre autorité, aurait bien pu ériger en duché. J'allais même m'en tenir là, lorsqu'une ligne d'une mazarinade, *Factum pour messieurs les Princes*[3], vint tout à coup m'éclaircir la vérité, si singulièrement obscurcie par la faute d'impression du texte de Sauval :

« Le commerce est libre, en France d'achepter des terres, y est-il dit, jusque-là qu'on y a veu des roturiers acquérir des du-

---

[1] T. I, p. 124.
[2] *Hist. généal. et chronol. de la Maison de France,* t. VIII, p. 593 ****.
[3] Moreau, *Choix de Mazarinades*, t. II, p. 57.

chez, temoin Charlot le duché de Fronssac (*sic*). »

Ainsi, c'était donc bien vrai, l'orgueil du paysan languedocien avait été jusqu'au bout; le duché de Fronsac était passé des mains d'un prince de la famille d'Orléans-Longueville dans celles de Claude Charlot !

Cette outrecuidance de fortune ne lui porta pas bonheur. Ses premières richesses dataient du temps de la mort de Henri IV, qui avait vu commencer l'ère du désordre; sa décadence semble avoir suivi de près l'avénement de Richelieu, avec lequel s'ouvrit l'âge nouveau de l'ordre et de la régularité puissante en toute chose. Nous ne savons rien de positif sur la ruine de Claude Charlot, qui, dit Sauval, « est retombé mort dans la boue d'où la fortune l'avoit tiré » Mais il est probable qu'il fut compris dans une de ces *recherches de financiers* qui se renouvelèrent souvent, et chaque fois plus rigoureuses, pendant le ministère du cardinal. Tout ce qu'avait fait Charlot, ces grands terrains du Marais qu'il avait couverts de maisons, cette rue de Paris baptisée de son nom, ce duché qu'il avait acquis à beaux deniers comptants, toute son existence, enfin, de parade et d'orgueil, avait mis sa fortune dans une évidence, flatteuse sans doute tant que le bonheur dure, mais plus dangereuse encore quand vient l'heure des désastres. C'était un point de mire trop visible, on y visa. Charlot dut être certainement l'un des premiers atteints, l'un des premiers renversés.

Ce qui nous le donnerait surtout à penser, c'est que Richelieu semble s'être fait d'avance sa part dans cette dépouille enviée. Quand la fortune de Charlot eut été jetée par terre, une main s'allongea clandestinement pour en saisir le plus beau débris, le duché de Fronsac; c'était la main du cardinal.

En 1634, Richelieu était déjà en pleine possession de cette belle seigneurie, et il obtenait du roi, ou plutôt il s'accordait à lui-même, que la pairie éteinte avec le jeune duc tué devant Montauban fût rétablie en sa faveur. Il réhabilitait ainsi ce duché, tombé un instant en roture. Plus tard, lorsqu'il fit son testament, voulant garder de pareils risques ce domaine princier qu'il léguait à son neveu et filleul Armand de Maillé, il déclara que son intention formelle était « que les duchés et pairies de Richelieu et de Fronsac et Caumont fussent conservés entiers dans sa famille [1]. » Et il fut obéi. Jusqu'à ces derniers temps, nous avons vu le duché de Fronsac rester dans cette maison, et les fils aînés des ducs de Richelieu en porter le titre.

Quant aux héritiers de Charlot, ils avaient de leur mieux ramassé quelques miettes de sa fortune. En 1635, pendant que Richelieu régénérait à son profit le duché et la pairie de Fronsac, l'un d'eux prenait à bas bruit le titre de seigneur de Princé, et figurait en toute modestie parmi les échevins de l'Hôtel de ville de Paris.

[1] *Ordonnance de volonté de M. le cardinal de Richelieu, Coll. Petitot,* 2e série, t. X, p. 123. Le *Conservateur* (février 1755, p. 9, etc.) l'avait déjà publiée.

XVI

M. Delamichodière, comte d'Hauteville.

Je l'ai déjà dit plusieurs fois, mais je ne saurais trop le répéter, les rues de Paris sont un immense livre d'énigmes; à chaque pas on y trouve une charade, dont personne ne vous dit le mot; enfin, il n'est pas un coin de rue avec son écriteau problématique, qui ne semble se poser devant vous comme un point d'interrogation, en quête d'une réponse. Une lettre adressée à l'un de nos confrères en chronique, à laquelle il nous pria de répondre pendant son absence, est une preuve nouvelle des singulières préoccupations de curiosité qui sont à chaque instant éveillées par ce vaste questionnaire toujours ouvert.

Voici d'abord la lettre :

« Monsieur,

« Quoique étranger, j'ai une sainte horreur pour les fautes d'orthographe qu'on peut faire en français, et, autant qu'il m'est possible, je les fuis. Seriez-vous assez bon pour venir à mon aide dans une circonstance où le dictionnaire lui-même ne saurait me tirer d'embarras ?

« Au centre de Paris, se trouve une rue, qui donne sur le boulevard des Italiens, presqu'en face de la rue *du Helder* [1].

---

[1] Ce qui m'étonne, c'est que le correspondant anonyme ne se soit pas arrêté à ce mot, pour poser un nouveau point d'interrogation. Peut-être est-il Anglais, et sait-il qu'on lui aurait répondu : « Le *Helder* est un fort de Hollande, qui défend l'entrée du Texel. Le 26 août 1799, le général Abercromby débarqua dans cet endroit 15,000 Anglo-Russes, que le général Brune força de se rembarquer. En mémoire de ce succès, il fut décidé, à l'Hôtel de ville, dans la séance du 12 brumaire an VIII, que la rue commencée en 1793 pour être, jusqu'au boulevard, le prolongement de *l'impasse Taitbout*, et qui n'était pas encore achevée, recevrait le nom de rue *du Helder*. » L'*impasse Taitbout,* avait, ainsi que la rue du même nom, eu pour parrain M. Taitbout, greffier du bu-

« Cette rue, monsieur, fait mon tourment : un de mes amis demeure au n° 15 de la malheureuse; toutes les fois que j'ai besoin de lui écrire, je ne sais comment orthographier l'adresse.

« Cet état de choses m'étant insupportable, je me décide à me faire, pour une fois, dénonciateur ; j'assigne donc, monsieur, devant le tribunal de votre esprit et de votre savoir, cette malheureuse rue, afin que vous vouliez bien aviser, autant qu'il peut être en vous, à la rectification de son état civil, de telle sorte qu'elle puisse rentrer dans les con-

---

reau de la Ville en 1775. Il était de la famille de M. Taitbout, consul de France à Naples, en 1750, qui, par ses *Lettres* à M. de Caylus, avait beaucoup contribué à faire connaître chez nous les antiquités d'Herculanum. (V. Serieys, *Lettres inédites de Henri IV et de plusieurs personnages célèbres*, 1802, in-8°, p. 197-211.) Les terrains sur lesquels la rue *Taitbout* et sa voisine avaient été percées dépendaient de l'espace cédé à titre d'emphytéose au financier Bouret, par les *Mathurins*, dont la *ferme* était non loin de là, et qui ont laissé leur nom à deux rues du même quartier. Le cimetière de la paroisse Saint-Roch se trouvait où nous voyons le n° 7 de la rue Taitbout. En juillet 1842, on y découvrit un certain nombre de tombes fort anciennes. (*Bulletin de l'All. des Arts*, 1842, p. 26.)

ditions normales que toute honnête rue doit offrir.

« Cette rue, monsieur, c'est la rue de la... Bon, voici l'embarras, enfin, c'est la rue *de la Michodière*... ou *de la Michaudière !!!*

« *That is the question!*

« Que faut-il mettre? *o* ou bien *au? chodière* ou *chaudière?* Cette coquine de rue porte, en débouchant sur le boulevard, et ainsi que toutes ses pareilles, deux écriteaux : l'un me fait lire rue de la *Michodière*, écrit en lettres blanches sur un fond gros bleu, tandis que l'autre, en lettres tout à fait semblables et sur un fond non moins gros bleu, me présente : rue de la *Michaudière* [1].

« Que faire? comment lire, et surtout comment écrire?!!! Je pencherais pour la *chaudière;* mais si je me trompais!

« Il est vrai que pour fixer mon incertitude, il me suffirait d'aborder le premier sergent de ville venu, et de lui demander à consulter son petit livre, pour savoir comment s'écrit le nom de la rue en question ; mais bien

---

[1] Je dois avouer qu'aujourd'hui les deux écriteaux sont d'accord et d'une orthographe à peu près irréprochable.

que logeant dans la poche d'une autorité, ce livre ne saurait pas en être *une* pour moi : c'est pourquoi j'ose vous importuner, monsieur, et attendre de votre obligeance que vous vouliez bien mettre fin à mon supplice.

« Agréez, etc. »

Ce n'est pas la première fois que la maudite rue, grâce à son nom baroque et à l'orthographe plus baroque encore de ce nom, me fait poser des questions semblables à celle qui fait l'objet de cette lettre, si spirituellement humoristique.

—Qu'est-ce que c'est donc qu'une *Michodière ?* me disait un jour un homme fort instruit en bien des choses, mais assez peu savant toutefois pour ce qui regarde l'histoire de Paris.

Voici la réponse que lui fis, et dont il se montra satisfait; j'espère que notre correspondant le sera de même.

Il y avait une fois, c'est-à-dire en 1772, un secrétaire d'État, prévôt des marchands de la bonne ville de Paris, qui s'appelait M. *Delamichodière*. Remarquez bien l'orthographe de ce nom, écrit d'un seul mot, ce sera déjà un point éclairci.

M. Jean-Baptiste-François Delamichodière, né le 2 septembre 1720, n'en était pas à sa première charge quand il était arrivé à la prévôté de Paris. Il avait commencé par l'intendance de Riom, d'où il était passé à celle de Lyon, en 1757. C'était un économiste distingué, s'occupant peut-être assez mal du bien-être des populations à lui confiées, mais fort soucieux au moins de les étudier au point de vue de la statistique. Il avait été à ce sujet en correspondance avec Voltaire [1]; et il paraît que l'ouvrage in-4°. publié en 1764, avec ce titre, *Recherches sur la population des généralités d'Auvergne, de Lyon, de Rouen*, était moins de Massance, sous le nom duquel il parut, que de M. Delamichodière [2], et de l'abbé Audra, son collaborateur pour ce genre de travaux. Comme la théorie fait croire à la pratique; comme on se persuade aisément qu'un homme est bon administrateur, parce qu'il écrit sur l'administration, la place de prévôt des marchands, ou plutôt de *ministre de*

---

[1] *Œuvres* de Voltaire, édit. Beuchot, t. XXXIV, p. 15; t. XLIX, p. 427; t. LVII, p. 335.

[2] *Correspondance* de Grimm, 1re édition, 1re partie, t. V, p. 316;—Béguillet, *Traité de la connaissance générale des grains*, 1775, in-8°, t. II, p. 704.

Paris, ainsi qu'on disait alors, étant devenue vacante, en 1772, on crut devoir y nommer M. Delamichodière.

Pendant la première année qu'il était en charge, on projeta d'ouvrir vers le boulevard Bonne-Nouvelle, tout près du cimetière des protestants [1], dont le théâtre du Gymnase occupe le terrain, trois rues qui étaient destinées, les deux premières, à relier ensemble le faubourg Saint-Denis et le faubourg Poissonnière, et la troisième, à faire communiquer les deux autres avec cette pauvre rue Basse-Porte-Saint-Denis, que le boulevard absorba, il y a vingt ans à peu près, en élargissant sa marge. De même qu'on cherche un parrain à un enfant longtemps avant qu'il soit au monde, on se demande souvent, avant qu'une rue soit percée, comment l'appellerons-nous?

Pour la première des trois dont il s'agit, l'embarras ne fut pas grand. Un duc d'Enghien, le dernier et le plus infortuné de ceux qui ont porté ce nom illustre, venait de naître à Chantilly. On ne fit qu'un seul baptême, le

---

[1] *Le Provincial à Paris*, 1788, in-32, quartier du Louvre, à l'art. *Boulevard Bonne-Nouvelle*.

prince et la rue prirent le même nom, avec cette seule différence que le petit duc était bel et bien au monde, tandis que la rue n'exista réellement que treize ans plus tard[1].

Pour la seconde, l'inscription n'était pas difficile à trouver ; c'est sur l'ancien fief de l'*Échiquier* qu'on en prenait le terrain, il était donc naturel qu'il fournît aussi le nom[2].

[1] On n'y bâtit qu'en 1785. (La Tynna, *Dictionn. des rues de Paris*, 1816, in-12, p. 199.) Aussi ne se trouve-t-elle pas, non plus que sa parallèle, dans la nomenclature donnée par Hurtault et Magny, au t. IV, de leur *Dict. histor. de la ville de Paris*.

[2] Une remarque à faire, c'est que la rue *d'Enghien* actuelle devait d'abord porter le nom de l'*Échiquier*, qui ne passa qu'en 1779, sur la demande des religieuses, à la rue qui l'a gardé. Le *fief*, car ce n'était pas moins, qui portait ce nom, appartenait au *couvent des Filles-Dieu*, en vertu d'une donation qui leur avait été faite, vers 1225, par Guillaume *Barbette*, de la famille de celui dont la célèbre *Courtille* a laissé son nom à l'une des rues du quartier du Temple. (*V. Paris dans sa splendeur*, chap. III, p. 51.) Le domaine de l'*Échiquier* devait de s'appeler ainsi à l'enseigne d'une maison qui en était voisine; on la voyait encore rue Saint-Denis, près la porte, en 1779. (Hurtault et Magny, *Dictionn. hist. de la ville de Paris*, t. III, p. 39.) Lors de la fondation du couvent, cette partie de Paris était hors des murs; mais, à l'époque de la guerre, quand il avait fallu fortifier, on avait

Pour la troisième, quel parrain choisir ?
M. Delamichodière se proposa, et il fut accepté de grand cœur, d'autant mieux qu'en
fait là comme sur le terrain de la Grange-Batelière :
on avait coupé le *fief* en deux par la ligne du rempart.
Le couvent se trouvait dans la ville et son domaine
au dehors. C'était, en cela toutefois, le contraire de la
Grange-Batelière, dont le *fief* était hors Paris, tandis
que les terrains en dépendant, et qui s'étendaient
d'une part jusque auprès de la place Vendôme, de
l'autre, jusqu'à celle des Victoires, se trouvaient englobées dans la ville.—Le nom de l'*Échiquier* ne resta
pas à la partie des dépendances du couvent des
Filles-Dieu qui était *intra muros*, mais à celles du dehors, sur le terrain desquelles on perça les rues dont
nous parlons en ce moment. Un grand pavillon, sorte
de petit château, avec grands jardins, s'appelait notamment ainsi. Il fut plus tard la propriété du fameux
fabricant de fleurs Wenzell, qui donna de grandes
fêtes dans les galeries qu'il y avait fait construire, et
qui subsistent encore au n° 36 de la rue de l'*Échiquier*.
Pendant la Révolution et le Directoire, ces fêtes,
que Wenzell appelait des *balladères,* devinrent publiques. (Ed. et J. de Goncourt, *Histoire de la société
française pendant le Directoire*, E. Dentu, 1855, in-8°,
p. 145.) On devine quelles femmes y venaient. Elles
rappelaient les premiers temps des Filles-Dieu,
dont Joinville a dit à propos des quatre cents livres
de rente, que leur avait données saint Louis :
c'était « grande multitude de femmes, lesquelles
s'estoient mises en péché de luxure, par pauvreté. »
(*Mémoires,* édit. Michaud, p. 326.)—Sauval (t. I, p. 75)

sa qualité de prévôt il aurait fort bien pu s'imposer.

Malheureusement, les choses traînèrent en longueur.

Soit que les religieuses du couvent des Filles-Dieu, à qui le terrain appartenait et qui étaient fort tenaces en fait de propriété[1], ne voulussent pas se dessaisir; soit que la ville manquât d'argent, ou bien encore, que l'entrepreneur des bâtiments du roi, Claude-Martin Goupy, qui s'était chargé des travaux, ne fût pas en mesure de tenir ses conventions, on mit plus de douze ans à passer du projet à son exécution. C'est plus qu'il n'en faut pour qu'un administrateur ait le temps d'user son crédit et de perdre sa place.

a parlé des restes de la *Culture des Filles-Dieu,* dont dépendait l'*Échiquier.* Ils consistaient, de son temps, « en un grand marais plein de légumes et bordé de maisons le long du faubourg Saint-Denis. »

[1] Elles l'avaient bien montré par le procès que, sous Louis XIII, elles avaient fait à Froger, au sujet du terrain des fossés voisins de leur clôture. Le roi en avait fait don à cet entrepreneur, subrogé de Barbier, mais elles ne s'en étaient pas moins prétendues les propriétaires. Ce procès, qui dura beaucoup trop, avait empêché longtemps que quelques places de la *Ville Neuve* se couvrissent de maisons. (Sauval, t. I, p. 75, 85.)

En 1778, M. Delamichodière en était arrivé là. Dès le mois d'avril, on parlait de lui donner pour successeur M. de Blaire de Boismont, qui toutefois ne le fut pas [1]. Notre prévôt n'avait donc pas une minute à perdre, s'il voulait enfin signaler son édilité, et surtout en laisser un souvenir durable sur l'écriteau d'une rue de Paris [2]. Il prit un parti décisif. Puisqu'on s'obstinait à ne tracer que sur le papier la rue projetée au travers du terrain des Filles-Dieu, il provoqua sur un point tout opposé du boulevard l'ouverture d'une rue, où son impatience d'être parrain trouverait enfin à se satisfaire.

La ville, sur ses instances, acheta, tout près du pavillon de Hanovre, le vaste hôtel qui, après avoir appartenu au maréchal duc de Lorges, était devenu la propriété du prince des Deux-Ponts; on le jeta par terre, et la rue tant rêvée par le prévôt fut tracée sur l'espace laissé vide [3].

[1] *Mémoires secrets,* t. XI, p. 249-250 (30 avril 1778).
[2] M. Delamichodière, en effet, ne déploya jamais plus d'activité que lorsqu'il fut sur le point d'être remplacé. (*Id. ibid.*)
[3] Sa principale entrée donnait rue *Neuve-Saint-Augustin,* en face de la rue *Gaillon.* C'est Frémont,

Le 8 avril 1778 parut une ordonnance royale, dont voici le premier article :

« Il sera ouvert et formé une nouvelle rue

garde du trésor royal, enrichi sous Colbert, qui l'avait bâti ; le maréchal de Lorges, qui avait épousé sa fille, eut l'hôtel avec toute la fortune. Saint-Simon s'y maria avec la fille du maréchal, mais n'en hérita pas. (*V.* ses *Mémoires*, édit. Hachette, in-12, t. I, p. 154 ; et dans la *Gazette des Tribunaux* du 16 oct. 1858, le texte du contrat de mariage.) C'est au fils du maréchal de Lorges que l'hôtel était passé. Il le vendit à la princesse de Conti, fille de Louis XIV et de mademoiselle de La Vallière, qui, en mai 1739, y mourut âgée de 73 ans. (*Journal* de Barbier, édit. in-12, t. III, p. 173.) Elle avait légué son hôtel au duc de La Vallière, qui le mit à loyer. Au mois d'avril 1745, il était occupé par l'ambassadeur d'Espagne, et l'on y donnait de grandes fêtes pour le mariage du Dauphin. Elles durèrent trois jours. Voici, d'après Barbier (*id..* t. IV, p. 18), le détail de la seconde soirée : « *Mardi,* 20, grand concert, feu d'artifice sur la terrasse du jardin qui *rend* sur le rempart, et grand souper pour les princesses et dames de la cour, et ministres du roy. » Cet hôtel, qui, à l'époque de sa démolition, appartenait, nous l'avons dit, au prince des Deux-Ponts, était l'un des plus beaux de Paris (Piganiol, t. III, p. 130). Il n'égalait pas toutefois son voisin l'hôtel de Richelieu, bâti pour le financier La Cour des Chiens, et qui passa au maréchal après avoir appartenu à M. d'Antin. *V.* plus haut, le chap. I, p. 21, note.

sous le nom *Delamichodière*,—remarquez de nouveau comment ce nom est écrit; ici, c'est l'orthographe officielle.—Cette rue sera bâtie sur l'emplacement des bâtiments, cours et jardins de l'hôtel des Deux-Ponts. »

Il était temps : quatre mois après, M. Delamichodière n'était plus prévôt des marchands; le 17 août de la même année, on lui donnait un successeur [1].

Mais que devint, me direz-vous maintetenant, le projet de rue dont l'ajournement avait si longtemps fait son désespoir? Vous allez le savoir, et connaître en même temps à

---

[1] Ce successeur fut M. de *Caumartin*, qui donna son nom à une rue bien connue de la Chaussée-d'Antin. MM. Jacques *Chauchat* et Charles *Richer*, parrains de deux rues bien connues aussi, furent, l'un échevin, l'autre quartenier pendant son exercice.—Du temps de M. Delamichodière, on avait vu dans l'échevinage, Pierre-Richard *Boucher* et Henri-Isaac *Étienne*, qui eurent l'honneur de laisser leur nom à deux rues percées de leur temps sur l'emplacement de *l'ancien hôtel des Monnaies;* et Jacques-François *Trudon*, qui fut parrain de la rue où se trouve le joli hôtel de mademoiselle Rachel. (*V.* sur Trudon, Réimpression du Moniteur, t. II, p. 502.)—Nous trouvons encore dans les emplois de la ville avant la Révolution, M. *Lepelletier* de Mortfontaine

quel point ce bon M. Delamichodière était un homme heureux. Il lui fut donné, ce qui n'arriva presque jamais, d'être parrain de deux rues de Paris; et pour la seconde, chose plus singulière, il eut ce privilége lorsqu'il n'était plus en charge depuis cinq ans.

En 1783, la rue tant ajournée fut enfin ouverte sur le terrain des Filles-Dieu; un nom lui devenait alors réellement nécessaire; le plan lui donnait celui de l'ancien prévôt; mais puisque l'autre, plus pressée de naître, s'en était emparée, force était de se pourvoir ailleurs. On se souvint que M. Delamichodière

---

qui, en sa qualité de prévôt, donna, en 1786, son nom à la rue où se trouve aujourd'hui l'Opéra, et M. Buffault, dont une rue du faubourg Montmartre, percée en 1782, a gardé aussi le nom. La faveur de madame du Barry avait fait arriver Buffault, non-seulement à l'échevinage, mais à la direction de l'Académie royale de musique. Sa femme avait été marchande de modes aux *Traits galants*, rue Saint-Honoré, et la favorite avait brillé parmi ses demoiselles; de là l'élévation du mari. (*V.* notre article sur madame du Barry, *Revue française*, 10 janv. 1859.) On se souvint d'où il sortait, et pendant qu'il dirigeait l'Opéra, il courut une caricature où on le voyait mesurant, avec son aune de marchand, la bouche de ses chanteuses

avait acquis, à quelque quarante ans de là, en Champagne, du côté de Vitry-le-Français, le magnifique domaine d'Hauteville, ancienne propriété des Guises, et qu'en 1751, Louis XV, par faveur spéciale pour notre prévôt, l'avait érigé en comté. Ne pouvant plus donner à la rue le nom de l'homme, on lui donna celui de son domaine, et voilà comment elle s'appelle encore rue *d'Hauteville*. Remarquez bien encore l'orthographe de ce nom, respectez surtout la particule ; si vous l'omettiez, l'ombre de M. Delamichodière, comte d'Hauteville, ne vous le pardonnerait pas.

Je ne sais que M. Louis Vivien à qui, sous Louis XIV, échut, comme au prévôt de 1772, la double fortune d'être le parrain de deux rues de Paris. L'une est la rue *Vivienne*, pour laquelle il avait tout droit de parrainage, puisqu'elle était percée sur des terrains dépendants de son fief de la Grange-Batelière [1] ; l'autre est la rue *Saint-Marc*, qui porte le nom d'une terre dont il était seigneur [2].

---

[1] V. *Paris démoli*, 2ᵉ édit. p. 283-284.

[2] La rue *Vivienne* s'appela d'abord rue *Vivien* ; mais, comme une rue doit avoir un nom féminin, celui-ci prit la terminaison féminine, qu'il a gardée. De même pour la rue *Coquillière*, qui eut pour par-

rain un certain Pierre Coquillier, qui vivait sous Philippe le Bel (Sauval, t. I, p. 32); de même encore pour la rue *Payenne,* qui doit son nom à l'un des ancêtres du Deslandes-*Payen,* l'ami de Scarron. Beaucoup de gens pensent aussi que le nom de la rue *Bleue* est le féminin du nom d'un certain M. Bleu, qui y possédait plusieurs maisons. Il a pour origine la fabrique de boules d'indigo qu'y avait établie M. Story en 1802, et dont les eaux, en teignant les ruisseaux, faisaient de cette rue une véritable rue **bleue.**

XVII

Lazzari.—Jean Robert.

En 1777, lorsque le boulevard du Temple, devenu plus que jamais à la mode [1], voyait s'élever chaque jour un nouveau *spectacle à parade* et à petites pièces bien crapuleuses, un sieur Tessier fit construire, tout près du fameux *café Goddet* [2], vis-à-vis la rue Charlot,

---

[1] Depuis 1754, environ, l'usage du beau monde était de s'aller promener sur le boulevard, après souper. (Grimm, *Correspondance*, 1re édition, t. I, p. 193.)

[2] C'était le rival du café Alexandre, du café Yon, où l'on jouait la comédie, et qui était le Frascati de ce temps-là. (*Mercure de France*, juillet 1811, p. 34.) En 1791, s'il faut en croire le *Calendrier du père Duchesne*, Goddet « aurait abandonné ses bavaroises pour jouer du *crucifix à ressort* dans le bois de Vincennes. »

une petite salle assez agréablement ornée et distribuée. Six colonnes cannelées, « d'une grande proportion, » formaient le péristyle que couronnait un bas-relief représentant l'Amour dans un char. L'intérieur, divisé en trois rangs de loges, était tout parsemé d'arabesques d'or sur un fond gris perle; au plafond s'étalait le groupe mythologique d'Hercule filant aux pieds d'Omphale; enfin, de chaque côté de l'avant-scène s'élevaient deux statues de plâtre, la Danse et la Musique.

Aux derniers détails de cette description, que nous avons trouvée dans un petit livre assez rare de M. de La Mésangère [1], vous avez deviné la destination essentiellement lyrique du nouveau spectacle. Tessier en voulait faire une sorte de scène d'essai pour les élèves chantants et dansants de l'Opéra; c'était une excellente idée que les entrepreneurs de la salle Chantereine et ceux de la salle lyrique de la rue de la Tour-d'Auvergne ont voulu, sans grand succès, renouveler de nos jours. Quatre-vingts élèves, garçons et filles, formèrent tout d'abord le personnel actif du spectacle de Tessier, qui

---

[1] Le *Voyageur à Paris*, 1797, in-12, t. III, p. 202.

prit le titre de *Théâtre des Élèves de l'Opéra*. Il ouvrit, le 7 janvier 1779, par une tragédie pantomime en quatre actes, de Lebœuf, *la Jérusalem délivrée ou Renaud et Armide*; puis se succédèrent : *l'Amour enchaîné par Diane*, mélodrame pantomime de Moline, *l'Anti-Pygmalion ou l'Amour-Prométhée*, scène lyrique par Poultier d'Elmotte, musique de Rochefort [1].

Au commencement de 1780, Tessier n'administrait déjà plus le théâtre qu'il avait fondé. Il était passé aux mains de Parisot, singulier homme, qui, d'avocat, s'était fait auteur [2], acteur, directeur, et qui, après la plus drôle de vie, eut, comme nous le verrons, la plus cruelle mort. Malgré un grand renfort de pantomimes nouvelles et de représentations solennelles, telles que celle qu'il offrit, le 18 mai 1780, au fameux Paul Jones, Parisot ne fit pas succès qui dure; n'ayant pu payer ni les entrepreneurs, ni les comédiens, ni les auteurs, il s'attira un ordre du roi qui lui enjoignait de fermer boutique [3]. Un début

---

[1] *Bibliothèque dramatique de M. de Soleinne*, t. III, p. 187.

[2] L'une des pantomimes jouées à son théâtre, *Adélaïde ou l'Innocence reconnue*, était de lui.

[3] *Mémoires secrets*, à la date du 18 mai 1780.

aux Italiens fut la consolation de Parisot [1], et la salle des *Élèves de l'Opéra* fut occupée par un industriel montrant des *Jeux pyriques*. N'était-ce pas une profanation? Elle cessa en 1790, quand les *Beaujolais*, que le privilége accordé à la Montansier chassait de leur salle du Palais-Royal [2], vinrent s'y réfugier et rendre ainsi au pauvre théâtre une destination plus artiste. Par malheur, les Beaujolais n'y parurent que pour cesser tout à fait d'exister l'année même de leur nouvelle installation. Le *Lycée dramatique* les remplaça pour tomber lui-même en 1792, et faire place alors aux *Variétés amusantes* de Lazzari.

La place jusqu'alors n'avait pas été heureuse. On le disait, on l'écrivait partout, mais personne ne s'expliqua mieux que Favier

---

[1] *V.* notre brochure *La musique chez le peuple ou l'Opéra national*, etc., 1847, in-12, p. 22-23.

[2] C'est la même qui sert aujourd'hui au *Théâtre du Palais-Royal*. Les petits acteurs qui s'y étaient établis en 1784, et que nous voyons dépossédés par la Montansier, avaient emprunté le nom qu'ils portaient à la rue *Beaujolais*, au coin de laquelle est placée la salle, et qui elle-même devait de s'appeler ainsi au duc de Beaujolais, fils du duc d'Orléans, et l'un des jeunes frères de Louis-Philippe.

d'Abancourt sur cette fatalité d'emplacement du pauvre théâtre[1]. Avant d'aller plus loin, et de voir si Lazzari fit mieux, je vais laisser parler Favier; il a, en peu de mots, beaucoup de choses curieuses à nous apprendre: « Cette salle, dit-il, est maudite; les *Élèves de la danse de l'Opéra*, les *Jeux pyriques*, les *Beaujolais* l'ont occupée successivement; mais elle est trop isolée, et devancée par trop de spectacles pour en avoir autre chose que des éclaboussures une fois par hasard. Il faut deviner qu'il y a là un spectacle. M. Briois, malheureux directeur ambulant, y avoit cependant rassemblé une troupe passable, et il commençoit à y faire quelque chose quand une espèce de garçon menuisier vint l'en chasser en accaparant l'entreprise. Ce menuisier (il s'appelait Cauvin), qui est directeur du *Lycée* depuis ce temps-là, donnoit spectacle une ou deux fois la semaine; on ne joue plus chez lui que tous les dimanches, encore n'y voit-on que des billets *gratis*. Un musicien de son orchestre, engagé *à tant par semaine* (vu l'incertitude de l'existence de ce spectacle du

[1] *Almanach général de tous les spectacles pour l'année* 1792, in-12, p. 294.

soir au lendemain), ne pouvant parvenir à se faire payer, fît saisir, dit-on, tous les rabots du directeur et les garda chez lui jusqu'à parfait payement. Il avoit dans sa chambre dix-huit rabots et treize varlopes, mêlés avec des cors, des violons et des clarinettes. Le *Lycée dramatique* est un théâtre perdu ; il faudroit de bonnes pièces, et elles y sont détestables ; de bons acteurs, et il n'y en a pas ; un bon directeur, et il s'en faut du tout. »

Le successeur de Cauvin eut-il l'art de ramener le public, et, avec lui, la fortune ? C'est ce qui me reste à vous dire pour arriver au plus vif de ce chapitre.

Vous savez déjà que, comme le célèbre architecte Bramante, le nouveau directeur portait ce nom de Lazzari, qui suffit pour indiquer son origine italienne, et qu'il devait laisser au théâtre tant de fois métamorphosé. C'était un mime charmant, admirable surtout de légèreté et d'adresse dans les rôles d'Arlequin et dans les scènes à travestissements instantanés. Il n'avait de rival que La Porte, le fameux Arlequin du Vaudeville. Sans celui-ci, selon La Mésangère [1], on aurait trouvé

---

[1] *Le Voyageur à Paris*, 1797, in-12, t. III, p. 202.

Lazzari incomparable. Il paraissait successivement habillé de cinq ou six manières différentes, et cela, sans qu'on l'eût vu quitter la scène. Brazier, qui l'avait connu tout enfant, n'oublia jamais l'effet de surprise produit sur lui par ses métamorphoses [1]. On n'allait chez Lazzari que pour Lazzari.

« Il est infiniment adroit, dit l'auteur d'un petit livre assez peu connu [2], il exécute à découvert différentes métamorphoses avec une dextérité surprenante, et fait des tours infiniment plaisants. Il improvise même avec esprit, quoique dans un genre un peu bas ; mais on auroit tort de lui en faire un crime ; il faut qu'il se mette à la portée de ceux qui fréquentent son théâtre. »

Il étonna surtout dans *Ariston, l'Esprit follet, la Tartane de Venise, le Diable à quatre*, et dans *la Cinquantaine infernale ou la Baleine avalée par Arlequin*, grande pantomime en cinq actes, qu'il avait composée lui-même, et dont Gebauër avait fait la musique. Lazzari, pour mieux attirer la foule, flattait encore, par des mélodrames terroristes et par des

---

[1] *Hist. des petits théâtres de Paris*, 1838, in-12, t. I, p. 80.

[2] *La Vérité du jour*, 1798, in-12, p. 68.

sans-culottides effrénées que lui faisait son régisseur, Gassier Saint-Amand, les passions révolutionnaires du petit peuple. Le comédien Nicolaïe, dit *Clairville*, père du vaudevilliste que des succès d'une opinion et d'une portée toutes contraires ont rendu fameux au boulevard et place de la Bourse, était aussi un des fournisseurs de ces pièces terroristes du théâtre Lazzari. Toutefois, les plus cyniques et les plus sanguinaires ne sont pas sorties de sa plume, elles sont dues à Rousseau, qui fit représenter, en 1794, *A bas la calotte et les déprêtrisés!* et à Rézicourt, qui, la même année, donna sa pièce des *Vrais Sans-Culottes,* mise en musique par Lemoine. Ces pièces du répertoire républicain de Lazzari sont aujourd'hui devenues rarissimes. Celles de Gassier, entre autres sa fameuse sans-culottide, *la Liberté des Nègres,* sont tout à fait introuvables, « sans doute, lit-on dans le *Catalogue Soleinne*[1], parce que l'auteur voulut à tout prix effacer sa tache révolutionnaire lorsqu'il devint écrivain royaliste et fonctionnaire de la Restauration. »

Moline, que nous avons vu travailler pour

[1] T. II, p. 233.

les *Élèves de l'Opéra*, aurait pu donner des pièces à Lazzari, mais celles qu'il faisait en ce genre étaient destinées à une scène plus élevée. C'est pour le *Théâtre des Arts* (l'Opéra) qu'il fit, avec Léonard Bourdon et Valcour, cette sans-culottide à grand orchestre, musique de Porta, *le Tombeau des Imposteurs*, que Robespierre fit défendre comme trop violente [1] !

Pour faire contraste avec ces drames d'un cynisme sanglant, Lazzari les alternait, sur son théâtre, avec ses folles arlequinades et avec de petites pastorales musquées qu'il commandait aux bons faiseurs du temps : Destiaux, qui lui donna *l'Ombre de Jean-Jacques Rousseau*, Saint-Firmin, qui fit représenter chez lui *la Jeune Esclave*, et Grétry neveu, qui apporta un joli succès à Lazzari en lui donnant son petit opéra-comique, *la Noblesse au village*. Ces petites pièces, à petits couplets anodins, venant après les mélodrames de Gassier, de Clairville et de Rousseau, me font l'effet d'une lecture de *l'Almanach des Muses* après un ré-

---

[1] Les exemplaires furent détruits. Guilbert de Pixerécourt possédait un de ceux qui survécurent, et il en a donné des extraits dans son article sur le *Mélodrame*, au t. Ier, p. 34-36, du *Livre des cent et un*.

quisitoire de Fouquier-Tinville. Lazzari ne s'arrêtait pas là. Pour bien justifier le titre de *Variétés amusantes*, qu'il avait donné à son théâtre, lorsque la scène qui avait la première porté ce nom l'eut abandonné [1], il faisait brocher gaillardement sur le tout de gentils vaudevilles poissards, tels que *la Petite Goutte des Halles,* pièce fort grivoise, faite par Guillemain, et que Vadé aurait signée.

Tout alla bien jusqu'en 1796, mais alors, la grande pantomime, *la Baleine avalée par Arlequin,* que Lazzari avait fait attendre pendant plusieurs années, et pour laquelle ses dépenses avaient été énormes, n'obtint pas, bien qu'il y fût merveilleux de souplesse et de comique, tout le succès espéré [2]; qui pis est, la ressource des pièces révolutionnaires vint à lui manquer tout à fait, et comme il ne fit pas assez tôt volte-face, la réaction le ruina. S'il eût fait comme tant d'autres directeurs de spectacles, qui surent tourner à temps avec l'opinion, il eût été sauvé; mais Lazzari l'Arlequin ne portait son habit aux mille couleurs

[1] Cette salle des premières *Variétés amusantes* est celle du Théâtre-Français actuel, rue de Richelieu.
[2] *La Vérité du jour*, 1798, in-12, p. 68.

et n'avait de souplesse qu'à la scène. Benjamin Constant a parlé quelque part de l'esprit de réaction qui s'empara de Paris, à partir de 1795, et qui fit la fortune de ceux qui surent la servir à point. « Je n'ai jamais vu, dit-il, de nation moins républicaine que la France, en 1795. Elle avait pris en horreur jusqu'à l'égalité, redevenue depuis sa passion la plus vive. Je me retrace encore ma surprise, en assistant, vers cette époque, à la représentation d'une pièce que la Convention expirante laissait ou faisait jouer, parce qu'elle craignait plus les débris des Jacobins que le parti contre-révolutionnaire.

« Un porteur d'eau répétait à satiété, sur toutes les variations d'une musique fort harmonieuse, que chacun devait demeurer dans son état; lui, porter de l'eau, l'épicier vendre du sucre, le manœuvre travailler, et tous laisser faire le gouvernement. On eût dit la division en castes d'Égypte, modulée par un musicien habile [1]. »

Une pièce de ce genre eût été pour Lazzari la planche de salut dans son naufrage. Soit

---

[1] B. Constant, *Souv. histor.*, 3ᵉ lettre. (*Revue de Paris*, t. XVI, p. 226.)

qu'il n'ait pas su, ou n'ait pas voulu la trouver, il n'alla que de malheur en malheur, jusqu'à ce qu'un incendie causé, selon les uns, par la pluie de feu qui faisait le dénoûment du *Festin de Pierre,* mais que d'autres disent avoir été volontaire, vint l'achever, le 31 mai 1798 [1]. Il ne put, dit-on, survivre à ce sinistre, et se brûla la cervelle peu de temps après [2].

Parisot, le plus intelligent des prédécesseurs de Lazzari dans la direction de ce spectacle amusant, n'avait pas eu une mort moins funeste. Le comte Beugnot qui l'avait beaucoup connu raconte ainsi sa fin sanglante, à propos de l'exécution du général de division Lamarlière : « Comme si tout devait être singulier, dit-il, dans la fin de ce pauvre Lamarlière, il avait pour compagnon, en allant à l'échafaud, ce fameux Parisot, mon ancien camarade de Palais, qui avait fait depuis beaucoup de métiers sans rencontrer la fortune, et qui avait fini par celui de journaliste aristocrate, où il a trouvé la mort.

[1] *Décade philosoph.,* an VI, 3ᵉ trimestre, p. 495.— Ed. et J. de Goncourt, *Hist. de la société franç. pendant le Directoire,* Paris, E. Dentu, 1855, in-8°, p. 325.

[2] Brazier, *Hist. des petits théâtres,* t. I, p. 82.

« Il était monté sur l'échafaud, en même temps que Lamarlière, qui s'avisait de haranguer l'honorable assistance, de déclarer qu'il avait toujours été et qu'il mourait républicain, et de recommander au bon peuple sa famille et sa mémoire. Comme il n'en finissait pas, et que Parisot s'impatientait, celui-ci éleva la voix plus haut et dit, en haussant les épaules : « Citoyens, ne l'écoutez donc pas, « c'est un f.... menteur ; il est aristocrate, « plus aristocrate que moi. » Ainsi, continue Beugnot, ainsi mourut mon vieil ami Parisot, que j'avais connu successivement avocat, auteur d'opéras-comiques, directeur de théâtre, acteur, riche, pauvre, toujours gai, philosophe pratique, à qui, à sa dernière heure, une victime tombe par hasard sous la main, et qui, en dépit de la gravité de la circonstance, lui décoche un trait de sa façon, comme il l'eût fait au bal de l'Opéra [1]. »

La mort de Parisot et celle de Lazzari avaient ajouté deux drames sinistres au répertoire des *Variétés amusantes*. De peur d'une catastrophe plus funeste encore pour un troisième directeur, la salle ne rouvrit plus

---

[1] *Revue française*, 2ᵉ série, nov. 1838, p. 249.

comme spectacle, elle devint un café chantant, qui subsista pendant tout l'Empire et pendant les premières années de la Restauration.

Sa façade était restée la même, et, sur le fronton, on lisait toujours : *Variétés amusantes*, enseigne immuable, qui ne disparut qu'avec l'édifice même, en 1838 [1].

Le nom de Lazzari avait aussi survécu, sur le boulevard, comme simple enseigne. Un infime théâtre, bas lieu dramatique, avait cru bon de l'arborer, en souvenir des joyeuses farces qu'il rappelait, et sans souci de la catastrophe dans laquelle il avait une première fois sombré. Ce spectacle du *Petit-Lazzari*, ainsi qu'il s'appelait, ou du *Lazzari*, ou du *Petit-Laze*, comme on disait chez le peuple qui ne pousse jamais jusqu'au respect le souvenir des noms qu'il a le plus aimés, existait déjà sous la Restauration et même sous l'Empire. Le grand *Bobèche*, alors, en illustrait les tréteaux et en faisait la fortune. Quand Bobèche partit pour la province, d'où il ne devait pas revenir [2], le *Petit-Lazzari* n'alla plus que

---

[1] Brazier, *Hist. des petits théâtres*, t. I, p. 82.
[2] *Id., ibid.*, p. 183.

cahin-caha, se prenant à tout, même aux opéras-comiques, et gâtant tout. Enfin, au mois de juillet 1855 [1], la maison dont il n'occupait que le rez-de-chaussée et le premier étage, ayant été vendue, on donna congé au pauvre théâtre, comme à un simple locataire. N'ayant pas trouvé gîte ailleurs, il disparut.

Je le regrette à cause du nom de Lazzari, le seul qui rappelât encore à la grande ville un des hommes qui l'ont amusée. Le rire passé, l'on est trop ingrat pour ceux qui ont fait rire. On les laisse s'éteindre en des tristesses qu'ils auraient dû chasser pour eux, comme pour les autres, et quand ils ne sont plus on ne se rappelle pas qu'ils ont été.

Qui pensait à Lazzari, qui pense à Jean Robert, autre type joyeux mais plus ancien, dont le peuple de Paris se fit un jouet au xviie siècle, et qui, je ne sais comment, par routine plus que par reconnaissance pour la bonne gaieté qu'il excitait en passant, eut le privilége de laisser son nom à une des rues du quartier Saint-Martin?

Jean Robert était ce qu'on appelait alors un *fagotteux*, une sorte de flâneur des rues,

---

[1] *V.* la *Presse* du 2 juillet 1855.

un badaud chantant et bouffonnant, plus spirituel que ceux qu'il amusait; une façon de Sganarelle avant la lettre... avant Molière. Pour se faire un métier, il s'était donné celui de crieur de *noir à noircir,* c'est-à-dire qu'il était un marchand de cirage de ce temps-là. C'était moins pour vendre que pour bouffonner qu'il courait les rues; il vivait plutôt de ses farces que de sa marchandise. Jacques Laignet, le dessinateur populaire, le suivit plus d'une fois à la piste, et, non content de le *croquer* au vif, il fit cinq ou six dessins de ses aventures [1]. On lui prêtait des mots et des anecdotes, comme on avait écrit, du temps de Henri IV, des brochures sous le nom du bouffon maître Guillaume, qui, après les avoir ainsi endossées, les vendait pour deux sous sur le Pont-Neuf.

Voici, d'après le *Chevræana* [2], une des facéties assez peu vraisemblables qui furent mises sur le compte de notre marchand de *noir à noircir :* « Jean Robert, qui n'aimoit pas à payer ses dettes, fut importuné par son tailleur de lui arrêter enfin ses comptes et

---

[1] *Catalogue de beaux livres anciens, etc., du cabinet de* M. J. L. B. Paris, V. Tilliard, 1847, in-8°, p. 4, n° 17.
[2] 1697, in-8°, p. 310.

de vouloir bien qu'il en fît passer l'obligation devant un notaire : « J'en suis très-content, « dit Jean Robert, pourvu que personne ne « le sache. » Le tailleur alla ensuite chez le notaire ; et, ayant porté l'obligation à signer à Jean Robert, celui-ci la prit, la lut et la déchira, comme s'il eût été en colère. « Hé « quoi ! lui dit-il, est-ce ainsi que vous en « usez ? Vous m'avez promis que personne « n'en sauroit rien, et, contre mon intention « et votre parole, vous avez fait mettre : « A tous ceux qui ces présentes verront, « sçavoir faisons, etc. » Pour la vérité de l'anecdote, il resterait à être bien sûr si Jean Robert savait lire et s'il pouvait avoir un tailleur. Avait-il même un logement fixe ? Je le suppose ; car, autrement, d'où serait venu qu'une rue de Paris portât son nom. Elle l'avait pris au xviie siècle, et il y a huit ans qu'elle l'a perdu, pour se confondre, comme avant Jean Robert, avec la rue des Gravilliers. Je regrette Jean Robert, comme tout à l'heure Lazzari. Ce sont deux types qui me manquent dans mon vieux Paris.

XVIII

Une inscription de l'an 1407, rue Montmorency.

Si l'on exalte trop les philanthropes du jour, en revanche on ne se souvient pas assez de ceux d'autrefois. Souvent le bienfait survit encore que déjà la reconnaissance est morte; presque toujours elle se périme avant la bonne œuvre, et si complétement même que les inscriptions où celle-ci se trouvait modestement rappelée, ne sont plus que des énigmes. Il faut que l'archéologie s'en mêle, et retrouve sous ces lignes effacées un sens que le cœur n'aurait pas dû laisser perdre.

Au nº 10 du vieux cloître Saint-Merry, se

trouve une vieille maison, au-dessus de laquelle on lit cette ligne des Écritures :

FECIT MIHI MAGNA QUI POTENS EST

et ce millésime :

MDCCLXXXIII

Que signifie ce verset, que signifie cette date? Entrez, on vous l'apprendra. Vous vous trouverez à votre grande surprise dans un établissement dont les plus sincères philanthropes de nos jours envieraient la fondation. Un fourneau économique de bienfaisance, un bureau de secours, une école pour les filles, et un hospice transitoire de quinze lits; tout cela s'y trouve réuni. Le fondateur est un bon vieux curé qui, pendant près d'un demi-siècle, gouverna cette paroisse de Saint-Merry. Il n'y possédait qu'une maison, celle-ci; il en fit don à ses pauvres, après l'avoir parée de sa bienfaisance et meublée de ses bonnes œuvres. Cet excellent prêtre, qui mourut en 1796, s'appelait Esprit Viennet; un des membres les plus spirituels de l'Académie française est son neveu.

Remontons maintenant un peu plus haut dans la rue Saint-Martin, et entrons dans la rue Montmorency. Au-dessus du rez-de-chaussée de la maison qui est la troisième à droite, et porte le n° 51, nous y trouverons une inscription en lettres gothiques, dont le sens n'est pas au premier abord très-facile à expliquer; mais en cherchant ensemble nous ne tarderons pas à voir que les mots de l'énigme sont aussi bienfaisance et charité. Voici ce qui s'y trouve écrit :

Nous hommes et femmes laboureurs demourans au porche de ceste maison qui fu fecte en l'an de grace mil quatre cens et sept somes tenus chascun en droit soy dire tous les jours une patenostre et I Ave Maria en priant Dieu que de sa grace face pardon aux poures pescheurs trespassez. Amen [1].

Ce logis, qui s'appela longtemps la maison du *Grand-Pignon* à cause de la curieuse disposition de sa façade [2], a été bâti par Nicolas Fla-

---

[1] Cette inscription a été donnée, mais imparfaitement, par l'abbé Villain, dans son livre, *Essai d'une histoire de la paroisse de Saint-Jacques-la-Boucherie*, 1758, in-12, p. 150, 305.

[2] L'abbé Villain en a donné le plan dans son *Hist. de Flamel*, 1761, in-12, pl. II.

mel, sur un terrain que l'abbé de Saint-Martin-des-Champs lui avait concédé, presque pour rien. « L'acte d'amortissement qui constatait cette acquisition portait qu'il pourrait élever des édifices de telle ordonnance qu'il lui plairoit, « soit maison d'aumosnes par « manière d'hospital ou autrement [1]. »

On fut longtemps à savoir si Flamel s'était imposé la charge d'hospitalité gratuite à laquelle il semblait s'être engagé par ce contrat. L'abbé Villain n'en doutait pas, mais il était seul de son opinion bienveillante [2].

L'avis de la plupart de ceux qui s'occupèrent de l'histoire du vieux logis fut que Flamel l'avait mis à loyer, et que les sommes qu'il en avait retirées avaient contribué pour une part à sa fabuleuse fortune [3]. Ils se trompaient, l'abbé Villain seul avait raison.

Flamel était trop bienfaisant de lui-même pour faillir à la dette d'aumône qu'il avait contractée en devenant propriétaire du ter-

---

[1] Aug. Bernard, *Maison de Nicolas Flamel, rue Montmorency,* 51, *à Paris,* in-8º (Extrait du XXIe volume des *Mémoires de la Société des antiquaires de France*), p. 6.
[2] *Id., ibid.,* p. 4-5.
[3] *Id., ibid.,* p. 3.

rain sur lequel s'était élevée cette maison. Il était de ces âmes facilement généreuses qui n'ont pas besoin qu'un contrat les oblige à la charité, et qui vont aux bonnes œuvres de leur propre élan.

Le quartier où se trouvait le *Grand-Pignon* n'était encore qu'une sorte de faubourg fangeux, « où l'on voyoit grants punaisies de boes et autres ordures [1]. » Il ne venait là que de pauvres gens, maraîchers et laboureurs. Flamel, qui savait que ces nomades des champs, lorsqu'ils étaient en ville, se trouvaient presque toujours sans refuge, voulut que son logis en fût un pour eux. Il fit plus encore, comme vous allez voir ; il avisa, avec une admirable ingéniosité de bienfaisance, à ce qu'ils y trouvassent le vivre aussi bien que le couvert. « Il combina pour cela, comme l'a fort bien dit M. Vallet de Viriville [2], l'esprit de spéculation avec le sentiment de charité. »

Au rez-de-chaussée de ce corps de logis ou

---

[1] L'abbé Villain, *Hist. de Flamel*, p. 144.
[2] *Des ouvrages alchimiques attribués à Nicolas Flamel* (Extrait du XXIII⁰ volume des *Mémoires de la Société des antiquaires de France*), p. 4.

porche, comme on disait alors [1], étaient de vastes ouvroirs pour les gens de métier ; il les loua, et avec l'argent des loyers il vint en aide aux pauvres qu'il logeait au-dessus, et qui ne le payaient, l'inscription vous l'a dit, que d'un *Pater* ou d'un *Ave Maria*. N'est-ce pas admirable? Cependant, on fut plus de quatre siècles sans savoir qu'on avait, sur ce point, à admirer Nicolas Flamel. Sans la publication si curieuse et si soignée, que M. Leroux de Lincy a faite il y a quatre ans, de la *Description de la ville de Paris au XIVe siècle, par Guillebert de Metz* [2], nous ne serions même pas encore édifiés sur cette ingénieuse combinaison de charité, que les quelques lignes gothiques de la façade du n° 51 de la rue Montmorency avaient laissée à l'état d'énigme.

La pieuse modestie du propriétaire avait voulu qu'il y fût parlé seulement de ce que ses hôtes devaient à Dieu, et point du tout de la reconnaissance qu'ils lui devaient à lui-même !

Mais, écoutons Guillebert de Metz, il nous

---

[1] Ducange, *Gloss.*, au mot *Porchetus*.
[2] Paris, A. Aubry, 1855, in-12, p. 84.

dira que ce logis n'était pas le seul que Nicolas Flamel eût ainsi disposé dans Paris :

« Flamel l'aisné, dit-il, escripvain qui faisoit tant d'aumosnes et hospitalitez, et fist plusieurs maisons où gens de mestier demouroient en bas, et du loyer qu'ilz payoient estoient soutenus povres laboureurs en hault. »

Existe-t-il à présent quelque part un seul propriétaire qui vaille celui-là ?

XIX

Le drainage des boulevards et le marronnier du vingt mars aux Tuileries.

En commençant ce chapitre, je dois avertir qu'il est écrit depuis le 1er novembre de l'année dernière, et que je n'y veux rien changer. Le lecteur qui tient à me suivre, voudra donc bien se transporter à cette date.

Cela dit, je commence :

Les travaux qu'on exécute en ce moment sur une grande partie de la ligne des boulevards, ces tranchées que l'on creuse, ces arbres encore tout jeunes, mais déjà morts, que l'on déracine, ces arbustes nouveaux que l'on plante, enfin, ces petits tuyaux de terre cuite que l'on pose avec soin dans les larges rigoles, tout cela préoccupe et intrigue singulièrement les Parisiens, qui, pour avoir toujours été le peuple le plus curieux, ne sont pas devenus cependant le peuple le plus instruit de la terre.

—Que fait-on là? demande un premier passant.

—Eh! dit un second, vous le voyez bien, du *drainage*.

Le premier, après cette réponse faite d'un ton dégagé par quelqu'un qui n'en sait probablement pas beaucoup plus que lui, n'ose pas questionner davantage. A la manière dont ce monsieur lui a parlé, il s'imagine que tout le monde doit savoir ce que signifie ce mot *drainage*, et par amour-propre il ne veut pas montrer qu'il l'ignore. Seulement, soyez sûr qu'un peu plus loin, il fera lui-même le savant. S'il entend poser la question qu'il faisait tout à l'heure, il ripostera, et avec le même aplomb, par la réponse qu'on lui a faite, et peut-être finira-t-il par croire qu'il sait, parce qu'il s'est donné l'air de savoir.

En somme, sur vingt passants, je vous assurerais bien qu'il ne s'en trouve pas dix qui sachent d'une manière positive que le *drainage* consiste en un système de petits tubes destinés à l'écoulement des eaux souterraines, soit pour le desséchement d'un sol trop mouillé, soit, comme ici, pour l'arrosement des arbres dont les racines sont privées d'humidité; enfin, sur mille, peut-être n'en trouveriez-vous pas deux qui vous diraient d'où le mot vient. Moi qui vous parle, je ne le savais pas il y a huit jours [1].

Tous les dictionnaires, curieusement interrogés, ne m'avaient pas répondu à son sujet. N'est-il pas, en effet, pour eux de trop fraîche date? S'ils donnent volontiers l'extrait de mort de plus d'un mot défunt, en revanche, ils ne se hâtent guère d'enregistrer les mots nouveau-nés. Sous prétexte que ce sont des néologismes, ils les laissent courir et s'égarer dans le monde, sans signification positive et contrôlée.

Bref, comme *drainage* est toujours pour eux un intrus qui n'a pas droit encore à ses lettres de naturalisation, aucun ne lui a donné

---

[1] Depuis lors, j'ai fait des études, non-seulement sur le *drainage* d'aujourd'hui, mais sur le *drainage* d'autrefois, car c'est une vieille pratique agricole. V. le *Vieux-Neuf*, t. II, p. 169, note; et d'Arbois de Jubainville, *Études sur l'état intérieur des abbayes cisterciennes, et principalement de Clairvaux, au XIIe et au XIIIe siècle*. 1858, in-8°, p. 56.

asile dans ses colonnes; et si l'autre jour je ne me fusse trouvé avec un Anglais aussi expert pour ce qui concerne notre langue que pour ce qui regarde la sienne, j'ignorerais encore que ce malheureux mot vient du verbe anglais *to drain*, épuiser, sécher. Mille pardons de ce petit étalage de science; mais on est toujours fier de montrer ce qu'on sait, et si l'on est pédant en quelque chose, c'est toujours pour ce qu'on vient d'apprendre.

S'il y a beaucoup d'ignorants dans une foule, en revanche, il s'y trouve quelquefois par hasard de vrais savants qui pourraient vous faire sur place, *ex professo*, toute une longue leçon au sujet de ce qui vient d'éveiller votre curiosité. Il ne vous faut que les écouter un instant pour que tous vos points d'interrogation se changent soudain en points d'admiration. M. A. Pascal, qui nous a écrit ces jours derniers au sujet du drainage des boulevards, me semble être un de ces passants instruits, dont la science est toujours prête, dont la conversation est un dictionnaire excellent et complet qu'on peut feuilleter, quand il vous plaît, et qui répond toujours à propos. Je ne souhaite qu'une chose, c'est de pouvoir le rencontrer lorsque,

—ce qui n'est que trop fréquent,—je serai embarrassé sur quelque point.

Voyons aujourd'hui ce qu'il nous apprend, dans cette lettre, écrite au *Chroniqueur*, et qui profite en ce moment à l'historien de Paris :

« Le système de drainage appliqué aux arbres des boulevards sera, dit-il, la démonstration évidente d'un fait qui n'est pas encore admis généralement, à savoir que le drainage n'assainit pas seulement les terres par l'écoulement des eaux souterraines, mais bien mieux encore par l'introduction de l'air sous le sol...

« Vous connaissez, ajoute M. Pascal, le fameux marronnier du 20 mars au jardin des Tuileries. Au risque de détruire les croyances populaires, je dirai que l'arbre phénomène ne doit ses succès qu'à l'influence d'un drainage accidentel.

« Le marronnier du 20 mars se touve placé près d'un carré à hémicycle, et dans l'allée circulaire de ce carré, au plus près de l'arbre, il existe un puisard en maçonnerie contenant des tuyaux destinés sans doute à l'arrosement. Ces tuyaux sont probablement devenus inutiles, puisque la pierre qui recouvrait le puisard, et que j'ai vue pendant plus de vingt années, a été recouverte par le sable de l'allée ; mais il est hors de doute que l'air chaud et humide du puisard agit sur les racines de l'arbre, et se trouve être ainsi la cause de sa précocité. »

Voilà, si je ne me trompe, bel et bien, et surtout on ne peut plus naturellement expliquée cette fameuse énigme posée à chaque printemps par les sphinx de tous les journaux, et dont le mot n'avait jamais été trouvé.

Voilà qui met fin à tous les contes en cours au sujet de ce bienheureux arbre, le plus fameux des marronniers de Paris après celui qu'on voyait jadis au Temple [1], et après deux autres, abattus en l'an XII, au Luxembourg, qui dataient de la première plantation du jardin [2]. La fable de ces cosaques enterrés, en 1815, au pied de l'arbre du 20 mars, et dont

---

[1] Le gros marronnier d'Inde du Temple, « père, dit Sauval, de tous ceux que nous avons en France. » (*Rech. sur les Antiquités de la ville de Paris,* t. III, p. 45.)

[2] Grivaud de la Vincelle, *Antiquités gauloises et romaines recueillies dans le jardin du palais du Sénat,* 1807, in-4°, p. 46.

les corps auraient été un merveilleux engrais pour ses racines, tombe ainsi d'elle-même, et franchement je ne la regrette pas. En toutes choses, c'est la nature qu'il faut consulter la première :

« Pour se poser en OEdipe, dit judicieusement M. Pascal, il suffit bien souvent d'ouvrir tout simplement ce grand livre. On y trouve, comme conclusion de chaque chapitre, qu'il n'y a pas d'effet sans cause. »

La lettre se termine par des considérations fort sensées, et tout empreintes d'une commisération vraiment touchante, au sujet des pauvres arbres transplantés la saison dernière sur divers points de Paris. Pour les arbres, la transplantation, c'est comme pour nous l'exil; jeunes ils peuvent la supporter, devenus grands ils en meurent. Ce triste résultat est surtout infaillible si, au mal de la nostalgie, dont ces pauvres exilés souffrent plus cruellement que nous encore, se joignent d'autres malaises, que notre judicieux correspondant nous signale ainsi :

« Des arbres de trente, quarante et même cinquante ans, dit-il, ont été transplantés aux Champs-Élysées, sur la place de la Bourse et sur celle du Châtelet, avec tous les soins qu'exige une telle opération ¹. J'ai remarqué que malheureusement la plupart n'avaient pas été orientés, c'est-à-dire que le côté placé au midi, pendant toute leur vie, était tourné du côté du nord, et *vice versâ*.

« Croyez, Monsieur, que même un marronnier n'est pas insensible à tout changement brusque dans ses habitudes, surtout lorsqu'il n'a pas mis moins de quarante ans à les contracter. Soyez sûr que sa santé doit en souffrir. »

Avis à qui de droit, c'est-à-dire à toute la faculté horticole, aux médecins, chirurgiens et orthopédistes du règne végétal.

¹ Nous avons parlé, dans le *Vieux-neuf,* t. Ier, p. 350, note, des machines dont on se servait au xviie siècle pour de pareils transports. Louis XIV n'avait pas autrement improvisé le parc de Marly. « Il fait planter des arbres qui ont plus de vingt ans. » (*Journal de Dangeau,* édit. complète, t. VI, p. 61, 24 nov. 1697.) Saint-Simon parle aussi de ces arbres de Marly que « le feu roy faisoit planter tout grands. » (Edit. Hachette, in-12, t. XII, p. 358.)

XX

La colonne de la Halle aux blés.

Lorsque Catherine de Médicis, par crainte de Saint-Germain-l'Auxerrois, dont on lui avait prédit que le voisinage lui serait fatal [1], eut résolu de quitter son château des Tuileries encore inachevé, elle choisit pour demeure nouvelle l'ancien hôtel des seigneurs de Nesle; seulement, comme depuis un siècle et demi environ il servait d'asile aux *Filles pénitentes de la Magdelaine,* et qu'étant devenu ainsi une maison de dure discipline, il n'avait plus rien de la splendeur qu'il devait à ses

---

[1] Mézeray, *Hist. de France,* t. III, p. 580. — Dans un mémoire du *Recueil de l'Académie des Inscriptions,* t. XXIII, p. 269, Bonamy a douté de la prédiction, et des craintes qu'en aurait conçues la reine.

premiers propriétaires, ni de la magnificence étalée par le roi de Bohême, Jean de Luxembourg, qui l'avait habité vers 1325, puis par Louis d'Orléans, frère de Charles VI[1] ; la reine résolut de le faire rebâtir tout entier.

Cette reconstruction flattait d'ailleurs chez elle une manie que les historiens n'ont point assez fait remarquer, mais qui n'avait point cependant échappé à ses contemporains. Louis Guyon, notamment, dans son livre, *les Leçons diverses*[2], devenu fort rare, s'appesantit sur cette passion coûteuse de Catherine de Médicis pour la démolition des vieux palais, celle des Tournelles fut la plus fameuse, et pour l'édification de palais nouveaux. Comme c'est au sujet de l'acquisition qui nous occupe que Louis Guyon fait cette sortie contre la reine, le passage très-peu connu de son livre sera bon à citer ici :

« Catherine de Médicis, écrit-il, veuve du feu roy Henry second, lorsqu'elle estoit régente, combien qu'elle fust pourveue d'un bon

---

[1] C'est à ce prince que la rue *d'Orléans-Saint-Honoré*, l'une des avenues du vaste palais, doit le nom qu'elle porte encore. Louis XII, son petit-fils, avait donné une partie de l'hôtel aux *Filles repenties*.

[2] Lyon, 1604, in-12, p. 708-709.

jugement et dame d'honneur, si est-ce qu'elle se laissa persuader à aucuns flatteurs de cour, que pour rendre sa mémoire à la postérité esternelle, debvoit esdifier quelque beau palais : à quoy elle acquiesça, avec beaucoup de longues persuasions ; mais elle n'eust jamais veu la seconde partie de son bastiment hors de terre, qu'elle se repentist, disant qu'elle recognoissoit bien que c'estoit une vraie et pure vanité de l'immortaliser par des bastiments caducs et subjets à ruine dans peu d'années, et laissa cette entreprinse. Laditte dame avoit bien des maisons aux champs, passablement belles et commodes, mais elle n'en avoit à Paris, pour se loger, ses enfants estant parvenus en âge. Le Louvre, logis royal, n'estoit bastant à grand'peine pour y loger leur train : parquoy, vu que la cour en ce temps se tenoit ordinairement à Paris, elle en fit bastir un autre de médiocre coustance, au lieu où estoit fondé l'ordre et religion de la Magdelaine, des femmes et filles pécheresses, converties à pénitence, et fist transporter les pénitentes au lieu de l'abbaye de Sainct-Magloire [1], plus commode, réprouvant patem-

---

[1] « En la rue Sainct-Denys, dit P. Fayet dans son

ment l'advis qu'on luy avoit donné, disant que l'argent seroit mieux employé à racheter les domaines de la couronne, payer les debtes, soulager le peuple foulé de tailles, que non pas l'employer à chose si vaine[1]. »

Une fois que son nouveau palais fut bâti et qu'elle s'y trouva loin de la vue de cette fatale église de Saint-Germain-l'Auxerrois, ne croyez pas que Catherine de Médicis fut tout à fait tranquille, et en sécurité contre les rêves de son propre esprit. Tout l'attirail astrologique dont elle se plaisait tant à se voir entourée l'avait suivie dans cette demeure, et l'on comprend dès lors que ses inquiétudes et que ses angoisses durent y renaître. Le Florentin Côme Ruggieri, qu'elle avait pris pour oracle, et qui était, pour ainsi dire, son grand maître de l'avenir, n'avait garde de faire ces-

---

Journal historique (p. 37), en une abbaye appelée auparavant *Sainct-Magloire*. » Une petite rue de ce nom existe encore, malgré la rue de Rambuteau et le boulevard de Sébastopol, qui l'ont effleurée de très près. Au n° 166 de la rue Saint-Denis subsiste une partie de l'église.

[1] *V.* aussi *Mém.* de Palma Cayet, *Collect. Petitot*, Ire série, t. XXXIX, p. 30. — En mai 1588, lorsque le duc de Guise vint lui rendre visite, elle habitait cet hôtel. (*Journal historique* de P. Fayet, p. 37.)

ser ces tourments dans l'âme de Catherine; il y trouvait trop bien pour lui une source inépuisable d'honneurs et de profits.

« C'étoit, dit Germain Brice, un homme d'une capacité médiocre, grand exagérateur de son mérite et fort entreprenant pour sa fortune [1]. » Il lui avait suffi d'être du pays de la reine et surtout de se dire astrologue pour qu'elle lui livrât toute son âme, et abandonnât en aveugle sa destinée aux divinations de sa magie. Elle crut en lui mieux qu'en Dieu. Ruggieri, aussi habile et plus heureux que Cagliostro, trouva l'occasion bonne pour sa fortune et en usa. Il vendit au plus haut prix ses prétendus secrets. D'abord, malgré ses titres quelque peu diaboliques, il obtint l'abbaye de Saint-Mahé, en basse Bretagne; ensuite, faveur plus grande, il parvint à se faire racheter des galères, où il avait été jeté en 1574, en vertu d'un arrêt de Charles IX, pour crime de complicité dans le procès de La Molle et Coconas [2].

---

[1] *Descript. de la ville de Paris*, 1752, t. Ier, p. 483.
[2] Il mourut en 1615. *V*., sur cette mort, la curieuse pièce, *Histoire épouvantable de deux magiciens*, dans nos *Variétés histor. et litt.*, t. Ier, p. 25.

Catherine ne pouvait exister sans lui. Conserver la vie de son devin, c'était préserver la sienne. Ruggieri fut reconnaissant à sa manière; il paya ce très-éminent service par le don d'une médaille magique qu'il avait pris soin de fabriquer lui-même et dont les vertus étaient sans pareilles. La reine accepta avec onction cette fausse monnaie cabalistique, la porta avec religion et se crut encore redevable envers l'intrigant sorcier.

Tous ses désirs étaient des ordres. Elle lui avait fait construire, dans la plus belle partie de son hôtel, un magnifique laboratoire; elle y avait entassé toutes les merveilles que peut souhaiter un magicien bien appris. Ce ne fut pas assez. Ruggieri trouva que globes, sphères, lunettes, astrolabes étaient inutiles s'il n'avait, pour étudier les astres et lire dans le ciel à livre ouvert, un observatoire dominant le palais et toutes les maisons d'alentour. C'était, bien entendu, une façon nouvelle de rendre sa science imposante, et de donner plus d'autorité à ses révélations. En ce temps-là, comme dans le nôtre, on jugeait toujours de l'excellence des résultats par la magnificence des moyens.

Catherine s'empressa de faire construire

l'observatoire demandé par son astrologue. Le soin en fut confié à Bullant, architecte du nouveau palais, qui, n'ayant que peu d'espace, l'encoignure étroite d'une cour, se tira toutefois fort habilement de ce travail. Il donna à l'observatoire, si impérieusement réclamé et si difficile à placer, la forme élégante d'une longue colonne élancée, haute de cent pieds, cannelée de la base au sommet et percée à l'intérieur, comme la colonne Trajane, d'un escalier à vis.

« Ce qui fut le plus long à bâtir, dit l'abbé Terrasson, dans son *Histoire de l'emplacement de l'hôtel de Soissons* [1], est la fameuse colonne que la reine fit construire par Jean Bullant, célèbre architecte, dans un des angles d'une cour de quinze toises, dont l'entrée étoit rue des *Deux-Escus* [2]. On communiquoit à cette colonne par les appartements de cette cour, lesquels appartements aboutissoient à une porte, ensuite de laquelle on trouvoit un escalier pratiqué dans l'intérieur de cette colonne et qui conduisoit jusqu'au haut. »

Pour que quelque chose témoignât de l'u-

---

[1] Paris, 1762, in-4°, p. 29-30.
[2] Cette cour avait quinze toises en carré. (*Mém. de l'Acad. des Inscript.*, t. XXIII, p. 270.

sage de cet observatoire, des signes et des emblèmes cabalistiques furent sculptés sur le fût gracieux de la colonne, où ils étaient mêlés aux miroirs brisés, aux lacs d'amour rompus, figures allégoriques du veuvage de Catherine [1].

Je ne sais si Ruggieri fit un fréquent et surtout un utile usage de cet observatoire ; je sais moins encore si la mère de Charles IX monta souvent à son faîte, et si là, en compagnie de son diabolique confident, elle étudia, dans le cours des astres contraires, le secret des destinées fatales qu'elle fit peser sur la France. Elle n'y apprit pas du moins l'art de garder son pouvoir en présence de la maison de Guise, et le moyen de survivre à la perte de son crédit.

Quand elle fut morte, son hôtel, après quelques vicissitudes de vente et de succession, devint, en 1604, moyennant la somme alors énorme de 100,000 livres [2], la propriété de Charles de Bourbon, comte de Soissons. Il en prit le nom d'*hôtel de Soissons,* qu'il ne quitta

[1] Terrasson retrouve *la cabale* jusque dans la disposition des cercles de l'espèce de sphère qui dominait et domine encore la colonne. (*Id., ibid.*)

[2] *Mém. de l'Acad. des Inscript.*, t. XXIII, p. 263.

plus. Il fut conservé à peu près intact. Rien ne fut retranché de son immense étendue; on lui laissa même sa gracieuse mais inutile colonne. De génération en génération, on s'en était dit l'histoire, et le visiteur ne la regardait jamais sans une sorte de terreur. On la venait voir avec autant de curiosité que la belle Vénus de Jean Goujon, placée dans le jardin du même hôtel [1]. Elle trouvait autant d'admirateurs que la magnifique chapelle bâtie tout près de là, dans la même enceinte, par Catherine de Médicis, et dont les sveltes campaniles atteignaient à peine sa hauteur.

Pendant les règnes qui suivirent, l'hôtel de Soissons changea souvent, sinon de propriétaires, au moins d'habitants. Il en eut de toutes sortes et de tous rangs. Mademoiselle de Scudéry et son frère, le matamore lettré, furent du nombre. Ce n'est que plus tard, en 1762, qu'il eut son historien, M. Terrasson, qui fit pour l'historique demeure une notice déjà citée plus haut, et dont une analyse, même fort simple, serait ici trop longue.

Si une partie de l'hôtel était livrée en location à des habitants assez mal choisis, le reste

---

[1] G. Brice, *Descript. de la ville de Paris*, t. Ier, p. 484.

des bâtiments, et c'en était la part la plus considérable, demeurait réservé à l'habitation des princes de la maison de Savoie, quand ils se trouvaient à Paris. C'est ainsi que Thomas-François de Savoie, prince de Carignan, et Eugène-Maurice de Savoie, y firent longtemps séjour, et que l'antique hôtel eut la gloire d'être la maison natale de deux des plus grands généraux du siècle, Guillaume de Bade et François-Eugène de Savoie, fameux sous le nom de *prince Eugène*. Au pied de cette colonne, dans les hautes herbes de la cour déserte qui s'étendait à sa base, commença ainsi et grandit l'enfance de l'homme qui devait balancer avec le plus d'avantage la destinée vieillie de Louis XIV, et tirer la plus cruelle vengeance de ses dédains.

Pauvre hôtel de Soissons, bien imposant encore par sa masse et par son étendue, lorsque cette naissance venait l'illustrer; mais déjà presque en ruine cependant, déjà presque désert, tant même les richesses d'une famille princière étaient insuffisantes à le tenir en bon état, tant il fallait une cour nombreuse pour le remplir tout entier!

Les princes de Carignan le savaient bien et

ne cherchaient pas à y porter remède. La chapelle fut la première partie de l'hôtel qu'ils laissèrent se dégrader [1]. Qu'en eussent-ils pu faire? Le reste des bâtiments était plus facile à employer. Ils y songèrent. Profitant de l'impunité que leur titre leur garantissait, ils ouvrirent l'hôtel de Soissons à tous les scandales lucratifs du *lansquenet* et du *pharaon* [2]. Le vieux palais de Catherine de Médicis ne fut bientôt plus qu'un vaste tripot,

[1] On voit, par le plan de Gomboust, que cette chapelle était située à l'angle des rues *Coquillière* et de *Grenelle;* le portail faisait face à la rue *Jean-Jacques-Rousseau,* alors rue *Plâtrière*. Elle était à l'un des angles du carrefour où Furetière et Boileau placèrent la scène de leur farce de *Chapelain décoiffé*, endroit fort bien choisi, car il était près de l'hôtel Séguier, qui servait aux séances de l'Académie, et d'où Cassagne et Chapelain étaient censés sortir.— Le jardin de l'hôtel de Soissons, qui formait un vaste triangle, tenait la place de toute la partie qui avait été occupée par le couvent des Filles repenties. (*Journal histor.* de P. Fayet, p. 37.)

[2] Le gouverneur de Paris avait le même privilége. Le duc de Tresmes, qui l'était à la fin du XVIIe siècle, avait affermé son hôtel de la rue Neuve-Saint-Augustin au comédien Poisson pour y tenir une maison de jeu, qui fut la plus célèbre de la Régence. Poisson lui donnait mille livres par mois. (Némeitz, *Séjour de Paris,* 1727, petit in-8º, p. 201-211.)

où l'on jouait le plus gros jeu, où roulaient des louis de toutes mains et de toutes sortes, même des louis de mauvais aloi [1]. On s'émut de ces désordres en haut lieu, et plusieurs lettres ministérielles et royales furent échangées, afin qu'on avisât à le faire cesser [2].

Le jeu quitta la place, mais ce fut pour la céder à son proche parent l'agiotage. En 1718, l'hôtel fut envahi par les bureaux de la banque; elle s'y trouvait si commodément que, l'année d'après, Law, voulant s'y installer définitivement, offrit 1,400,000 livres au prince de Carignan pour la propriété de l'hôtel [3]. L'affaire ne s'arrangea point, et c'est alors que la banque émigra rue Quincampoix.

Il fallait cependant tirer parti, sinon des bâtiments, au moins du terrain immense qu'ils encombraient. Avant que Law ne fût venu s'y établir, on avait songé à faire table rase de toutes les constructions, et à bâtir sur son emplacement un théâtre pour l'Opéra [4]. Vain projet, aussitôt avorté que conçu! En-

---

[1] *La Bastille dévoilée*, 1789, in-8°, p. 72.
[2] Depping. *Corresp. administ. de Louis XIV*, t. II, p. 590, 602, 719.
[3] *Journal* de Barbier, 1re édit., t. II, p. 290.
[4] *Ibid.*, t. Ier, p. 302.

core n'était-ce pas le premier dont le sort eût été pareil.

Colbert, que les désordres des tripots de l'hôtel de Soissons avaient effrayé à juste raison, s'était mis en tête de détruire ce dangereux asile. Le temps le minait peu à peu, mais ses ravages allaient trop lentement, le ministre voulut en finir d'un seul coup.

Une fois l'hôtel par terre, Colbert eût fait un magnifique usage de ses terrains. Une vaste place les aurait occupés, ayant à son centre un monument nouveau à la gloire du roi : du milieu d'un immense bassin se serait élevé un rocher au sommet duquel on eût vu Louis XIV foulant aux pieds la Discorde et l'Hérésie. Cette figure devait être de bronze, ainsi que celles des quatre fleuves géants qui, appuyés sur leurs urnes, eussent versé une énorme masse d'eau dans le bassin de marbre. Tout était prêt, les blocs étaient tirés de la carrière, la place allait être faite, quand la mort du surintendant vint tout arrêter. De ce grand projet, interrompu sans espoir d'être jamais repris, il ne resta qu'un petit modèle du monument, conservé longtemps par Girardon dans son cabinet [1].

[1] G. Brice, *Descript. de la ville de Paris*, t. 1er, p. 485.

Jamais l'hôtel de Soissons n'avait été plus près de sa destruction ; la colonne astrologique n'aurait pas survécu davantage. On ne pensait pas, en effet, qu'un tel monument, bâti pour les œuvres de la cabale, pût figurer dignement auprès de la statue du grand roi terrassant l'Hérésie.

Quelque soixante ans plus tard, c'est-à-dire en 1748, quand la démolition de l'hôtel fut réellement entreprise, un poëte, il est vrai que c'est Gresset le railleur, fut d'un avis tout contraire. C'est une statue royale, celle de Louis XV, qu'il rêvait pour ornement au sommet de la colonne dont il demandait la conservation. Il s'engoua si fort de son idée, qu'il en fit le texte de sa *seizième épître,* adressée à M. de Tounehem, surintendant des bâtiments du roi. Selon lui, on ne pouvait mieux faire que de transformer ainsi la colonne Médicis en monument triomphal, ou comme il dit, en *colonne lodoïque.* Grâce à

—Les blocs de marbre destinés à ce monument servirent, entre autres choses, pour les statues colossales de Charlemagne et de saint Louis, placées au frontispice de l'église des Invalides. (*Id., ibid.,* p. 486.)

cette nouvelle consécration, elle cesserait tout à fait d'être :

> L'astrologique observatoire
> Que Médicis avoit bâti,
> Pour le chimérique grimoire
> De Gauric et de Ruggieri [1].

Malheureusement pour Gresset, son idée ne trouva que des railleurs. On lui paya en épigrammes son beau projet en épître. Piron surtout ne se fit pas faute de plaisanteries ; d'abord il fit un rondeau à l'adresse de Gresset, puis, après le rondeau, une épigramme qui vaut mieux et que voici :

> La colonne de Médicis
> Est odieuse à notre histoire;
> Pour en effacer la mémoire
> On ne doit pas être indécis.
> Il faut être un hétéroclite
> Pour y vouloir placer le roy ;
> C'est du vainqueur de Fontenoy
> Faire un saint Siméon Stylite.

[1] Gresset, en proposant cette statue de Louis XV, au sommet de la colonne Médicis, se trouvait d'accord avec le projet qu'on avait eu vers le même temps, de faire une place sur les terrains de l'hôtel de Soissons, et d'y placer la statue équestre qui finit par figurer sur la place *Louis XV* (*Mém.* de d'Argenson, édit. elzévir., t. III, p. 214).

Collé se mit de la partie, et, comme tout le monde, il fut contre l'idée de Gresset. Après avoir consigné dans son *Journal* [1], sous la date d'octobre 1748, le récit de l'affaire, enjolivé du rondeau de Piron, il termina ainsi :

« Cette anecdote, qui n'est pas fort curieuse en elle-même, marque du moins l'époque de la démolition de l'hôtel de Soissons, qui a été commencée cette année et qui n'est pas encore achevée. »

La colonne fut pourtant redevable de quelque chose à tous ces projets praticables ou non ; elle leur dut de ne pas être comprise dans la démolition. En attendant qu'on se fût mis d'accord et qu'on sût enfin ce qu'on en pourrait faire, on la laissait debout. C'était autant de gagné. En 1750, cependant, elle fut sérieusement menacée; les derniers restes de l'hôtel venaient de tomber, et il semblait, aucun parti définitif n'ayant été pris à son égard, qu'il n'y avait plus de raison de la conserver. Elle pouvait d'ailleurs être gênante pour le projet qu'on avait déjà de bâtir une nouvelle *Halle aux blés* sur le terrain

---

[1] T. Ier, p. 9.

déblayé[1]. Depuis que tout l'espace avait été acheté par la ville, elle lui appartenait comme le reste, et c'était au prévôt des marchands de décider si on la jetterait par terre ou s'il faudrait la conserver. Le prévôt, c'était alors M. de Bernage, fut pour le premier avis. C'en était donc fait de la malheureuse colonne, quand M. de Bachaumont, qui, avant de s'occuper de scandales et de *Mémoires secrets,* avait eu fort à cœur tout ce qui pouvait importer à la beauté de cette bonne ville de Paris, dont, comme on l'a si bien dit[2], « il s'était fait l'édile honoraire, » prit en pitié la vieille relique.

Déjà, vers le même temps, dans son *Essai sur la peinture, la sculpture et l'architecture*[3], prévoyant ce qui arriverait, et le critiquant par avance, il avait dit de cette colonne :

« Peut-être la démolira-t-on par la suite, quoiqu'elle méritât d'être conservée et res-

---

[1] Pour les vicissitudes et les transformations qu'eut à subir la construction de cette halle, V. le *Vieux-Neuf*, t. II, p. 140-143.

[2] Ed. et J. de Goncourt, *Portraits intimes du XVIIIe siècle,* 1re série, Paris, E. Dentu, 1857, in-18, p. 37.

[3] 2e édit., in-8°, p. 68.

taurée; on en pourroit faire une fontaine publique. »

Le danger devenant plus grand, il ne s'en tint pas à des phrases. Il alla droit à l'Hôtel de ville, demanda combien on voudrait lui vendre la colonne : Quinze cents livres, lui lui dit-on. Il les donna, ne voulant qu'une grâce, c'est qu'on la laisserait debout, et que la ville ne priverait pas ainsi le quartier des Halles de son unique ornement.

On sut, dans le monde, ce qui s'était passé et il en courut des gravures à la honte de M. de Bernage; elles étaient même assez injurieuses pour qu'on ne se permît pas d'abord de les répandre en public. Mais, dix ans après environ, le prévôt des marchands n'étant plus le même [1], et les conversations recommençant sur le compte de l'hôtel de Soissons, à propos des travaux de la nouvelle *Halle aux blés*, entrepris enfin par l'architecte Camus de Mézières, les caricatures se mirent à reparaître, et cette fois publiquement.

---

[1] C'était alors messire Camus de Pontcarré, seigneur de *Viarmes,* qui laissa ce dernier nom à l'une des rues qui aboutissent à la Halle aux blés. M. Jollivet de *Vannes,* procureur du roi et de la ville, M. de *Sartines*. lieutenant de police, M. *Mercier,*

Le mal, c'est qu'elles reparaissaient quand elles étaient devenues une injustice; dès 1750, M. de Bernage avait réparé son tort, en se hâtant de racheter la colonne à Bachaumont, qui, plus juste que les satiriques, lui donna, dans une note de la seconde édition de son *Essai sur la peinture,* etc. [1], quittance et absolution.

« On répand dans le public, disent les *Mémoires secrets,* sous la date du 29 août 1763 [2], une estampe gravée il y a plusieurs années, mais qui étoit restée dans le plus grand secret; elle a été faite à propos de la démolition que l'on vouloit faire de la *colonne Médicis.* Elle représente l'extérieur de cet ouvrage, et la coupe intérieure et perpendiculaire. Dans un coin du tableau, l'on voit l'Ignorance, en bonnet d'âne, qui mène à sa suite des pionniers et autres ouvriers prêts à démolir. Au pied de la colonne se trouvent des sauvages qui se disposent à la défendre… On sait que

---

échevin, M. *Babille,* quartenier, et M. *Oblin,* l'un des entrepreneurs des travaux, donnèrent leur nom aux autres rues nouvelles.

[1] P. 63. — *V.* aussi Saint-Foix, *Essais sur Paris,* t. VII, p. 227.

[2] T. 1er, p. 314.

ce fut M. de Bachaumont qui s'opposa pour lors à cette barbarie, ayant acheté le monument. Cette gravure, conséquemment très-injurieuse au prévôt des marchands, avoit été supprimée. Elle reparoît depuis peu à l'occasion des travaux qu'on fait dans l'hôtel de Soissons [1]. »

Le premier vœu de Bachaumont, la conservation de la colonne, étant ainsi rempli [2],

---

[1] Ces travaux étaient la construction de la Halle aux blés.

[2] Il avait eu pour Paris bien d'autres idées : il voulait un nouvel Hôtel de ville; mais l'ancien, tel qu'on l'a refait et complété, l'eût satisfait, je pense. La translation des Quinze-Vingts était aussi dans ses projets, bien avant qu'on l'eût exécutée. Il demandait, ce qui n'a pas été fait, une vaste place devant le Luxembourg, et le transport de l'Hôtel-Dieu à l'île des Cygnes. (Ed. et J. de Goncourt, *Portraits intimes du XVIII siècle,* 1re série, p. 38.) L'abbé Ansker avait aussi émis cette dernière idée. (*Variétés philosoph. et littér.*, 1762, in-12, p. 131, note.) L'Hôtel-Dieu n'en est pas moins toujours à la même place ; quant à *l'île des Cygnes,* réunie au quai d'Orsay, elle n'est plus qu'une portion du quartier du Gros-Caillou. Elle s'appelait d'abord *île Maquerelle* et devait son nouveau nom aux cygnes que, par ordonnance du 16 octobre 1676, Louis XIV y avait fait mettre « sous la protection du public. » Il en est parlé dans

restait à satisfaire son autre désir, c'est-à-dire à faire de la base monumentale une fontaine publique. On ne s'en avisa que plus tard. Jusque-là, la colonne, à qui son aspect gracieux et les souvenirs de sa longue histoire suffisaient comme recommandation, n'eut autre utilité que celle du méridien dont un savant génovéfain, le P. Pingré, orna son faîte en 1764 [1].

l'*Ambigu d'Auteuil* (p. 70) et dans une des *Lettres* de Maucroix : « De dessus la terrasse (de Meudon), on voit, dit-il, la rivière de Seine, qui descend de Chaillot, droite comme un canal, et toute couverte de cygnes, ce qui n'est pas, selon moi, une petite beauté. » (*Œuvres*, édit. L. Paris, t. II, p. 188.)

[1] *V.* sa brochure : *Mémoire sur la colonne de la Halle aux blés et sur le cadran cylindrique construit en haut de cette colonne*, 1764, in-8°.

XXI

Les chiffres de Henri II et de Catherine de Médicis, au Louvre.

Dans le chapitre qui précède, sur la colonne de l'hôtel de Soissons, nous avons omis à dessein une des particularités les plus curieuses, la réservant pour ce chapitre-ci, qui lui sera tout spécial.

Il s'agit des emblèmes, chiffres et devises, chiffres surtout, qui se trouvaient sculptés sur la base et dans les cannelures de la haute colonne, comme sur la plupart des monuments royaux qui datent du même temps.

Ces signes, invisibles aujourd'hui, soit parce que les grattages successifs qu'a subis la colonne les ont fait disparaître, soit parce qu'ils se trouvaient principalement sur la base, complétement remaniée lorsqu'on y adapta une fontaine, ou bien encore sur la partie faisant face à l'hôtel, qu'on a encastrée dans l'enceinte extérieure de la Halle aux blés, tous ces signes, dis-je, dont nous ne pouvons plus juger, étaient fort apparents autrefois, et figuraient, par conséquent, comme détails indispensables dans toutes les descriptions écrites, dans toutes les représentations gravées de la fameuse colonne.

Sur la gravure in-folio qui en fut faite en 1756, ils sont, par exemple, assez visibles; Saint-Aubin n'eut garde non plus d'en oublier le plus important, sur l'estampe, dans un coin de laquelle il figura, par une allusion difficile à trouver au premier coup d'œil, la base et les premières assises cannelées de la colonne Médicis. Cette estampe peu connue, qui porte la date de 1780, représente des enfants jouant à la fossette au milieu d'une enceinte en ruines. Au bas, se lisent ces vers d'une moralité un peu anticipée :

Dieu ! dans vos jeunes cœurs quel vice prend naissance !
D'un joueur, savez-vous quel est le sort fatal ?
Victime du malheur, jouet de l'espérance,
Il vit dans le mépris et meurt à l'hôpital.

Dans un des coins, comme je l'ai dit, au dernier plan, afin de rappeler sans doute, par un souvenir de l'hôtel de Soissons, le tripot scandaleux qu'y avait établi le prince de Carignan, et dont nous avons parlé, Saint-Aubin a représenté notre colonne, sans rien omettre des ravages visibles que le temps y avait faits. Pour qu'on ne s'y méprît pas, il écrivit sur la seconde assise, en lettres minuscules : *Colonne de l'hôtel de Soissons, telle qu'elle étoit encore en* 1760; mais, ce qui vaut mieux pour nous, et ce qui rendrait même inutile l'inscription explicative, il plaça dans les cannelures les C et les H entrelacés qu'on y voyait encore de son temps. Or, c'est là, pour nous, le point important ; c'est même seulement ce qui nous a conduit à vous parler avec autant de détails de la gravure de Saint-Aubin, et à en faire comme le point de départ de cette petite dissertation.

Le chiffre conjugal, par lequel s'éternisait sur la pierre le souvenir d'affection que Catherine, dans son veuvage, gardait à son royal époux, Henri II, n'avait pas échappé à Terrasson [1]. Sans se laisser abuser par

[1] *Histoire de l'emplacement de l'ancien hôtel de Soissons*, Paris, 1762, in-4°, p. 29-30.

l'entrelacement un peu ambigu des C et des H croisés ensemble; sans y chercher comme tant d'autres, avant et après lui, une lettre différente de celles qui s'y trouvaient, et dont la présence eût rendu impossible les emblèmes environnants, il se contenta d'écrire :

« La colonne a dix-huit cannelures où, en quelques endroits, se voyent des couronnes, des fleurs de lys, des cornes d'abondance, des miroirs cassés, des lacs d'amour déchirés et des C et des H entrelacés. La plupart de ces ornements, ajoute-t-il, sont allégoriques à la viduité de Catherine de Médicis, qui, après la mort de Henri II, son mari, ne voulut plus s'occuper que de la perte qu'elle avoit faite. »

Prudhomme, qui vint quarante-cinq ans après Terrasson, eut le même bon sens que lui [1], et cela sans doute par l'excellente raison, que n'ayant plus les preuves sous les yeux, il avait cru prudent de s'en tenir à ce qu'avait dit le judicieux écrivain, et de se faire simplement l'écho de son opinion. Pi-

---

[1] *Miroir historique de l'ancien et du nouveau Paris*, 1807, in-12, t. III, p. 183.

ganiol, au contraire, qui pouvait parler d'après lui-même, et nous donner le résultat de l'examen qu'il avait pu faire de la *colonne Médicis,* lorsque les emblèmes n'en avaient pas encore été effacés, crut plus ingénieux de tomber tout à plein dans le contre-sens adroitement éludé par Terrasson.

Une fois pris au piége que lui avait tendu la disposition assez équivoque, j'en conviens encore, de ces deux lettres entre-croisées, il s'y complut si bien, que l'erreur, insérée d'abord, en 1752, dans la première édition de sa *Description de la ville de Paris,* fut textuellement reproduite dans la seconde, en 1765 [1], c'est-à-dire juste trois ans après que le livre de Terrasson fut venu lui donner le vrai sens de l'hiéroglyphe, et lui apprendre à bien lire ce qu'il avait lu si mal.

Pourquoi cette ténacité dans l'erreur ? Peut-être parce qu'en rétablissant la vérité, Piganiol eût ôté de son livre un fait dont le scandale lui plaisait, et surtout parce qu'il y eût perdu l'occasion de décocher, en digne devancier de Dulaure, une petite invective à l'adresse d'un roi, de Henri II. Il est rare

---

[1] T. III, p. 242.

pourtant que le bonhomme ait des méchancetés; je ne lui connais guère que celle-là. Vous allez voir que pour la première il joua de malheur. Il parle donc d'abord des emblèmes dont l'abbé nous a déjà entretenus, puis, arrivant aux deux initiales, c'est-à-dire à la grossière erreur dans laquelle le jette leur enlacement, il ajoute :

« Le chiffre où l'on voit un H et un D avec un croissant entrelacés, est celui de Diane de Poitiers, maîtresse de Henri II, et qu'il a fait graver sur tous les bâtiments élevés sous son règne, et même dans les édifices sacrés et jusque sur leurs autels; c'est une espèce d'impiété que l'on peut voir dans l'église des Minimes de Vincennes et en plusieurs autres. On trouve encore ce chiffre sur les pièces d'artillerie qui ont été fondues de son temps. Le croissant étoit le croissant de Diane ou de la lune, nom de baptême de cette duchesse. C'est ce qui prouveroit que cette colonne n'a pas été élevée dans la viduité de Catherine de Médicis, mais du vivant de Henri II. »

Plus on examine ce passage, et ce qui précède a mis, je crois, tout le monde en état de bien lire et de bien juger, plus on y découvre d'erreurs. Il y en a autant que de mots. Nous ne nous arrêterons qu'à la principale, complétée par toutes les autres ; peut-être même ne nous en préoccuperions-nous pas plus que du reste, si ce qu'elle contient d'erroné n'était passé depuis longtemps dans le courant des choses partout admises, partout répétées ; et si, dernièrement encore, lors de la restauration des ornements du vieux Louvre, où le chiffre, honni à l'hôtel de Soissons, se trouve tant de fois reproduit, le même contre-sens n'avait donné matière à toutes sortes d'indignations vertueuses contre le scandale des amours de Henri II, à toutes sortes d'élans de pitié charitable pour la complaisance de cette pauvre Catherine de Médicis.

Puisque sur un monument construit par cette reine, pour elle-même, pendant son veuvage, Piganiol croyait voir l'insigne des amours de Henri II et de Diane, abusé qu'il était par le chiffre malencontreux où le double C, initial de Catherine, prenait la forme d'un double D, grâce aux deux jambages du H initial contre lesquels ses quatre extrémités venaient s'appliquer ; jugez comme on devait bien mieux encore le retrouver dans les frises du vieux Louvre, ce palais où tout s'est fait par les ordres de Henri II, et selon le gré de son cœur. Comment, quand tout ce qu'on savait du despotisme exclusif de cette passion venait parler au souvenir; quand, de plus, les deux lettres unies s'adressaient si bien aux yeux, comment ne pas croire que c'était là le chiffre de l'amant et de la maîtresse, et non celui de l'époux et de l'épouse? Si quelqu'un, plus sceptique ou plus clairvoyant, eût voulu mettre la chose seulement en question, on l'eût forcé de déclarer qu'il avait tort, en lui montrant les croissants mêlés aux chiffres du roi et de sa maîtresse. La confusion, possible jusqu'à un certain point devant les lettres ambigument croisées, ne pouvait plus l'être devant l'incontestable attribut de Diane, déesse ou favorite; en un mot, si la reine avait quelque droit de revendiquer le chiffre, disposé d'une certaine façon, elle ne pouvait à coup sûr rien prétendre sur l'emblème qui en était le corollaire.

A ce raisonnement, appuyé surtout de cette dernière preuve, il semble d'abord qu'on n'ait rien à répondre; cependant, quand on va au fond des choses, on ne tarde pas à découvrir qu'en ceci comme dans le reste, il y a matière à contestations nouvelles, et, par suite, à conclusions différentes.

Par une rencontre tout à fait singulière, en effet, il se trouve que Catherine de Médicis avait, comme Diane de Poitiers, un croissant pour emblème. C'était le *corps* de la devise qu'elle avait dû prendre en même temps que le titre de Dauphine, lors de son mariage avec le fils aîné de François Ier, et qu'elle avait toujours gardée depuis, pour des raisons que nous tâcherons d'expliquer tout à l'heure.

Dreux du Radier éclaircit fort judicieusement les faits qui se rapportent à cette similitude, et l'erreur qui en est la conséquence, dans le passage suivant de ses *Tablettes historiques des roys de France*[1].

« Il est peu d'auteurs, dit-il, qui ne prétendent que la belle devise du croissant, avec ces mots : *Donec totum impleat orbem,* qu'il (Henri II) avoit adoptée, étoit une marque de son amour pour Diane de Poitiers, au nom de laquelle cette devise, dit-on, faisoit allusion. Je sçais bien, et personne n'ignore que le croissant est le symbole de Diane : mais quelle relation du *mot* avec la duchesse? La reine, n'étant encore que dauphine, avait fait peindre et représenter le croissant sur

---

[1] 1766, t. II, p. 184-185.

les meubles et sur les tapisseries qu'elle faisoit faire. Paul Jove, qui me paraît le seul qui ait donné un sens juste à cette devise, dont il fait l'éloge avec raison, me paroît aussi le seul qui en ait donné une juste explication.

« Henry, dit Paul Jove, qui prit cette devise
« n'étant encore que dauphin, vouloit faire
« voir que, de même que toute la lumière de
« la lune ne paroît qu'en son plein, on ne
« connoîtroit aussi entièrement toute sa va-
« leur et ses autres qualités que lorsqu'il se-
« roit sur le trône. »

Les faits ainsi établis et restitués à la vérité, quelque chose reste encore à élucider; c'est la raison qui put engager Catherine de Médicis à garder chiffre et emblème, alors qu'il dut lui être prouvé que l'un et l'autre lui étaient communs avec la favorite; c'est la préférence qu'elle eut toujours, et qu'elle affecta même, pour celui-ci, aussi bien que pour celui-là, tant que son mari vécut, et même lorsqu'elle fut veuve. Ce que nous avons vu sur la colonne de l'hôtel de Soissons nous le prouve, et, au besoin, nous pourrions encore citer, comme indice de sa prédilection pour l'emblème lunaire, la devise en grec qui se trouve, entre autres livres lui ayant appartenu, sur le magnifique exemplaire que possède aujourd'hui la Bibliothèque impériale, *De l'Astrologique Discours*, par Jacques Bassantin, Écossais, dédié à Catherine de Médicis, reine de France et de Navarre, deux ans avant la mort du roi, c'est-à-dire en 1557.

Cette énigme nouvelle, qui vient singulièrement compliquer l'autre, ne peut pas comme elle avoir son explication positive et tirée des faits; il n'est possible, je crois, d'en trouver le mot que par une induction morale reposant sur ce qu'on sait du caractère de Catherine de Médicis.

Tant que vécut Henri II, le rôle de la reine fut complétement passif : on ne la voit intervenir en rien, elle n'a aucune influence dans les affaires, aucun pouvoir sur l'esprit et sur le cœur du roi; son impuissance est complète; elle ne peut lutter contre la triomphante Diane, ni comme reine, ni comme épouse. Non-seulement il lui est impossible de s'opposer aux désordres clandestins des amours du roi, mais il ne lui est pas même permis d'empêcher les hommages ostensibles, publics, que Henri II rend à sa maîtresse. Que fait-elle? Ne pouvant échapper par la force à ce que le rôle qui lui est fait cache d'injurieux et de flétrissant pour elle, elle tâche d'en éluder l'ignominie par l'astuce et par l'adresse. Ne pouvant, pour tout ce qui se passe, se tromper elle-même, elle veut au moins donner le change au public, et surtout à l'histoire dont la pensée préoccupa toujours de bonne heure des esprits comme le sien. La favorite en est venue à ce point de splendeur souveraine et exclusive, que tout ce que peut espérer la reine, c'est d'être prise pour elle; Catherine n'hésite pas; cet effort qui devait tant coûter à sa fierté, elle le tente avec une abnégation complète. Le hasard alphabétique qui, à l'aide d'une simple modification dans la disposition des initiales, permet de confondre son chiffre d'épouse avec le monogramme amoureux de Henri II et de Diane, vient la servir; elle en profite.

Au commencement de son mariage, c'est-à-dire avant la liaison de Henri et de la duchesse de Valentinois, le chiffre qu'elle avait adopté n'aurait pu donner lieu à la confusion dont nous parlons. Pareil à tous les monogrammes formés par l'union de deux C[1] et

[1] Entre autres exemples, nous pouvons citer celui de la sœur de **Henri IV, Catherine**, duchesse de

d'un H, il était disposé de sorte que le double C, afin qu'on ne le prît point pour un double D, comme elle y avisa plus tard elle-même, faisait déborder ses pointes saillantes en dehors des jambages du H, au lieu d'aller se perdre, sans saillie extérieure, dans les extrémités de cette dernière lettre. Cette disposition s'observe sur les objets qui nous sont restés de Catherine de Médicis lorsqu'elle était dauphine, et même aussi sur quelques monuments datés de son veuvage, entre autres, sur une médaille publiée par le *Trésor de numismatique*[1], et de laquelle le Cabinet impérial possède un magnifique exemplaire en argent; mais pourtant, c'est surtout l'autre disposition, permettant de voir un D au lieu d'un C dans le centre du monogramme, qui fut adopté par Catherine à ces dernières époques. Ce qu'elle fit à l'hôtel de Soissons, d'une manière si évidente que Piganiol en fut trompé, comme vous l'avez vu tout à l'heure, est la preuve incontestable de ce que nous disions. Les chiffres qu'elle avait fait sculpter sur toute la façade de ce palais de son choix,

Bar. *V. Correspondance de Henri IV*, t. V, p. 110, pl. 2.

[1] *Médailles françaises*, 1ʳᵉ partie.

sur le long fût de cette colonne, dont l'existence témoignait de ses superstitions secrètes, étaient si bien, si identiquement pareils à ceux dont étaient semées les frises du Louvre, que le bon historien s'y était laissé prendre, et n'avait pu s'empêcher d'en faire le texte de la petite diatribe que nous vous avons fait lire [1].

Pour nous, l'erreur de Piganiol est donc bonne à quelque chose ; elle n'était toutefois pas indispensable comme preuve, la vérité pouvait se faire sans qu'on en eût besoin. M. Lenormant, en effet, qui n'avait pas connaissance de ce détail, n'en était pas moins arrivé, par les déductions qui découlent du reste, à la même conclusion que nous, dans un curieux article de la *Revue numismatique* [2], consacré à la médaille d'argent dont nous

[1] Suivant Sauval (t. Ier, p. 82), Catherine de Médicis faisait quelquefois précéder son nom d'un D. Pourquoi ? il ne peut le dire ; mais cela n'était pas de nature à diminuer la confusion de monogrammes dont nous parlons ici. Ce D, placé devant le nom de la reine, se voyait sur la première pierre de la Porte de la Conférence, posée en 1566.

[2] T. VI, p. 426. *V.* aussi, L. de la Saussaye, *le Château de Chambord*, 4e édit., p. 16-17, note, et L. de Laborde, *Glossaire*, p. 212.

parlions tout à l'heure. Les faits qui précèdent, et qui témoignent des singulières capitulations auxquelles se soumettait l'épouse de Henri II, quand il en était besoin, l'y ont amené à dire fort judicieusement :

« Catherine tenait à faire voir que les C de son nom entraient dans la composition du chiffre royal, tandis que Henri II, au contraire, se plaisait à ce qu'on devinât le D de Diane, pour ainsi dire, sous le C de Catherine... Le but d'un tel système de conduite était de sauver les *apparences,* tout en sacrifiant le fond. »

Faut-il croire que si le hasard complaisant n'eût pas offert cette voie de salut à son amour-propre, à sa dignité d'épouse, Catherine se fût, en tout ceci, montrée moins accommodante ? Je le veux de grand cœur, et d'autant mieux que la conduite qu'une autre reine de même origine, Marie de Médicis, tint en des circonstances toutes pareilles, sauf les raisons de complaisance dont je viens de parler, me fait bien augurer de ce qu'aurait fait Catherine, du moment que, faute de subterfuges, il lui eût fallu agir franchement pour sauvegarder son honneur de reine.

Henri IV, aussi hardiment amoureux de

Gabrielle d'Estrées que Henri II l'avait été de Diane, et non moins ardent à partout arborer les insignes de sa passion, avait semé de tous côtés, à Fontainebleau, à Saint-Germain, au Louvre, les devises, les chiffres, les emblèmes qui la rappelaient. D'abord, ils avaient été assez hiéroglyphiques; ils consistaient en un S traversé d'un trait, et il fallait de bons yeux d'héraldiste pour trouver dans ce rébus galant le nom de la favorite, le mot *Estrées* (S, trait), comme quelques-uns l'ont pensé [1]; ou pour y découvrir, selon d'autres que je crois davantage, l'emblème de la constance, de la *fermesse* de ce royal amour [2]. Henri IV, s'enhardissant peu à peu, les insignes de sa passion visèrent moins à l'énigme, leur sens fut plus distinct; il venait de divorcer avec Marguerite de Valois, et divorce valait veuvage. Au lieu du calembour figuré dont nous venons de parler, il fit donc mettre partout l'initiale de son nom entrelacée avec

---

[1] M. de Fréville, *Bibliothèque de l'École des Chartes*, décembre 1841, p. 170; Vatout, *Histoire du palais de Fontainebleau*, p. 203.

[2] Longpérier, *Revue numismatique*, 1856, p. 268; Chabouillet, *Catalogue général des camées... de la Bibliothèque impériale*, p. 623.

l'initiale du nom de sa maîtresse. Gabrielle mourut, mais l'amour du roi et les signes qui en étaient le souvenir lui survécurent. Ils se trouvaient partout, sur les façades du Louvre agrandi, quand, en 1600, la nouvelle reine, Marie de Médicis, vint s'y établir. Comme il était impossible de s'abuser de parti pris, ainsi qu'avait fait Catherine; comme les initiales accusatrices ne permettaient pas de voir dans ce vieux souvenir d'amant un hommage anticipé d'époux, l'un des soins de la reine fut de les faire disparaître. C'est du moins ce que dit positivement Sauval [1].

« Ce prince (Henri IV), écrit-il, dans le goût d'Henri II, fit entrelacer ses chiffres avec ceux de la duchesse, dans le palais qu'il fit bâtir pendant le temps de ses amours; ils ne s'y voient plus, parce que Marie de Médicis les a fait effacer. »

Cette destruction ne fut pas si sévèrement exécutée, que dans le nombre quelques-uns des chiffres proscrits ne fussent épargnés. Il en est un qui survécut non-seulement aux

---

[1] *Galanteries des rois de France,* Paris, 1731, in-12, t. III, p. 89.

rigueurs de Marie de Médicis, mais aussi aux mutilations que la Terreur infligea à tous les insignes de la royauté. Il se trouvait, non pas sur la façade du midi, comme tous les autres que la reine avait fait impitoyablement biffer, mais du côté du nord, tout seul, dans un coin de la cinquième travée. C'est ce qui le sauva.

L'architecte qui a si habilement, si heureusement dirigé la restauration du magnifique palais, l'y a retrouvé, et, comme l'a dit M. Vitet, n'ayant ni les mêmes raisons, ni les mêmes droits que Marie de Médicis, il l'a non-seulement épargné, mais de plus, il s'en est servi comme modèle pour tous ceux qu'il a rétablis. Quant aux chiffres qui nous viennent de Henri II, il est bien entendu qu'on les a soigneusement conservés, laissant à chacun, suivant son humeur, la liberté d'y retrouver l'initiale de Diane ou celle de Catherine.

XXII

Les Carpes de l'église Saint-Germain-l'Auxerrois.

L'antique paroisse de nos rois, si longtemps menacée, est aujourd'hui une église sauvée, bien mieux, une église réhabilitée. Les dernières démolitions l'ont, pour la première fois, mise en son vrai jour. Elle a tout gagné au vaste déblaiement qui a fait tant de ruines autour d'elle.

On peut maintenant se bien mettre au point pour l'admirer dans son ensemble, à commencer par son portail à triple porte, dont un ange fatal, l'ange du jugement dernier, bien digne de planer sur ces environs qui virent les premiers massacres de la Saint-Barthélemy, quelques scènes sanglantes de la Fronde et les parodies de Vandales de 1831, surmonte encore le haut pignon.

Ce portail, selon M. Didron [1], date de la première moitié du XIIIe siècle. La petite tour trapue placée au milieu de la croisée de l'église, et qui en dépasse à peine le toit, est bien plus ancienne. Elle paraît être, avec sa forme romaine, le dernier reste de l'église primitive bâtie, par le roi Robert, à la place du petit baptistère, que sa forme avait fait appeler Saint-Germain-le-Rond, et qui avait succédé lui-même à l'oratoire de Saint-Germain-d'Auxerre [2].

La chapelle de l'abside, qui s'avance en promontoire sur l'antique rue de *l'Arbre-Sec* [3],

---

[1] *Revue française,* mai et juin 1839, p. 290.
[2] *Ibid.,* p. 289.
[3] Elle doit son nom à une enseigne qui, selon Sauval (t. Ier, p. 109), s'y voyait encore vers 1660. Cette enseigne était celle d'une auberge dont parle Monstrelet (t. Ier, ch. CLXXVII), et elle était bien choisie pour un tel logis qui, dès 1300, avait dû servir de gîte à des pèlerins de Terre-Sainte. L'*Arbre-Sec* était un souvenir de Palestine; c'était l'arbre planté tout près d'Ébron, qui, après avoir été, depuis le commencement du monde, « verd et feuillu, » perdit

est d'une construction bien moins ancienne que celle de la tour, et même que celle du portail.

En faisant autour de la vieille église une de ces promenades de curieux que les nouvelles démolitions avaient rendues si faciles, je remarquai, à la partie supérieure du chevet, de singuliers détails d'ornementation qui m'avaient jusqu'alors échappé et qui m'étonnèrent beaucoup.

Figurez-vous trois ou quatre poissons, disons le mot, trois ou quatre carpes, coupées en morceaux, dont les fragments sculptés courent en bordure, un peu au-dessous de la galerie qui couronne la chapelle. Ici la tête, puis le corps, plus loin la queue; et, entre chaque morceau, une rosace. Je cherchai longtemps le mot de cet étrange hiéroglyphe. M. Didron me le donna.

Après avoir parlé des chapelles qu'on pre-

---

son feuillage le jour que Notre-Seigneur mourut en la croix, et lors sécha; « mais pour reverdir lorsqu'un seigneur, prince d'Occident, gaignera la terre de promission, avec l'ayde des chrestiens, et fera chanter messe dessoubs de cet arbre sech. » (Le *Livre de messire Guill. de Mandeville,* Bibl. imp., ms., n° 8392, f° 157.)

nait à louage dans cette église pour y faire ses dévotions, il ajoute [1] :

« J'ai dit que non-seulement les marguilliers louaient ces chapelles aux individus, mais que les individus eux-mêmes les avaient fait construire. Ainsi, un nommé *Tronçon* fit bâtir une chapelle à l'abside, et, pour que le souvenir de ce fait restât imprimé dans la pierre, il fit sculpter en corniche et en guise d'ornements des *tronçons* de carpe, idée bourgeoise. De la rue de l'Arbre-Sec, on voit aujourd'hui encore ces tronçons de carpe qui se pâment tout le long de la corniche du premier étage [2]. »

Ainsi, ce qui m'avait si bien mis martel en tête n'était autre chose que les armes parlantes d'un bourgeois vaniteux !

Une rôtisseuse de cette même rue de l'Ar-

[1] *Revue française*, mai et juin 1839, p. 293.
[2] Comme *armes parlantes* du même genre, dont le sens n'a pas moins échappé, il faut citer le *masque de carnaval* sur lequel est posée la charmante figure ailée, sculptée sur la clef de voûte du portail de l'hôtel Carnavalet, rue Culture-Sainte-Catherine. Il me paraît évident que, d'abord, cette figure reposait sur une boule, dans laquelle on tailla le *masque* lorsque l'hôtel fut passé des Ligneries aux *Carnavalet*.

bre-Sec, où les petits restaurateurs ne manquèrent jamais, avait une prétention de même sorte, qu'elle avait aussi conciliée avec une œuvre dévote.

Voici ce que je lis à ce sujet dans les *Mémoires inédits sur la vie et les ouvrages des membres de l'Académie de peinture et de sculpture* [1] :

« La veuve d'un rôtisseur qui s'était enrichi à vendre de la volaille dans une boutique de la rue de l'Arbre-Sec, et qui, de son gain, avait fait bâtir une maison dans le carrefour où cette rue se joint à la rue Bailleul, employa M. Buyster à faire les modèles de deux figures qui font un groupe posé à ce carrefour.

« La rôtisseuse s'appelait Anne, et voulut que sainte Anne y fût représentée montrant à lire à la sainte Vierge. Les figures sont de pierre, et, dans la plinthe qui les soutient, la rôtisseuse a affecté hautement de faire représenter, en bas-relief, dans une manière de cartouche, quelques pigeons et de la volaille, comme un hiéroglyphe de sa profession, qui peut-être servira à confondre les

---

[1] T. Ier, p. 290.

symboles mystérieux des familles nouvellement anoblies. »

Des *carpes* sculptées à l'abside de Saint-Germain-l'Auxerrois, de la *volaille* en bas-relief au coin de la rue Bailleul! Nulle part la cuisine n'était plus monumentalement figurée que dans la rue de *l'Arbre-Sec*.

XXIII

La mansarde de Louvois aux Invalides.—Les couleuvres de Colbert au n° 7 de la rue du Mail.

Les Invalides, un des plus beaux monuments du règne de Louis XIV, sont bien moins, on le sait, l'œuvre du roi que celle de Louvois, son ministre. C'est grâce à son activité, qui fut l'aiguillon du génie de Mansard[1], que l'immense édifice put sortir en peu de mois du sol aride de la plaine de Grenelle.

O, s'écrie Bellocq, le poëte valet de chambre, dans son poëme trop peu connu : *l'Église des Invalides* [2] *:*

---

[1] « Il venait au moins une fois la semaine visiter les constructions, surveiller le service. » (Aug. Solard, *Hist. des Invalides,* t. II, p. 69.)

[2] 1702, in-fol., chant II, p. 16.

O d'un puissant génie ardeur laborieuse !
Voicy la même plaine où sur l'émail des prés
Rouloient un an plus tôt les carrosses dorés ;
Voicy les mêmes champs, où les herbes nouvelles
Ne permettoient qu'aux fleurs de s'élever plus qu'elles,
Et l'on en voit sortir, par d'immenses travaux,
Un temple si parfait qu'il n'a pas de rivaux.

Louvois, qui, pour l'orgueil, ne le cédait qu'à son maître, et dont l'admiration pour ses propres travaux prenait souvent l'avance sur l'admiration des autres, voulut se décerner sans retard la récompense qui lui semblait due dans cette grande entreprise.

Il fit, en plusieurs endroits de l'hôtel, sculpter ses armes auprès de celles du roi ; l'écusson de sa noblesse bourgeoise, doré par une richesse de fraîche date[1], auprès du vieil

---

[1] « On voyait sur le chemin de Versailles, dit M. Crauford, un monument curieux de l'augmentation progressive de la fortune de Letellier et de Louvois, son fils. A une lieue environ de Versailles, sur la droite, en allant à Paris, à côté de quelques pauvres maisons, un chemin creux conduisait à une porte assez basse, en pierre de taille, et qui faisait l'entrée d'une maison bourgeoise. C'était la maison du père du chancelier Letellier; ensuite la sienne; et lorsqu'il était maître des requêtes et intendant d'armée en Piémont, Letellier acheta sa petite terre de Chaville, qui est voisine de cette maison,

écusson de France! Louis XIV le fit effacer. Il ordonna bien un jour d'enlever les armoiries de Turenne du monument élevé à ce grand capitaine dans une des chapelles de Saint-Eustache [1]! L'écusson de France devait seul briller partout.

L'altier ministre enragea, se mordit les doigts, mais se soumit; il comptait bien que tôt ou tard, ne fût-ce, au besoin, qu'après sa mort, il aurait revanche et satisfaction. Un article secret de son testament porta que sa sépulture devrait être placée aux Invalides. Il

et il y fit bâtir un château composé d'un corps de logis et de quatre pavillons. Lorsque la fortune de Louvois et celle de son père furent portées au plus haut degré, Louvois acheta, à portée de Chaville, le château et la terre de Meudon. Ainsi, dans l'espace d'une demi-lieue à peu près, on voyait trois maisons, dont l'une a coûté quarante ou cinquante mille livres, l'autre deux cents, et la troisième plusieurs millions. » (*Mélanges d'histoire et de littérature*, 1817, in-8°, p. 211-212, note.)

[1] C'est dans une lettre du roi, en date du 16 juillet 1710, et adressée aux marguilliers de Saint-Eustache, que se trouve cet ordre. Elle n'a été découverte que depuis quelques années. M. le marquis de La Rochefoucauld-Liancourt en a donné l'analyse dans sa curieuse publication, *Études littéraires et morales de Racine*, 1856, in-8°, 2ᵉ partie, p. 153-154.

fut obéi : son corps fut placé dans l'un des caveaux de l'hôtel, par les soins du curé, M. de Mauroy, sa créature [1]. Le roi l'apprit, et, lisons-nous dans une des notes de Saint-Simon sur le *Journal de Dangeau* [2] :

« Il l'en fit ôter peu de jours après qu'il y eut été mis, tant sa jalousie fut peu capable de se contraindre. »

Louvois, comme s'il avait eu encore le pressentiment de cette déconvenue d'outre-tombe, avait pris ses mesures d'une autre manière, pour fixer, aux Invalides, son souvenir d'une manière immuable et parlante ; et cette fois il avait su être si adroit que le roi ne vit rien ou qu'ayant vu, il ne voulut rien faire paraître.

Entrez dans la cour d'honneur de l'hôtel, regardez les mansardes qui couronnent les façades du monumental quadrilatère ; quand vous en serez à la cinquième de celles qui s'alignent au sommet de la travée orientale auprès de l'église, examinez-la bien. L'ornementation en est toute particulière. Un loup

---

[1] *Journal du marquis de Dangeau...* avec les *additions inédites du duc de Saint-Simon*, 1854, in-8°, t. III, p. 438.

[2] *Id., ibid.*, p. 367.

s'y trouve sculpté, à mi-corps : les pattes s'abattent sur l'ouverture de l'œil-de-bœuf, qu'elles entourent ; la tête est à moitié cachée sous une touffe de palmes, et les yeux sont ardemment fixés sur le sol de la cour. Il y a là, sans que vous vous en doutiez, un calembour monumental, comme on en faisait si souvent pour les armes parlantes, et dans ce calembour de pierre, se trouve la revanche, la satisfaction du vaniteux ministre. Ce loup regarde, ce *loup voit* ; c'est son emblème !

Pour qu'on n'en puisse pas douter, il a fait sculpter sur la mansarde qui est auprès, à droite, un baril de poudre faisant explosion, symbole de la guerre dont il fut l'impétueux ministre ; sur la mansarde de gauche, un panache de plumes d'autruche, attribut d'un haut et puissant seigneur, comme il prétendait l'être ; et encore sur deux autres mansardes de la même travée, un hibou et une chauve-souris, oiseaux de la vigilance, sa grande vertu.

Quelques-uns on dit[1] que le secret de cette petite combinaison de vanité fut révélé à

[1] *Décade philosophique*, t. XXV, p. 395.

Louis XIV, et qu'il se contenta de dire en haussant les épaules :

— « Le pauvre homme ! je le reconnais bien là ! »

Colbert, dont la fortune avait la même origine que celle de Louvois, et qui n'avait pas de moins vaniteuses prétentions de noblesse[1], avait pris pour emblème la *couleuvre* (*coluber*), comme Louvois avait choisi le *loup*. L'hôtel qu'il fit bâtir, au n° 7 de la rue du Mail, vers 1666, est peut-être le seul endroit où l'on voit s'enrouler encore le *coluber* monumental du ministre. Il ne se retrouve ailleurs que sur la reliure en maroquin rouge des livres qui proviennent de sa célèbre bibliothèque.

L'hôtel de la rue *du Mail* a bien changé d'aspect depuis Colbert; il y a trois ans, la façade en a été presque complètement dénaturée. Les pilastres ont seuls été respectés, et c'est ce qui nous importe ici. La combinaison allégorique où le *coluber* ministériel joue un rôle important ne s'étale que là. Voici comment cette énigme de pierre se trouve

---

[1] *V.*, entre autres preuves, un passage des *Mém. histor.* d'Amelot de la Houssaye, t. II, p. 366.

déchiffrée dans un article du *Mémorial universel* [1] :

« Au milieu de la partie la plus élevée du chapiteau joignant le tailloir est une tête de soleil rayonnante, telle que celle qui est jointe à la devise de Louis XIV: *Nec pluribus impar*. Elle indique que la puissance doit vivifier ce qui l'entoure et être environnée de gloire.

« Les volutes sont formées par des *couleuvres* dont les regards dirigés vers la tête du soleil rappellent à la puissance qu'elle doit être sage et prudente.

« De l'astragale du bas naît une feuille d'acanthe ; elle est accompagnée, à droite et à gauche, d'un rameau d'olivier, symboles qui expriment combien la paix est nécessaire à la puissance.

« Au milieu de ces pacifiques emblèmes, se trouve celui de la Force qui protége la Paix; elle est exprimée par un lion, dont les deux pattes de devant s'appuient sur le revers de la feuille d'acanthe.

« Cette force, indispensable pour la guerre.

---

[1] *Mémorial universel*, Journal du Cercle des Arts (juillet 1822), t. VIII, p. 314-316.

assure, quand la sagesse la dirige, l'avénement de la paix qu'elle embellit de palmes victorieuses ; ce qui est clairement expliqué sur le chapiteau, par les doubles feuilles de palmier qui en forment les angles.

« La force n'est rien si elle s'assoupit : vérité qui est aussi exprimée ingénieusement par le coq, symbole de la vigilance, placé au-dessus de la tête du lion au repos. »

On avouera qu'il est impossible de mettre plus de choses en si peu de place, et de mieux concilier la gloire du ministre et la gloire du roi ; la vanité de celui qui flatte et l'orgueil de celui qui est flatté.

XXIV

Le vrai parrain du pré Catelan.—Les Taranne.

Je veux m'expliquer une bonne fois sur l'étymologie qu'on a fabriquée pour le nom du *pré Catelan*, par le même procédé qui a fait de maître Albert le parrain de la place *Maubert*[1], et d'un certain *M. Bleu*[2] le parrain non moins imaginaire de la rue de ce nom.

Ce que j'écrirai ne sera pas aussi roma-

---

[1] En 1225, avant qu'Albert le Grand fût maître à Paris, la *place Maubert* (platea Mauberti) s'appelait ainsi déjà. (*Mém. de l'Académie des Inscriptions*, t. XVII, p. 692-693, note.)

[2] *V.* plus haut, p. 224, note.

nesque sans doute que ce qu'il me faudra effacer, mais, madame de Duras ne l'a-t-elle pas dit : « Le vrai est ce qu'il peut, le faux est ce qu'il veut. »

On vous a parlé d'un troubadour nommé Catelan ou Catalan, qui, revenant d'Espagne ou de Provence, je ne sais trop au juste, aurait été tué, par des voleurs, dans le bois de Boulogne, tout près du lieu où fut élevée la croix de pierre dont on voit encore un tronçon. Il n'avait, dit-on, sur lui que des fioles pleines de liqueurs rares, et quelques plantes parfumées. C'aurait donc été un crime tout gratuit, dont le nom d'une allée voisine, le *Chemin des Voleurs*, et une longue inscription en mauvais latin, auraient consacré le souvenir sinistre. Telle est, en peu de mots, la légende.

Ceux qui la donnent pour vraie invoquent des *chroniques* à l'appui de leur dire, et vous y montrent comme preuve le texte même de l'inscription; mais quelles sont ces *chroniques* invoquées ? Seraient-ce, par exemple, celles de Guillaume de Nangis ou de son continuateur, qui nous renseignent si bien sur tous les faits de l'époque où l'on place l'événement, c'est-à-dire le règne de Philippe le

Bel? Non, ce sont les *Chroniques... de Passy,*
par M. Quillet[1], livre curieux, d'ailleurs, mais
qui date de trente ans au plus, et qui ne tire
le plus souvent ses preuves que de lui-même.
L'histoire ne se contente pas de si peu, même
pour le cas tout futile et mondain qui nous
occupe. A présent que vous savez le faux,
voici ce qui me semble être le vrai :

Au XVIIe siècle, le bois de Boulogne était,
depuis longtemps déjà, un domaine royal,
entouré de murs et coupé de longues allées
ayant toutes leur nom, comme les rues de
Paris. Aux carrefours que formaient ces avenues en se rencontrant, s'élevaient des croix
qu'on désignait aussi chacune par un nom
particulier, dû tantôt à quelque capitaine des
chasses, tantôt à quelque propriétaire d'un
domaine voisin.

Je pourrais vous citer ainsi, d'après le plan
de La Grive que j'ai sous les yeux : les croix
de *Beauvais,* de *Saint-Ange,* de *Chalemberg,* de
Marcilly, celle aussi des *Laleu,* famille très-considérée alors, que Tallemant des Réaux
n'a pas oubliée dans ses *Historiettes*[2] ; mais ce

---

[1] T. II, p. 188-189.
[2] Édit. P. Paris, t. VI, p. 270-286.

serait nous jeter dans de trop longs détails, et nous ne devons nous occuper que de la *croix Catelan*. Ce qui précède servira toutefois à vous prouver qu'elle n'était pas une exception dans le bois, et que le nom qu'elle portait pouvait bien lui venir, non de quelque malheureux tué sur ce terrain, mais tout bonnement d'un propriétaire, ou d'un capitaine des chasses. C'est ce qui restait à trouver.

A l'époque dont je parle, les financiers avaient beaucoup acheté de ce côté. Ils ont toujours aimé à faire les seigneurs et surtout aux environs de Paris, comme s'ils voulaient que leur fortune reste à l'horizon de la ville où elle s'est faite et y soit bien en vue pour tout le monde. Le fameux Monnerot, dont Boileau a vanté les *jardins toujours verts,* était propriétaire par ici [1]. Une route voisine de la croix Marcilly, et qui se dirigeait vers Sèvres,

---

[1] C'est dans les vers qui suivaient le 65e de sa première satire, et qui en furent ôtés après l'édition de 1674, que Despréaux a parlé de Monnerot. Il l'appela Monléron dans la satire imprimée, mais sur les copies manuscrites, on lui laissait son vrai nom. Notre ami Ch. Livet possède une de ces copies où Monnerot est nommé en toutes lettres. A la suite des vers

où il avait un château [1], portait encore son nom il n'y a pas cent ans. Cornuel, autre partisan de grosse importance, avait aussi des propriétés dans ces parages. Il ne lui avait pas suffi de sa seigneurie de Ménilmontant,

qui le concernent, s'en trouvent quatre qui n'ont paru dans aucune des éditions du satirique :

> C'est par mille forfaits, qu'en ce temps on s'élève,
> Le chemin d'être riche est celui de la Grève,
> Et Monerot ne doibt qu'à ses crimes divers
> Ses superbes lambris, ses jardins toujours verds.
> Par là Bidal en vogue à Batteneau s'allie ;
> Et quoique tout Paris à sa honte publie,
> Malgré sa banqueroute, on sait qu'un de ses fils
> N'a quitté le comptoir que pour être marquis.

Les superbes lambris de Monnerot, et ses *jardins toujours verds* étaient rue Neuve-Saint-Augustin. Après sa chute, qui fut des plus éclatantes (*Mém.* de Cosnac, t. II, p. 29), son hôtel passa aux Grammont ; une compagnie d'entrepreneurs l'acquit en 1765 (Piganiol, t. III, p. 484), et, deux mois après, la rue *de Grammont*, prolongeant la rue *Sainte-Anne* jusqu'au rempart, était percée sur son emplacement. — Monnerot survécut longtemps à sa ruine ; il ne mourut qu'en 1744, âgé de quatre-vingt-quatorze ans, à Palaiseau, où il fut enterré. (Lebeuf, *Hist. du diocèse de Paris*, t. IX, p. 5.)

[1] *Mémoires inédits sur la vie et les ouvrages des membres de l'Académie de peinture et de sculpture*, t. Ier, p. 332.

il avait encore fallu qu'il achetât, dans les environs du bois de Boulogne, le vaste domaine de La Marche, celui-là même où se lancent aujourd'hui les *steeple-chases*.

Ce Cornuel avait parmi ses commis un garçon d'intelligence, qui n'eut qu'à le voir à l'œuvre pendant quelque temps, pour se donner de l'audace, entrer dans les affaires et faire fortune. Il était venu de Gap, en Dauphiné, et avait commencé par être valet. Comme tous ses pareils, il jouait du violon. La maîtresse de Cornuel l'entendit, il lui plut et c'est elle qui le mit dans les affaires [1]. Quand il fut riche, il continua de vouloir imiter le patron dont il était devenu le rival en opulence. A lui aussi, il lui fallut des domaines, et afin d'éclipser de plus près son ancien maître, c'est auprès des siens qu'il s'acheta des terres. Une partie de ce que Monnerot et les autres avaient laissé à vendre sur la lisière du bois de Boulogne devint sa propriété.

[1] On trouve ces détails dans la *Mazarinade* intitulée : *La Réponse de la Rallière à l'adieu de Catelan, son associé, ou l'Abrégé de la vie de ces deux infâmes ministres et auteurs des principaux brigandages, voleries et extorsions de la France*, Paris, 1649, in-4°.

Il voulut tout ce qu'avaient les autres. Comme eux, il eut son hôtel à Paris, dans le quartier Richelieu, alors le plus à la mode [1]; Il eut sa *mignonne* [2] au Marais, le pays des lorettes en ce temps-là; enfin, il eut à la campagne, prés, futaies et taillis. Ses terres touchaient à la plaine des Sablons, il en prit le titre de sieur de Sablonnière, et il se fit faire tout exprès de belles armoiries sur champ de sable! Or, ce commis enrichi et blasonné, dont il est vingt fois question dans les *Mazarinades* qui fustigent, à l'envi de celles des autres, sa richesse impromptue et sa noblesse improvisée [3]; ce commis de Cornuel s'appelait François Catelan ou Catalan, tout à fait comme le troubadour, de fabrique légendaire, qu'on a mis à sa place.

S'étant marié avec la fille de Brachet de la Milletière, il en eut un fils, nommé Théophile, qui hérita de ses titres et de ses biens,

---

[1] Il avait son hôtel rue Vivienne. (*Mémoires inédits sur la vie et les ouvrages des membres de l'Académie de peinture, etc.*, t. Ier, p. 80.)

[2] Tallemant des Réaux, édition P. Paris, t. VI, p. 459.

[3] C. Moreau, *Bibliog. des Mazarinades*, t. Ier, p. 21, 311, 365, 396, 401; t. II, p. 137, 381.

et qui devint capitaine des chasses du bois de Boulogne [1]. Cette charge ne l'éloignait pas de ses propriétés ; il avait même dû, en l'achetant, se rendre propriétaire d'un nouveau domaine, voisin des siens, et qui était une dépendance directe de la capitainerie ; c'était le petit château de la *Meute* que, par altération, on appelait déjà la *Muette*. Il le vendit, avec sa charge, à M. d'Armenonville, qui donna son nom à l'un des pavillons du bois, de même que lui, Catelan, avait laissé le sien à la croix et au pré pour lesquels, faute de savoir la vérité, l'on a bâti tant de mensonges.

Après M. d'Armenonville, la *Muette* devint la propriété de la duchesse de Berry, puis du roi :

« Elle (la duchesse), dit Saint-Simon [2], acheta, ou plutôt le roy pour elle, une petite maison à l'entrée du bois de Boulogne, qui étoit jolie, avec tout le bois devant, et un beau et grand jardin derrière, qui appartenoit à la charge de capitaine des chasses de Boulogne et des plaines des environs.

[1] Tallemant des Réaux, édition P. Paris, t. VI, p. 460.
[2] Édition Hachette, in-12, t. VIII, p. 389.

« Catelan, qui l'étoit, l'avoit fort accommodée et vendue à Armenonville. Cela s'appela la *Muette,* que le roy a prise et fort augmentée [1]. »

Ce qui précède n'est qu'un fragment de la vérité que je cherche ; comme je veux la reconstruire tout entière, laissez-moi poursuivre. C'est un meurtre authentique, venant remplacer le faux assassinat dont vous savez le roman, qu'il me faut à présent. Je le trouve dans un coin perdu de l'histoire du règne de Charles IX. Ce roi, à l'exemple de son père et de son aïeul, avait logé dans le château de Madrid, communément appelé alors, *château du bois de Boulogne,* un certain nombre d'artistes et de savants. Parmi ceux-ci se trouvait un des hommes les plus experts dans la science, alors bien confuse, de la botanique : c'est Pierre Belon. Ce séjour lui convenait fort, il pouvait chaque jour, à ses heures, aller herboriser dans le bois, dont les vastes ombrages entouraient le château [2].

Un soir du mois d'avril 1564, qu'il s'y était

---

[1] Après madame de Berry, la *Muette* était en effet retournée au roi. (*Nouvelles Lettres de la duchesse d'Orléans,* p. 224.)

[2] Ce fut toujours un canton fameux pour les her-

attardé plus que de coutume, en quelque endroit perdu, qui sait, peut-être dans ce pré, ouvert aujourd'hui aux fêtes, et dont la solitude, la multiple verdure et les agrestes senteurs avaient dû l'attirer, il se vit entouré tout à coup par une bande d'hommes armés, qui lui demandèrent sa bourse, et qui, sur sa réponse, qu'ils prirent pour un refus, le percèrent de mille coups. Que trouvèrent-ils sur lui ? Quelques plantes, seules richesses du savant, quelques fleurs à l'arome sauvage, que la légende sut bien transformer en parfums délicieux, lorsqu'elle les prêta au troubadour Catelan, tué, puis fouillé par les voleurs !

L'histoire, quand c'est la tradition qui la répand et la popularise, n'en fait jamais d'autres. Tout s'y embellit, tout s'y amplifie, ce n'est plus que la fable des *Trois Commères*. Un autre détail me sera une autre preuve. On parla beaucoup du meurtre de Belon, comme bien vous pensez ; le lieu qu'il habitait ne fut pas oublié dans ces commérages. C'était, je vous l'ai dit, le château de Madrid. Ceux qui

borisations. (Lebeuf, *Hist. du diocèse de Paris*, t. III, p. 25-26.)

ne savaient quel était ce royal séjour, dont le nom, sous Charles IX, n'était pas encore très-populaire, ne pensèrent qu'à la ville d'Espagne qu'il rappelait. Pour eux, il parut certain que Belon revenait de ce pays-là, et c'est ce qui fit encore que dans le roman du troubadour, on eut bien soin de faire assassiner Catelan à son retour d'Espagne!

Tel est invariablement le travail du mensonge envahissant l'histoire et l'effaçant : ainsi se font peu à peu les légendes, avec des débris de vérités.

Le nom de *Catelan*, que la fortune du *pré* ouvert aux fêtes musicales et dansantes aura rendu populaire, est à peu près le seul d'origine financière qui ait eu ce privilége ; je ne sais, comme parrain de même provenance pour les rues de Paris, que Laffitte, sous Louis-Philippe, et les Taranne au xve siècle. Sur ceux-ci, qui ne sont guère connus, je dirai deux mots.

La famille Taranne, dont on peut nommer plusieurs membres, Jehan, Christophe, Charles et Simon, tous *argentiers*, faisait de grandes affaires d'argent sous Charles VI, Charles VII et Louis XI.

Jehan, comme on le voit par les *comptes*

royaux, était *changeur* en 1407, et, suivant l'usage du temps, c'est lui qui se chargeait, pour le roi, de tous les ouvrages d'argenterie et d'orfévrerie [1]. Quand les Anglais occupèrent Paris, Jehan et son frère Simon restèrent fidèles à la cause royale, et ils en furent punis par la spoliation. La terre de Vanvres, qui leur appartenait, fut donnée à l'archevêque de Rouen [2].

Sous le règne suivant, les Taranne n'en étaient pas plus pauvres. Villon, dans son *Grand Testament*, s'avisant de léguer à qui n'avait pas besoin, fit don, par plaisanterie, de *cent solz* à sire *Charlot Taranne* [3]. Or, maître François suivait le proverbe, il ne donnait qu'aux riches. On sait qu'alors, et depuis longues années, les Taranne possédaient, entre autres biens, « plusieurs maisons et jardins » à peu de distance du *Préaux-Clercs*.

Ce sont ces propriétés, dont l'ensemble formait ce qu'on appelait l'*hôtel de Taranne* [4],

[1] L. de Laborde, *Notice des émaux*, Glossaire, p. 327.
[2] Sauval, t. III, p. 328; Lebeuf, *Hist. du diocèse de Paris*, t. IX, p. 436.
[3] *Œuvres* de Villon, édit. Prompsault, p. 201.
[4] Jaillot, *Quartier Saint-Germain-des-Prés*, p. 80.

et que remplace aujourd'hui en partie la *cour du Dragon*[1], qui ont fait donner à la rue *Taranne*, ouverte près de là, le nom qu'elle a gardé.

[1] Jaillot, *Quartier Saint-Germain-des-Prés*, p. 80. — *La rue* et *la cour du Dragon* doivent leur nom à sainte Marguerite, marraine de la rue voisine, dont on a sculpté le *dragon* au-dessus de l'entrée de la cour. — La rue de *l'Égout*, que longeait le domaine des Taranne, s'appelle ainsi à cause de l'égout, voûté, sous Charles VI, peut-être à leurs frais. (*L'Anonyme de Saint-Denis*, liv. I, ch. XIII.)

XXV

Le Ranelagh.

Avec le château de Madrid, qui datait du temps de François Ier, avec la *Muette,* ou pour mieux dire la *Meute,* charmant séjour de chasse, qui fut mis à la mode pendant la Régence, et dont nous vous avons dit un mot tout à l'heure, le *Ranelagh,* détruit au printemps dernier, était une des rares antiquités du bois de Boulogne. Sa fondation remontait à l'année 1774, qui fut la fin du règne de Louis XV.

Alors chez nous tout était à l'anglaise. Rien ne plaisait, rien n'avait bon air que sous une étiquette britannique : plus de valets, mais des jockeys; plus d'habits de chasse et de cheval, mais des *ridingcoat,* ou redingotes, pour prononcer ce mot anglais à la française[1]. Si d'aventure on vous voyait prendre à cheval une autre allure que le trot à l'anglaise, vous passiez pour un croquant.

Un jour, raconte Ch. Briffaut, dans ses *Passe-temps d'un reclus*, Vaudreuil suivait le comte d'Artois à la chasse; la contagion anglomane ne l'avait pas encore gagné, et il continuait d'aller au trot Louis XIV.

— « Qu'est-ce à dire, Vaudreuil, lui dit le prince qui, lui, trottait à l'anglaise, est-ce une leçon?

— « Pas même un conseil, Monseigneur. Cependant, tout en regardant Votre Altesse prendre l'allure à la mode, je me demandais si Monseigneur le comte d'Artois, qui doit un jour commander les armées françaises, les commandera à l'anglaise. »

Son Altesse répondit par un sourire et se mit à trotter, comme Vaudreuil, suivant la

---

[1] Dès 1725, on s'en était servi. Barbier ayant alors écrit ce mot *redingotte*, dans son *Journal* (1re édition, t. Ier, p. 228), ajoute pour l'expliquer : « Habillement venu d'Angleterre, qui est ici très-commun à présent, pour le froid, la pluie et surtout pour monter à cheval. »—V. à ce sujet le *Vieux-Neuf*, t. II, p. 211, note.

vieille méthode du temps de Louis XIV.

L'anglomanie perdit du terrain pendant quelques jours, mais le regagna bientôt.

Un Français, nommé De Vaux, avait fondé à Londres un établissement de musique et de danse, appelé, à cause de lui, *Vaux-Hall* [1]. Le succès en retentit bientôt jusqu'en France. Paris voulut un Eldorado tout pareil, et notre Français eut l'honneur de voir la contrefaçon de son idée obtenir une vogue immense sur sa terre natale. Il va sans dire que si, au lieu de nous l'envoyer ainsi, avec l'estampille anglaise, il se fût avisé de la mettre d'abord en œuvre à Paris même, on n'y eût pas fait la moindre attention.

Vers le même temps, c'est-à-dire en 1750, un noble Irlandais, lord Ranelagh, grand amateur de musique, avait fait construire, dans ses jardins de Chelsea, à deux pas de Londres, sur les bords de la Tamise, une vaste et gracieuse rotonde à jour, où il donnait des concerts publics qui firent fureur. A la musique se joignaient les rafraîchissements, et grands seigneurs, bourgeois, ma-

---

[1] *V*. Linguet, *Théorie du paradoxe*, 1775, in-12, p. 175-176.

nants y prenaient le thé ou le café à grand orchestre. Des vers de madame de Boccage, que publia, dans son numéro de novembre 1750, le *Nouveau Magasin françois,* de Londres, faisaient ainsi la description de toutes ces merveilles :

> . . . .
> Mais vous, *Ranelagh*, lieux charmants,
> Souffrez qu'une main plus obscure,
> Par amour pour vos monuments,
> En crayonne ici la structure.
> Dans votre moderne parure,
> Je vois la grandeur du vieux temps ;
> Sous un dôme orné de sculpture,
> Vos loges par compartiments
> En trois ordres d'architecture
> D'un vaste cirque ont la figure ;
> Au centre, un feu perpétuel
> De salamandres qu'on encense
> Du printemps rappelle l'absence,
> Et l'idole de cet autel
> Est la liberté sans licence.
> . . . .
> Dans ce séjour élizien
> D'Handel empruntant l'harmonie,
> Par les échos l'orgue embellie
> S'unit au chant italien.
> Tandis que l'oreille ravie
> Admire le musicien,
> Du goût tout y prévient l'envie
> Le commerce par son génie,
> Des deux mondes l'heureux lien,
> Y joint aux dons de la patrie
> Le thé qu'un Chinois offre au Tien,
> De Moka la liqueur chérie.

> Et ce noir breuvage indien
> Que l'Espagnol nomme Ambroisie;
> En un mot, sous les mêmes toits
> Confondant les rangs et les droits
> L'art enchante par cent merveilles,
> Des grands, du peuple et du bourgeois,
> Le goût, les yeux et les oreilles.

Ces vers, qui n'ont aujourd'hui que le mérite d'être peu connus, le furent beaucoup en leur temps. Ils popularisèrent la réputation du *Ranelagh* à Paris, où l'on n'avait jamais cessé d'être tout oreille pour ce qui faisait quelque bruit au delà du détroit. Cependant, on ne se pressa pas encore d'imiter chez nous cet Eldorado de la musique et de la danse.

En 1774 seulement, un garde du bois de Boulogne, nommé Morisan, postula près du maréchal de Soubise, alors gouverneur de la *Meute* et grand-gruyer du bois de Boulogne, le droit d'enclore une portion de l'esplanade du château, et d'y bâtir un établissement qui serait tout à la fois café, restaurant, spectacle, concert, bal. On le lui permit.

Ce qu'il établit ne valait pas moins que la rotonde lyrique du lord irlandais; Morisan ne donna toutefois, à ce centre nouveau des plaisirs, que le nom modeste de *Petit-Ranc-*

lagh. Il l'inaugura le 25 juillet 1774, moyennant « vingt-quatre sous d'entrée par personne. »

Il avait fait des frais énormes, et, pendant quatre ou cinq ans de pleine prospérité, il put se croire bel et bien maître chez lui. N'avait-il pas le privilége donné par M. de Soubise, et de plus une sentence de la capitainerie-gruerie, datée du 25 juin 1779, qui était comme une confirmation de son titre ?

Le grand maître des eaux et forêts, qui n'avait pas été consulté, ne trouva pas moins que sa possession était illégale. Par arrêt rendu au Palais-de-Justice de Paris, le 2 juillet 1779, en la chambre dite de la *Table de Marbre,* il mit à néant le privilége, et ruina du coup le pauvre Morisan. Par bonheur, Louis XVI intervint. Le grand maître avait cassé la sentence du capitaine-gruyer, le roi cassa l'arrêt du grand maître. Morisan et le Petit-Ranelagh ressuscitèrent de par une ordonnance du Conseil du roi, du 17 juillet de la même année.

Il n'y avait eu que quinze jours entre la mort et la résurrection.

Celle-ci fut brillante. La reine s'y intéressa. Elle s'était alors fixée à la *Muette* pour quelque temps, avec madame de Polignac, et un soir, le 21 avril 1780, on la vit venir en voisine au bal du Ranelagh.

On recherche l'égalité, en France, mais on ne la souffre pas longtemps.

En 1783, on était déjà las de l'hospitalité, *à l'anglaise,* que Morisan avait accordée à tout le monde dans ses fêtes du Ranelagh. Cette cohue bariolée semblait déplaisante au dernier point, et l'on voulut émonder ce qu'il y avait de trop *peuple* dans ces ébats publics. Cent personnes, parmi les plus dédaigneuses, se cotisèrent pour accaparer la salle du Ranelagh. Elles s'engagèrent à payer, par an, sept mille deux cents livres, et Morisan la leur abandonna pour un jour de chaque semaine, le samedi. Ces bals, où ne devait venir qu'un monde choisi et bien trié, et pour lesquels il fallait un billet d'entrée délivré par les sociétaires, furent fort recherchés. La reine avait promis d'y venir, et elle n'y manqua pas.

Plaisirs et spectacles y étaient fort variés. C'est tantôt au Ranelagh, tantôt au *Vauxhall* d'été du faubourg du Temple que le fameux Toré exécutait ses feux d'artifices, ses *jeux pyriques*, comme il disait ; c'est aussi là qu'en 1778, Franklin fut reçu franc-maçon, à l'une des grandes cérémonies de l'ordre, et qu'on fit une si belle fête pyrotechnique, en l'honneur du comte d'Estaing, à l'occasion de la prise de l'île de Grenade.

Le petit théâtre du Ranelagh avait, comme une scène importante, son répertoire et ses acteurs, mais le tout à sa taille, c'est-à-dire minuscule : les pièces n'avaient qu'un acte et les acteurs étaient des enfants.

Dans l'été de 1778, ce Lilliput dramatique, qu'on appelait le *Théâtre des petits comédiens du bois de Boulogne,* était en pleine prospérité [1], sous la protection d'un homme des plus riches et des plus puissants.

« M. Bertin, trésorier des parties casuelles, lisons-nous dans les *Mémoires secrets* [2], favorise une troupe de petits enfants qui s'est installée dans une salle nouvellement construite, vis-à-vis du château de la Muette, dans le bois de Boulogne, et elle fleurit sous les auspices de ce Crésus, qui se mêle aussi de littérature. Ils donnent des nouveautés, et ont des poëtes à leurs gages : ils jouent

[1] *Correspond. secrète,* t. VII, p. 13.
[2] T. XII, p. 96.

même des pièces du Théâtre-Français, et nous ont dernièrement exécuté *Nanine*. »

L'année d'après, les *Mémoires secrets*[1] disaient encore, à la date du 2 mai :

« Le petit spectacle du bois de Boulogne continue. Il s'est ouvert hier par un drame nouveau, intitulé le *Puits d'amour, ou les Amours de Pierre le Long et de Blanche Bazu*. »

En 1777, Maillé de Marancourt avait fourni aux *petits comédiens* son *Amour quêteur*, et, l'année d'après, le *Cri du cœur*, deux comédies-vaudevilles. Le Ranelagh eût manqué à son origine et à son nom, s'il n'eût pas donné asile à la musique. En 1779, Champein et d'Albanèze y firent jouer leurs scènes lyriques du *Soldat françois*, puis, enfin, en 1780, on y représenta *la Lingère*, par Magne de Saint-Aubin[2]. C'était une parodie de *la Belle Arsène*. L'opéra de campagne se moquait de l'opéra de ville.

On avait chanté au Ranelagh sous la royauté ; pendant la Terreur, on y dansa, et pendant le Directoire, après quelques années de clôture forcée, qui obligèrent Morisan à

---

[1] T. XIV, p. 40.
[2] Sur ce répertoire du *Ranelagh*, V. le *Catal. de la Bibliothèque Soleinne*, t. III, p. 244.

démolir une partie de son établissement, dont il vendit les matériaux pour vivre, on y dansa encore. Ce fut une époque de renaissance pour le bois de Boulogne et pour ses environs. Les Parisiens échappés aux étreintes du terrorisme venaient chercher sous ces ombrages, sur ces pelouses, un peu de la gaieté d'autrefois, et les couleurs de l'espérance.

Un colisée, avec jardin anglais, s'élève alors comme par magie dans la plaine des Sablons; Blanchard ouvre, à Passy, son Vauxhall d'été, dans la maison de la ci-devant princesse de Lamballe, et livre au public « cent cinquante pieds d'appartements ornés de glaces, » comme l'annonçait pompeusement la *Petite-Poste,* du mois de floréal an V; Mouillefarine monte le Gymnase du bois de Boulogne, avec ses tabagies, son jeu de boules et ses courses à pied et à cheval[1]; enfin, Morisan, du Ranelagh, rouvre ses salons, par permission de l'agent de la municipalité du canton de Passy, et pour montrer que la démocratie ne l'a pas gagné, il met à

[1] Ed. et J. de Goncourt, *Hist. de la société franç. pendant le Directoire,* Paris, E. Dentu, 1855, in-8º, p. 14.

trente sous, le prix des places, qui n'était que de vingt-quatre pendant le règne du tyran!

C'est là que vint briller la fleur des muscadins à ronds de jambe, le choryphée de l'entrechat, le beau Trénitz, à qui la tête tourna certain soir dans une pirouette, et qui mourut fou à Charenton[1]. Il avait eu du moins la gloire de laisser après lui une figure de contredanse baptisée de son illustre nom, et qui pendant quelque temps détrôna la pastourelle.

Mais tout passe, la *trénitz* n'est plus, et le Ranelagh, qui l'avait vue naître, disparaît à son tour. C'est vainement qu'il soutint un siége sous le Directoire, lorsque le général Moulin vint, avec un bataillon de la garde directoriale, en déloger les muscadins qui s'y étaient embusqués; c'est vainement qu'il tint bon contre les hordes de Cosaques, campées dans le bois de Boulogne, et que son nouveau propriétaire, Gabriel Herny, gendre de Morisan, put conjurer de nouvelles menaces du domaine, et parvint, par la protection de la duchesse de Berry, à obtenir, le 12 avril 1826, du gouvernement de la Restauration, ce que

---

[1] Arnault, *Souv. d'un sexagénaire*, t. II, p. 340.

son beau-père avait obtenu de Louis XVI : tous ces souvenirs ne l'ont pas sauvé. C'était un glorieux blason, mais ce ne put être un bouclier.

Pendant l'hiver de 1814, quand les Cosaques, s'étant rués dans ses salles, commençaient à prendre les coulisses de son théâtre pour en faire du feu, Herny avait tout sauvé par un bon mot : « Comment, avait-il dit à ces barbares, qui ébranlaient déjà sa belle forêt de papier et de bois peints pour en faire une flambée ; comment ! vous avez-là tout près, sous la main, une vraie forêt, et vous prenez la mienne ! » Les Cosaques comprirent et se jetèrent sur le bois de Boulogne qui fut dévasté. Il l'a bien rendu à ce pauvre Ranelagh. Ses exigences d'agrandissement et d'embellissement viennent de le faire renverser.

En 1818, au mois de septembre, un coup de vent avait emporté la toiture de la salle de bal, et, faute d'argent, Herny avait été obligé d'aliéner une partie des dépendances du Ranelagh, pour réparer le reste. Grâce à madame de Corvetto, alors châtelaine de la *Muette,* qui, avec quelques amis, y réorganisa les bals du samedi ; grâce encore à la duchesse de Berry, qui, après 1826, protégea la reprise des bals d'abonnés et y assista même une fois; cette destruction en détail du Ranelagh n'avait pas eu de suite. Cette fois, c'est différent, elle a été complète et définitive.

Le pauvre père Herny n'a pu y survivre : « Chaque matin, dit Éraste (Jules Janin), son voisin de Passy [1], il se faisait traîner en ce lieu désolé, pour contempler cette ruine sans espoir et cet abandon sans retour. Le dernier jour enfin où le Ranelagh ne fut plus que cendre et poussière, M. Herny rentra dans sa maison triste et pensif. Il fit appeler ses enfants et ses petits-enfants pour leur dire un dernier adieu, et il mourut dans la nuit même du 23 février 1859. »

De tous les établissements, à la mode anglaise, qui furent fondés dans ce genre, vers la fin du dernier siècle, un seul subsiste encore, c'est la *Grande-Chaumière* que l'Anglais Tinkson ouvrit en 1788. Mais existera-t-elle longtemps? Après le célèbre Lahire, qui a succédé à Benoît, son beau-père, comme Benoît avait succédé à Philard, et Philard à Tinkson et à Ettinghausen [2], ses associés, verrons-

[1] *Indépend. belge*, 9 mars 1859.
[2] Ed. et J. de Goncourt, *Hist. de la société franç. pendant le Directoire*, p. 14.

nous d'autres dynasties à la *Grande-Chaumière*? Elle a pour elle, il est vrai, les lauriers dont Napoléon avait fait présent à Masséna, après Essling, et qui vinrent orner ses allées quand le maréchal fut mort[1]; mais si les lauriers garantissent de la foudre, sont-ils un préservatif contre la démolition?

[1] *Dict. de la Conversation*, 2ᵉ édit., t. V, p. 359.

XXVI

Quelques étymologies de l'argot du gamin de Paris.

Une lettre adressée par M. le ministre d'État aux directeurs de quelques théâtres de Paris, pour qu'ils eussent à se garder désormais des pièces où l'on parle, soit l'*argot,* soit tout autre langage interlope, fut très-remarquée et fort applaudie, l'an dernier.

Puisque la critique, en effet, n'est pas suffisante pour faire la police de la littérature, et pour empêcher qu'une foule de mots, *repris de justice,* rompent leur ban, et viennent, sans dire gare, du bagne de Toulon jusque sur les planches des scènes parisiennes, il était bon que l'autorité parlât, et fît justice de ce que l'éloquence hebdomadaire du feuilleton et le bon goût de la minorité des spectateurs se trouvent impuissants à proscrire.

Les expressions par trop triviales furent aussi comprises dans l'anathème ministériel. Désormais, le gamin de Paris n'aura plus à saluer au passage tout un vocabulaire de sa connaissance, et les pièces qu'il viendra voir de haut, devront, Dieu merci! lui apprendre une autre langue que la sienne. Voilà qui va forcer au silence bien des auteurs et réduire bien des esprits à la famine; mais comme il y aura dans ce silence et dans cette disette un profit clair pour la littérature, il ne faut que s'en réjouir. L'argot et le bas langage ne se relèveront-ils plus, au théâtre, de ce coup de grâce qu'on leur porte ministériellement? Je l'espère, et si bien, qu'en façon d'adieu et d'épitaphe, je veux vous donner ici l'histoire de quelques-uns des mots qu'on a fait ainsi brusquement retomber dans la boue dont ils n'auraient pas dû sortir.

Beaucoup n'étaient pas nés aussi bas. J'en sais même, et des plus vulgaires, qui descendent de très-haut. Ils viennent en droite ligne de la cour la plus élégante et la plus majestueuse. Le mot *binette,* par exemple, qui ne se dit plus que dans un certain monde, et qui doit être tout étonné de se trouver écrit ici, est, le croiriez-vous, un souvenir du grand roi, de Louis XIV en personne. L'artiste en cheveux qui faisait la royale perruque s'appelait M. Binet. C'était à qui se coifferait *Regis instar*; aussi la boutique de la rue des Petits-Champs, où trônait l'illustre *faiseur* [1], était-elle hantée par la plus nombreuse et la plus noble clientèle : « Vite, vite, une de vos plus belles perruques, M. Binet! » lui criait-on à journée faite; et le nom du marchand passa bientôt à sa marchandise.

Ce fut du dernier bon ton de ne paraître que paré d'une volumineuse *binette*. « Les médecins, les docteurs, les magistrats, dit de Salgues, en son livre *De Paris, des mœurs, etc.* [2], s'aperçurent qu'une *binette* donnait de la dignité, indiquait la science et imposait à la multitude. » Et aujourd'hui plus rien ! la *binette*, la perruque du grand roi n'est qu'un météore éclipsé, un astre sans rayons; et, qui pis est, son nom, qui, par une interprétation de gamin, était passé de la coiffure à

---

[1] *V.* dans notre *Paris démoli*, 2ᵉ édit., p. 47, le chap.: *Almanach des adresses de Paris sous Louis XIV*.
[2] Dentu, 1813, in-8°, p. 352.

la tête, du contenant au contenu; son nom est aujourd'hui proscrit sans pitié... de la littérature et du théâtre!

Quand le bandit appelle en son argot, une chandelle, un *ardent,* il ne se doute guère qu'il parle comme on parlait à l'hôtel de Rambouillet dans le cercle des précieuses. Rien n'est pourtant plus vrai. « Inutile, ostez le superflu de cet ardent. » Qui vient de dire cette phrase de jargon ; est-ce un compère de Cartouche ? Non, c'est la belle Arthénice elle-même ; et cela signifie : « Laquais, mouchez la chandelle [1]. »

En toutes choses, comme vous voyez, le proverbe, *les extrêmes se touchent,* peut avoir sa justesse.

Le gamin de Paris apostrophe-t-il quelqu'un de ses pareils de l'épithète de *chenapan,* il parle presque hollandais sans le savoir. Le *snaphaamen,* dont on fit *shnaphaan,* était, comme son nom l'indique, un *voleur de coq.* Pour aller à la maraude, le mousquet à mèche, dont la lueur pouvait les trahir,

---

[1] *Variétés histor. et littér.,* t. VIII, p. 182.—*V.* sur d'autres similitudes de la langue des précieuses avec celle des voleurs, un article de M. Marty-Laveaux, *Revue contempor.,* 15 mai 1857.

semblait trop incommode aux *snaphaans,* et l'arquebuse à rouet coûtait trop cher. Ils imaginèrent alors, pour leur mousquet, un mécanisme qui ressemblait beaucoup à celui de nos fusils de munition, et de là vient qu'en hollandais cette arme s'appelle encore un *snaphaan,* et, qu'en allemand, *abschnappen* veut dire lâcher un coup de fusil [1]. En mars 1690, quelques-uns de ces pillards, venus de Westphalie, picoraient sur notre frontière lorraine ; M. de Boufflers en eut raison :

« Il a, écrit Dangeau [2], chassé les *schnapans* de leurs postes, où ils s'étoient fortifiés sur les frontières du Palatinat. Ils ont fait peu de résistance, et l'on a détruit leurs habitations et leurs forts. »

Ce dernier mot m'a fait dire que le gamin parle hollandais, sans qu'il s'en doute; j'ajouterai, qu'à son insu encore, il dit presque un mot grec quand il appelle *gniaf* un savetier [3],

---

[1] *Military magazine,* nov. 1835.

[2] *V.* son *Journal,* édit. complète, t. III, p. 77.

[3] C'est un dérivé trivial du verbe grec *gnafô* (je râcle). Beaucoup de termes argotiques ont une origine semblable. Un rédacteur du *Corsaire-Satan* (11 janvier 1845), a dressé le bilan curieux mais incomplet de ces emprunts faits au grec.

et qu'il parle espagnol, lorsqu'il se donne le nom de *goipeur,* qu'il aime tant. C'est le mot castillan *guap,* qui signifie galant, fanfaron, viveur [1].

Il en est ainsi pour tout le reste de son langage. Il en sait les mots, voilà tout, et peu lui importe qu'ils viennent de Chaillot ou de Pontoise, comme dirait Martine. Connaît-il même l'origine de ce mot *gamin,* qu'il a rendu si populaire? Pas le moins du monde; mais je suis sûr qu'il lui plairait de savoir que ce mot, comme son synonyme *galopin,* signifiait, au moyen âge, un garçon de cabaret [2]. Le nom est passé du tavernier à sa pratique.

Il y a de tout dans l'*argot* du gamin : des lambeaux de pourpre et des guenilles. Quand il dit, d'une chose qu'il trouve charmante : « Voilà qui est *chouette;* » il ne fait qu'altérer le mot *souef* [3], qui eut si longtemps cours dans nos anciennes poésies, avec le sens de *doux,*

---

[1] Vigneul-Marville, *Mélanges d'hist. et de littér.,* 1re édit., p. 325.

[2] Édél. du Méril, *Mélanges archéolog.,* 1850, p. 286; Paulmy, *Mélanges d'une grande bibliothèque,* t. VII, p. 217.

[3] *Ancien Théâtre-Français,* édit. elzévir., t. III, p. 64, 351.

d'agréable. S'il appelle la maison de discipline de la garde nationale, la *prison des Haricots*[1], il donne un souvenir au plus docte des colléges du vieux Paris, et il ne s'en doute guère. Dit-il à son camarade : « Tu es mon *copin*; » et à un autre qu'il aime moins : « Tu n'es qu'un *capon*? » il est dans le vif des mœurs et du langage du moyen âge. *Copin* vient de *compaing* (compagnon)[3], et *capon* est un mot de mépris qu'on appliquait aux Juifs du temps de Philippe le Bel[3]. Quand il dit : « C'est *rigolo*, » il se souvient, toujours sans s'en douter, de la vieille farce de *Maistre Pathelin*, où le verbe *rigoler* (s'amuser, se moquer) se trouve en maint endroit; de même que lorsqu'il appelle un parapluie un *rifflard*, il donne à penser qu'il vit jouer jadis *la Petite Ville*, de Picard. Rifflard, qui en est le personnage le plus populaire, a toujours son parapluie sous le bras; de là, le synonyme trivial du mot parapluie[4].

Les proverbes étrangers ou français ont

[1] *Paris démoli*, p. 71-87.
[2] *Magasin pittoresque*, t. VI, p. 48.
[3] Hurtault et Magny, *Dictionnaire histor. de la ville de Paris*, t. IV, p. 379.
[4] *Magasin pittoresque*, t. XII, p. 23.

beaucoup fourni au langage du gamin. *Aller au vin et à la moutarde*, signifia, jusqu'au dernier siècle, *s'amuser, baguenauder* comme un gamin [1]. Il en resta la locution *s'amuser à la moutarde*, puis le mot *moutard*. Le mot *canard*, dans le sens de mensonge, vient d'une autre expression proverbiale : sous Louis XIII, on disait, comme périphrase moqueuse du verbe mentir : *Vendre des canards à moitié;* et pour menteur : *Un bailleur de canards* [2]. Il ne fallut qu'abréger pour avoir le mot, toujours en usage chez le peuple. *Fagot*, synonyme de *mensonge*, fut formé de même. Quand on sait qu'au xviie siècle, on disait d'un menteur : *Il me compte des fagots pour des cotterets* [3], on n'a plus à chercher l'étymologie.

Carotte, toujours dans le même sens, vient d'un proverbe italien. Nous disons *tirer*, les Italiens disent *planter* une *carotte* [4]; et depuis longtemps chez eux *carotta* veut

[1] Rabelais, liv, II, ch. xx.—Dancourt, *le Charivari*, scène xiv.

[2] *Variétés histor. et littér.*, t. VII, p. 361.

[3] V. notre édition des *Chansons de Gaultier Garguille*, p. 123, note.

[4] F. Génin, *Récréat. philolog.*, 1856, in-8º, t. Ier, p. 318.

dire mensonge. Dans l'ancienne Flandre, l'usurier était appelé par ses pratiques : *Mon oncle* [1]. Pourquoi? Je l'ignore ; mais c'est sans doute pour la même raison que le peuple de Paris appelle le Mont-de-Piété : *Ma tante*.

Qu'un gamin, comparaissant en police correctionnelle pour quelque tour de son métier, se laisse aller jusqu'à dire : « Dame c'est que j'ai le *chic*, » le président ne manquera pas de le rappeler à un langage plus convenable, et il fera bien. Et cependant c'est terme de Palais, monsieur le magistrat; ce mot-là, qui n'est qu'un diminutif de *chicane,* s'est longtemps prélassé dans vos prétoires avant de descendre dans les ateliers, et de là dans la rue. Écoutez ce que Du Lorens, en sa douzième satire [2], fait dire à un plaideur du temps de Louis XIII :

> J'use des mots de l'art, je mets en marge *hic.*
> J'espère avec le temps que j'entendrai le *chic.*

Écoutez aussi ces deux vers de la *Henriade travestie* [3] :

---

[1] *Nouvelles archives histor. des Pays-Bas,* juillet 1859, p. 336-337.
[2] P. 97.
[3] P. 68.

La Discorde qui sait le *chic*
En fait faire un décret public.

Une femme des halles s'était un jour prise de paroles, et quelles paroles! avec un maraîcher; elle lui égrenait, avec cette profusion que vous savez, son impitoyable chapelet d'injures.

Un homme grave s'était arrêté, et semblait écouter avec recueillement l'explosion de cet incroyable vocabulaire.

—Pas mal! pas mal! disait-il de temps en temps.

Enfin la fameuse phrase :

— « Tiens, tu n'es qu'un *melon!* » servit de finale à ce flux d'invectives, de bouquet à ce feu d'artifice de gros mots.

—Très-bien! cria l'homme grave.

—Et pourquoi très-bien? lui dis-je.

—C'est que cette femme, monsieur, vient de rendre hommage à la littérature que je professe.

—Comment?

—Elle vient presque de parler grec; oui, monsieur, le langage d'Homère! Elle vient d'honorer ce manant de l'épithète dont Thersite, au deuxième chant de l'*Iliade,* vers 235, gratifia les rois grecs assemblés.

Avouez qu'on peut être savant sans s'en douter.

Ainsi, le peuple n'a pas inventé son langage, n'a pas inventé son esprit. Il n'a même pas créé les types dont il se vante. Son fameux *Chicart,* qui passe pour être sorti tout armé, casque en tête et bottes fortes aux jambes, d'une bacchanale échevelée du carnaval de 1835, est un produit rajeuni de l'esprit populaire du XVIe siècle. Lisez les *Sérées* de Guillaume Bouchet [1], vous y verrez que dès ce temps-là, on disait : *Brave comme Chicart.*

Mayeux lui-même n'est qu'une contrefaçon. Sous Louis XIV, et les chansons de Coulanges [2] sont là pour l'attester, certaine danse à caractère faisait fureur : des enfants, grimés en vieillards et gratifiés d'une bosse énorme, en exécutaient les grotesques figures. C'est ce qu'on appelait la danse des *Mayeux de Bretagne.* Le Mayeux qui se fit garde national en 1830 n'était que le descendant très-mal élevé de ces anciens Mayeux-là.

Pour finir cette petite débauche d'étymolo-

[1] *Sérée* XXV.
[2] *Recueil de chansons choisies*, 1694, in-8°, t. Ier, p. 69.

gie populacière, je veux vous laisser raconter par ce bon Castil-Blaze [1], l'origine très-inconnue de cette locution connue : *Faire une brioche*. C'est dans l'orchestre des musiciens de l'Opéra qu'elle prit naissance, à une époque où l'on y était beaucoup moins habile qu'aujourd'hui sur l'art du violon et de la flûte.

« Les symphonistes, que le parterre apostrophait chaque fois hautement, résolurent d'être plus attentifs et taxèrent à six sous chacune des fautes faites devant le public. Avec le total de ces amendes, on achetait une immense brioche, pour la croquer à la fin du mois en l'arrosant convenablement. Les amendés figuraient à la séance avec une petite brioche en carton pendue à la boutonnière.

« Les régals de ce genre devinrent si fréquents, les symphonistes s'assemblaient si souvent autour de la brioche, que le public en fut instruit. Il les appela *croque-brioches*, *faiseurs de brioches* ; le mot *brioche* fut bientôt considéré comme le synonyme de *faute*, de

---

[1] *L'Académie impériale de musique*, 1855, in-8°, t. Ier, p. 68.

bévue. L'amour-propre blessé mit sur-le-champ un terme à ces petits festins. Les musiciens décidèrent qu'à l'avenir ils pourraient faire un nombre indéfini de brioches, sans en payer aucune. »

Une autre expression, qui va fort bien avec celle-ci, est beaucoup plus ancienne. C'est celle que tant de pièces ont faite presque proverbiale : *Faire four, faire un four*. D'où vient-elle ? Je ne pourrais vous le dire ; ce dont je suis sûr, c'est que Furetière s'en est servi [1] ; c'est que Lagrange, dans son *registre*, qui est la plus exacte histoire de la troupe de Molière, l'a aussi employée [2]. Ainsi, du temps de Molière, de Racine et de Corneille, elle apparaissait déjà, mais à de rares intervalles. C'était un mot d'exception. Au théâtre de notre temps reviendra l'honneur de l'avoir rendu populaire.

[1] *Les Couches de l'Académie*, p. 21.
[2] Taschereau, *Histoire de Molière*, 3ᵉ édit., p. 212.

TABLE DES MATIÈRES

PAR ORDRE ALPHABÉTIQUE

A

AMBOISE (rue d'), d'où lui vient son nom, page 146.
AHANIER, étymologie et première signification de ce mot, 9.
ARBRES, drainage, pour la conservation de ceux du boulevard, 251-258.
— Ancienneté des procédés employés pour leur transplantation, 258, note.
ARBRE-SEC (rue de l'), doit son nom à une enseigne, 300, note.
— Origine de cette enseigne, *ibid*.
ARGOT, celui du gamin de Paris ; quelques étymologies, 343-353.
— Rapport de ce langage factice avec celui des *Précieuses*, 344.
ARMENONVILLE (pavillon d'), au bois de Boulogne, 320.
— Origine de son nom, *ibid*.

B

Babille (rue), d'où vient son nom, 277, note.
Bailleul (rue), sculptures sur la maison qui faisait l'angle de cette rue et de celle de l'*Arbre-Sec*, 303-304.
Barbette, *Courtille* et rue de ce nom, 5 et 216, note.
Beaujolais (rue), à qui elle doit de se nommer ainsi, 228, note.
— Théâtre du même nom, *ibid*.
Beautreillis (rue), origine de son nom, 10.
Binette, étymologie de ce mot du langage populaire, 342-343.
Bleue (rue), véritable étymologie de son nom, 224, note.
Bœuf gras, pourquoi appelé *bœuf violet* dans quelques provinces, 66.
Boucher (rue), d'où vient son nom, 221, note.
Boulevards, quand établis, depuis la porte Saint-Denis jusqu'à la porte Saint-Honoré, 185, note.
Bourgogne (hôtel de), où situé, 145.
Bourgtibourg (rue), singulière étymologie, 6.
Bout-du-monde (rue du), étymologie de son nom, 18, 24, note, 48-49, note.
Brioche (faire une), étymologie de cette locution triviale, 352.
Buci (carrefour), porte de Paris, sur son emplacement, 43, note.
Buffault (rue), son parrain, 222, note.
Butte Bonne-Nouvelle, comment formée, 51, note.

Butte Saint-Roch, comment formée, 50.
— Pourquoi sous l'invocation du patron de la peste, 52.
— Quand et pourquoi aplanie, 100, 185, 188.

C

Cadet (rue), son origine, 34, 35, notes.
Canard (un), étymologie de ce synonyme populaire du mot *mensonge*, 348.
Cardinal-Lemoine (collège du), donne son nom à une rue, 161, note.
Carnavalet (hôtel), où situé, 302, note.
— D'où lui vient son nom, *ibid.*
— *Armes parlantes* sur sa façade, *ibid.*
Carotte (tirer une), étymologie, 348.
Catelan (pré), erreurs et vérités au sujet de l'étymologie de son nom, 313-323.
Caumartin (rue), à qui elle doit son nom, 221, note.
Cerisaie (rue de la), d'où lui vient son nom, 10.
Champfleuri (rue), où située, 94.
Champourri (le), voirie du temps de saint Louis, sur l'emplacement d'une partie de la *place du Carrousel*, 94.
Charlemagne (passage), histoire de l'hôtel qu'il remplace et dont il conserve des restes, 11-12, note.
Charlot (Claude), parrain d'une rue de Paris, 193-208.
Chauchat (rue), à qui elle doit son nom, 221, note.
Chaussée-d'Antin, son origine, étymologie de son nom, 21.
Chenapan, d'où vient ce mot, 344-345.
Chic (avoir le), étymologie, 349.

CHICART (le premier), comment il date du XVIe siècle, 351.
CHOISEUL (hôtel), 146, 148, note.
CHOUETTE, adjectif argotique ; son étymologie, 346.
CLÉRY (rue de), d'où vient son nom, 51-52.
— Pourquoi, depuis le règne de Louis XIII, les marchands de meubles s'y sont établis, 54-55.
COPIN, étymologie de ce mot populaire, 347.
COQUILLIÈRE (rue), son parrain, 224, note.
CORS (bruit des), signal sinistre pendant la Révolution, 72-73.
COURTILLE, ce que c'était dans l'origine, 5, 8.
COUTURES-SAINT-GERVAIS (rue des), origine de son nom, 4.
CRÉQUI (hôtel), où situé, 62, note.
CROIX-DES-PETITS-CHAMPS (rue), d'où lui vient son nom, 172.
CYGNES (Ile des), comment appelée d'abord, 278, note.
— D'où lui vient son nom, 278-279, note.

D

DELAMICHODIÈRE (rue), hôtel sur l'emplacement duquel elle fut percée, 219-220, note.
D'HAUTEVILLE (rue), son parrain, 223.
DRAGON (rue et cour du), origine de leur nom, 325, note.

E

EAU FILTRÉE, origine de l'établissement du quai des Ormes, 70-72.

ÉCHELLE (rue de l'), origine de son nom, 200, note.
ÉCHIQUIER (maison de l'), rue à laquelle elle donna son nom, 216-218.
ÉGOUT, étymologie de ce mot, 9, 17.
— Projet de rendre navigables les égouts de Paris, 184, note.
— (Sainte-Catherine), donne son nom à une rue, 13-14.
— (rue de l'), au faubourg Saint-Germain, 325.
ÉLYSÉE-BOURBON, son histoire, depuis le comte d'Évreux jusqu'à Beaujon, 128-134.
— D'où lui vient son nom, 134, note.
EMPEREUR-JOSEPH (hôtel de l'), d'où lui vient son nom, 174.
ENGHIEN (rue d'), quand percée, et à qui elle doit son nom, 215-216.
ÉTIENNE (rue), à qui elle doit son nom, 221, note.

F

FAGOTS (conter des), étymologie de cette locution, 348.
FERME-DES-MATHURINS, (rue de la), origine de son nom, 211, note.
FERMES (cour des), hôtel dont elle occupe l'emplacement, 172, note.
— doit son nom aux *fermiers généraux*, ibid.
FIACRE, véritable étymologie de ce mot, 57-64.
FILLES-DIEU (couvent des), 216-218.
FILLES-DU-CALVAIRE (les), 183, note.
FOLIE-MÉRICOURT (rue), étymologie de son nom, 30.
FONTAINE-AU-ROI (rue), d'où lui vient son nom, 30.
FONTAINES (rue des), d'où lui vient son nom, 16.

Fossés-Montmartre (rue des, pourquoi nommée ainsi, 19, 40.
Four (faire un, d'où vient cette locution, 353.

G

Galopin, Gamin, étymologie de ces mots, 346.
Gniaf, ce terme populaire est presque un mot grec, 345.
Goipeur, d'où vient ce mot de l'argot de Paris, 346.
Grammont (rue de), hôtel qu'elle remplace, 316-317, note.
— De qui lui vient son nom, *ibid*.
Grand-Cerf (passage du), pourquoi nommé ainsi, 145.
— On veut, en 1768, y mettre la Comédie-Italienne, *ibid*.
Grande-Chaumière (la), histoire de ce bal public, 339-340.
Grange-Batelière, pourquoi nommée ainsi, 20, note.
Gresset, où se trouvait sa *chartreuse*, 175, note.
Guichets (du Louvre), époque où ils furent ouverts, 124.
Gymnase (théâtre du), comment, il y a quatre-vingts ans, il eût été hors Paris, 145, note, 190, note.
— On veut, en 1775, placer l'Opéra-Comique sur le terrain qu'il occupe, 145, note.
— Est bâti sur l'emplacement d'un cimetière, 215.

H

Halle aux Blés (colonne de la), quand, par qui, et pourquoi construite, 264-272.

Halle aux Blés, menacée d'être détruite, 272.
— A qui elle doit d'être sauvée, 275-278.
— Son méridien, 279,
— Chiffres sculptés sur son fût ; leur explication, 280-285.
Hanovre (pavillon d'), 21, note.
— Hôtel Richelieu, duquel il dépend, 219-220, note.
Haricots (salle des), origine de ce nom, 347.
Helder (rue du), origine de son nom, 210, note.
Hotels, quand fut établi l'usage de mettre au-dessus de leur porte le nom de leur propriétaire, 161, note.
— Loués par les concierges, en l'absence des maîtres, 171, note.
— Maisons de jeu, permises dans quelques hôtels, 269, note.

I

Infante (jardin de l'), où situé, 75-76.
— Son histoire, 75-90.
Invalides (Hôtel des), d'où viennent les quatre statues qui ornent les angles de sa façade, 114, note.
— D'où vient le marbre qui servit pour deux des statues du frontispice de l'église, 272, note.
— Sa fondation, 305.
— Part que Louvois y prit, 305-308.
— Mansarde ornée des *armes parlantes* de ce ministre, 308-310.

J

Jacob (rue), origine de son nom, 149-152.

Jardin-des-Plantes, comment fut formée la butte du labyrinthe, 51.

Jean-Jacques-Rousseau (rue), son premier nom, 269, note.

Jean-Robert (rue), farceur à qui elle doit son nom 239-241.

Jeannisson (rue), son parrain, 101, note.

L.

Lazzari (théâtre), son parrain, son histoire, 225-239.
— (petit), son histoire jusqu'à sa clôture, 238-239.

Le Pelletier (rue), son parrain, 221-222, note.

Lesdiguières (pavillon de), où situé, 113.
— D'où vient qu'il s'appelle ainsi, 125.
— Divers hôtels de ce nom, 123, note.
— Celui de la rue Saint-Thomas-du-Louvre, 117, 123.
— (rue), d'où lui vient son nom, 123, note.

Limites de Paris, enseigne du boulevard Poissonnière, son origine, 189, 190, note.

Lions-Saint-Paul (rue des), origine de son nom, 10.

Longueville (hôtel de), où situé, 115.

Louvre, où se trouve l'escalier, qui date de ses premiers temps, 78.
— La *Capitainerie*, où située, 81.
— Chiffres de Henri II et de Catherine de Médicis; erreur à leur sujet, 281, 298.

M

Madelonnettes, étymologie du nom de cette prison, ancien couvent, 16, note.

Madrid (château de) sous Charles IX, 322-323.

Madrid (château de), bâti par François Ier, 326.
Mail (rue du), un souvenir de Colbert, sur la maison portant le n° 7, 310-312.
Mailly, divers hôtels de ce nom, 120, note.
— celui de la rue de Beaune, *ibid.*
Marais, pourquoi plusieurs rues de ce quartier portent des noms de villes et de provinces de France, 196-197.
— ses rues, la nuit, sous Louis XIII, 199-200.
Marchands de robinets, origine de leur trompette, 67-72.
Marché-aux-Chevaux, de quelle époque date celui du faubourg Saint-Victor, 185.
Marguerite (palais de la reine), où situé, 150.
Marigny (M. de), son hôtel de la rue Saint-Thomas du-Louvre, 118-123.
— carré dans les Champs-Élysées auquel il donne son nom, 127-134.
— origine de ce *carré*, 133-134.
Marronnier, le plus ancien de France ; où se trouvait-il à Paris, 256, note.
— le plus ancien du jardin du Luxembourg, *ibid.*
— celui du Vingt-Mars aux Tuileries ; cause de sa précocité, 255-257.
Ma Tante, étymologie de ce synonyme du Mont-de-Piété, 349.
Maubert (place), erreur au sujet de l'étymologie de ce nom, 313, note.
Mayeux, comment il vient de Bretagne et date du XVIIe siècle, 351.
Melon, origine grecque de cette injure populaire, 350.
Mercier (rue), son parrain, 276, note.

Miracles (cour des), 45, note.
Miramionnes (quai des), d'où lui venait son nom, 160, note.
Modène (hôtel de), où placé, 149, note.
— Sterne y loge, *ibid*.
Montmorency (rue), histoire de la maison n° 51, 244-249.
Morgue (la), origine de son nom, 153-157.
— son histoire, 157-169.
Mouffetard (rue), étymologie de son nom, différente de celle qu'on admet d'ordinaire, 51.
Moutard, étymologie de ce mot populaire, 348.
Muette (la), devrait s'appeler *la Meute*, 320, 326.
— Ses propriétaires successifs, 320-321, note, 332-338.
— M. de Soubise en est gouverneur, 331.

N

Nesmond (hôtel), son histoire, 161, note.
Neuve-Saint-Eustache (rue), d'où vient son nom, 47-48, note.
Notre-Dame (hôtel) de la rue du Bouloy, où situé d'abord, 172.
— Malherbe y loge, *ibid*.
Notre-Dame de Lorette (chapelle), où située d'abord, 32, note.
Nouvelle-France, origine du nom de ce quartier, 46.

O

Oblin (rue), à qui elle doit son nom, 277, note.
Oiseaux (maison des), origine de son nom, 200, note.

Oiseaux (rue des), où située; Mademoiselle de Scudéry l'habite, 201.
Opéra-Comique, pourquoi sa façade ne regarde pas le boulevard, 145-148.
Oratoire (rue de l'), son premier nom, 62, note, 79, note.
Orléans-Saint-Honoré (rue d'), d'où lui vient son nom, 260, note.
Oseille (rue de l'), pourquoi nommée ainsi, 5.

P

Pagevin (Nicolas), parrain d'une rue de Paris, 44.
Palais-Royal (jardin du), pourquoi le sol en est-il si abaissé, 41, note.
— (Théâtre du), par qui occupé d'abord, 228, note.
Parc-Royal (hôtel du), où situé, 173.
— Walpole y loge, *ibid.*
Payenne (rue), origine de son nom, 224, note.
Petit-Bourbon (hôtel du), où situé, 80.
— d'où vient son nom, 81.
Petite-Provence (la), 76.
Petites-Écuries (rue des), d'où vient son nom, 34, note.
Petit-Maure, cabaret fameux du xvi⁰ et du xvii⁰ siècles, où situé; son enseigne aujourd'hui, 177, note.
Petit-Pont, quand brûlé, 162.
Petits-Augustins (les), 151.
Petits-Pères (les), 151, note.
Ponceau (rue du), origine de son nom, 17.
Pont-aux-Biches, son origine, 16.
Pont-aux-Choux, d'où vient son nom, 5, 14.

Pont-d'Amour, où situé, 79-80.
— origine de son nom, 79-82.
Pont-Neuf (passage du), ce qu'il a remplacé, 43, note.
Pont-Rouge, où situé, 121, note.
— ses autres noms, *ibid.*
Porcherons (les), 21, 32, 35, note.
Postes (hôtel des), ce qu'il fut d'abord, 44, note.

Q

Quinze-Vingts, leur premier emplacement près de la porte Saint-Honoré, 92.
— leur translation au faubourg Saint-Antoine, 278, note.

R

Rambouillet (hôtel de), où situé, 115.
Ranelagh, d'où vient ce mot, 329.
— le Ranelagh de Londres, 329-331.
— celui de Paris; son histoire jusqu'à l'époque de sa démolition, 331-339.
Redingote, étymologie de ce mot, 327.
Regard (rue du), d'où vient son nom, 4.
Regrattière (rue), où située; à qui elle doit son nom, 203.
Reine (jardin de la), le même autrefois que celui de l'Infante aujourd'hui, 78.
— (appartement de la), où situé, 79.
— devient l'appartement de l'Infante, 85-88.
Rempart (rue du), origine de son nom, 40.
— sa démolition, 101, note.

Richer (rue), son parrain, 221, note.
Rifflard, d'où vient ce synonyme populaire du mot *parapluie,* 347.
Rigolo (c'est), étymologie de cette locution populaire, *ibid.*
Rohan (pavillon de), où situé, 91.
— d'où lui vient son nom, *ibid.*
Roi François (cour du), ce que c'était, 17, 53.

S

Saint-Chaumont (hôtel), 17.
Saint-Denis (porte), quand et par qui bâtie, 136, 138.
— inscription sur la révocation de l'Édit de Nantes qu'on prétend, à tort, y avoir existé, 135-144.
Sainte-Catherine (hôpital), 157.
— religieuses qui le desservent, *ibid.*
— Soins qu'elles prennent des morts non reconnus, 157-158.
— (cour), où située, ce qui se trouve sur son emplacement, 158, note.
Sainte-Geneviève (couvent des filles de), où situé; ce qui le remplace, 160, note.
Saint-Eustache (église), chapelle de Turenne; armes que Louis XIV en fait enlever, 307.
Saint-Fiacre (rue), pourquoi placée sous l'invocation du patron des jardiniers, 53.
— (cul-de-sac), 64, note.
Saint-Germain-l'Auxerrois (église), sculptures singulières à son chevet, 301.
— à quelle époque la tour fut bâtie, 300.
Saint-Gervais (prés), d'où vient leur nom, 4.

Saint-Honoré (faubourg), premiers hôtels qu'on y construit, 127-128.
Saint-Jean-de-Latran (enclos de), ses priviléges, 105.
Saint-Joseph (couvent de), où situé, 173.
— Madame du Deffand y demeure, *ibid*.
— (marché), ce qu'il remplace, 47, 48.
— (rue), son premier nom, *ibid*.
Saint-Magloire (rue), couvent auquel elle doit son nom, 261, note.
Saint-Marc (rue), d'où lui vient son nom, 223.
Saint-Martin (canal), projet d'un canal semblable, sous Louis XIII, 181-183, 189, note.
Saint-Merry (cloître), histoire de la maison-hospice portant le n° 10, 243-244.
Saint-Nicaise (chapelle), où située, 109.
— rue qui lui doit son nom, *ibid*.
Saints-Pères (rue des), pourquoi elle devrait s'appeler rue Saint-Père, 151, note.
Saint-Pierre-Montmartre (rue), ce qu'elle était en 1699, 47.
— voleurs qu'on y trouve, 47, note.
Saint-Quentin (hôtel), où situé, 174.
— hommes célèbres qui y logent, 174-175.
— devient l'hôtel de J.-J. Rousseau ; pourquoi, 176-178.
Saint-Roch (paroisse), où était son cimetière, 211, note.
Sartines (rue de), son parrain, 276, note.
Saumon (passage du), d'où lui vient son nom, 18.
Soissons (hôtel de), deux mots de son histoire et de ses propriétaires successifs, 259-264.
— maison de jeu privilégiée qu'on y établit, 269-271.

Soissons (hôtel de), détruit pour faire place à la Halle aux Blés, 274-275.
Soly, parrain d'une rue de Paris, 46.

T

Taitbout (rue), son parrain, 210, note.
Taranne (rue), famille à laquelle elle doit son nom, 323-325.
— deux mots sur l'histoire de cette famille, *ibid.*
Théatre-Français (salle du), pour qui construite, 234, note.
Tournelles (palais des), donne son nom à une rue percée près de son emplacement, c'est-à-dire près de la Place-Royale, 13.
Tours (hôtel de), où situé, 173, note.
— d'où vient son nom, *ibid.*
— Vauvenargues y loge, *ibid.*
Trénitz (la), origine de cette figure de contre-danse, 337.
Trinité (enclos de la), ses priviléges, 105.
Trudaine (M. de), avenue à laquelle on donne son nom, 163, note.
Trudon (rue), son parrain, 221, note.

V

Verdelet (rue), d'où vient son nom, 48, note.
Viarmes (rue de), d'où vient son nom, 276, note.
Victoires (place des), pourquoi le sol en est-il plus élevé que celui des rues voisines, 39-41.
— statue pédestre de Louis XIV, avant la Révolution, 143.

VICTOIRES (statue de la place des), inscription de cette statue, relative à la révocation de l'Édit de Nantes, 143-144.

VIDE-GOUSSET (rue), pourquoi nommée ainsi, 49.

VILLEDO (famille), rue qui prend leur nom, 179-192.

VILLE-NEUVE-SUR-GRAVOIS, ce que c'était, 54, 218, note.

— donne son nom à une rue de Paris, *ibid.*

VIVIENNE (rue), de qui lui vient son nom, 223, note.

FIN DE LA TABLE ALPHABÉTIQUE.

TABLE DES CHAPITRES

I. Une Rivière souterraine dans Paris.... 1
II. De quelques noms de rues du quartier Montmartre............................ 39
III. Quelle est la véritable étymologie du mot *fiacre*............................ 57
IV. Sur quelques bruits des rues de Paris.. 65
V. Le Jardin de l'Infante................. 75
VI. Le Pavillon de Rohan................. 91
VII. Le Pavillon de Lesdiguières........... 113
VIII Le carré Marigny..................... 127
IX. Sur une prétendue inscription de la porte Saint-Denis, relative à la Révocation de l'Édit de Nantes............ 135
X. Pourquoi la façade du théâtre de l'Opéra-Comique ne regarde pas le boulevard............................ 145
XI. D'où vient le nom de la rue Jacob..... 149
XII. D'où vient le nom de la *Morgue*........ 153

XIII. Un hôtel garni de la rue des Cordiers. 171
XIV. Michel Villedo et ses fils............... 179
XV. Claude Charlot....................... 193
XVI. M. Delamichodière, comte d'Hauteville 209
XVII. Lazzari.—Jean Robert................ 225
XVIII. Une inscription de l'an 1407, rue Montmorency........................... 243
XIX. Le drainage des boulevards et le marronnier du vingt mars aux Tuileries..... 251
XX. La colonne de la Halle aux blés....... 259
XXI. Les chiffres de Henri II et de Catherine de Médicis, au Louvre.......... 281
XXII. Les *carpes* de l'église Saint-Germain l'Auxerrois........................... 299
XXIII. La mansarde de Louvois aux Invalides. —Les couleuvres de Colbert au n° 7 de la rue du Mail................... 305
XXIV. Le vrai parrain du pré Catelan. — Les Taranne........................... 3
XXV. Le Ranelagh....................... 327
XXVI. Quelques étymologies de l'argot du gamin de Paris...................... 341
Table des matières par ordre alphabétique..... 355

FIN DE LA TABLE DES CHAPITRES.

www.ingramcontent.com/pod-product-compliance
Lightning Source LLC
Chambersburg PA
CBHW070456170426
43201CB00010B/1366